KB273098

Lost and Founder

A Painfully Honest Field Guide
to the Startup World

우리는 실리콘밸리에 속았다

나는 500억짜리 회사를 가진
가난뱅이 CEO입니다

랜드 피쉬킨 지음
김도형 옮김

6   서문 | 스타트업의 치트키

20   진실이 너희를 자유케 하리라 (온갖 개 같은 상황으로부터)

32   스타트업 바닥은 왜 에이전시(서비스업)를 개무시하는가
     (그리고 왜 너는 그러면 안 되는가)

50   위대한 창업가는 '하고 싶은 일'을 하지 않는다.
     비전을 실현할 뿐이다.

62   피벗(Pivot)이라는 함정을 조심해라

72   창업자의 멘탈이 쓰레기라면, 회사도 결국 쓰레기가 된다

92   엉뚱한 이유로, 혹은 엉뚱한 놈들에게 투자받지 마라

104 그래, 생판 남한테 수십억 달러만 달라고 구걸해 보기로
     마음먹었나 보군

114 상위 5% 스타트업을 만들어도 넌 부자가 못 될 수도 있다

124	확장 가능한 마케팅: 플라이휠이 그로스 해킹보다 낫다
144	진짜 '핵심 가치'는 돈 버는 데 하등 도움이 안 된다 (적어도 당장은 말이다)
168	고객과 인플루언서의 삶 속으로 들어가는 것, 그것이 유일한 치트키다
182	위대한 제품치고 '최소 기능 제품(MVP)'인 경우는 거의 없다
202	회사를 일찍 매각해야 할까? 그래, 십중팔구는 그게 답이다
220	관리자만 대접받는 조직이라니, 우린 다 잣 된 거나 다름없다
234	취약함을 드러내는 것 ≠ 약해빠진 것
250	자기 객관화는 초능력이다
268	집중해라
302	맺음말 | 다음을 위한 치트키 (Cheat Codes for Next Time)
314	감사의 말

스타트업의 치트키

우리가 열두 살쯤 되면 깨닫는 우주의 진리가 몇 가지 있다.

1. 밤 12시가 넘으면 '모그와이(영화 〈그렘린〉의 캐릭터)'에게 절대 밥
    을 주지 마라.
2. 시리얼은 흰 우유 대신 초코우유에 말아 먹으면 훨씬 맛있다.
3. (그리고 이 책과 가장 관련이 깊은 진리…) 새로운 게임을 처음 켰을
    때, 우리는 모두 '허접'이 될 수밖에 없다.

조작법은 낯설고, 게임 시스템은 난해하기 짝이 없다. 레벨 1을 간신히 깼다 쳐도, 레벨 2에서 여지없이 박살이 난다. 하지만 두 번째 판은 좀 낫다. 그렇게 몇 시간, 며칠을 붙잡고 있다 보면 흐름을 타게 되고, 결국엔 누구도 막을 수 없는 경지에 오른다. 몰입의 단계(In the zone). 승리의 화신. '나만의 성'의 지배자(비록 그 성이 부모님 댁 지하실 방구석일지라도)가 되는 것이다. 하지만 처음 플레이하더라도 이 지루한 학습 곡선을 건너뛸 방법이 있다. 바로 '치트 키'다.

사업을 시작하는 것도 이와 똑같이 돌아간다. 회사를 처음 차리면 진짜 지옥같이 무섭다. 회계? 급여? 고객 유치? 채용? 인사 관리? 자금 조달? 사람 관리? 처음 창업한 놈들이 레벨 1에서 줄줄이 나가떨어지는 건 당연한 일이다. 마치 초보 게이머처럼 말이다.

고객은 지갑을 닫고, 직원은 떠나고, 투자자는 내 부하(COO)를 내 상사로 앉히더니, 결국 나를 잘라버린다. 당신은 당장이라도 지하실로 도망쳐서 몇 시간이고, 아니 몇 년이고 비디오 게임이나 하고 싶어질 것이다.

좋은 소식이 하나 있다. 여기에도 치트키는 존재한다는 거다.

내가 '도대체 내가 무슨 짓을 하고 있는 거지'라며 자괴감에 빠져 있던 초보 CEO 3년 차 때의 일이다. 평소 존경하던 시애틀의 한 기업가로부터 이메일을 받았다. 지역 스타트업계의 거물들이 모이는 술자리에 오라는 초대였다. 술집에 도착하니 스타트업 뉴스나 블로그에서 이름만 보던 사람들이 수두룩했다. 글로만 읽고 실제로는 절대 못 만날 거라 생각했던 창업가들과 기술자들, 내 세계관 속 '가장 쿨한 너드들'이 거기에 있었다. 나는 쿨한 척했지만, 사실 쫄았다. 우리는 마셨고, 떠들었다. 뭐, 사실 그들이 주로 떠들었고 난 듣기만 했다.

그날 내가 들은 이야기는 내가 품고 있던 스타트업 라이프에 대한 환상을 아주 박살 내버렸다.

이들도 다 나처럼 겁에 질려 있었다. 그들도 확신이 없었다. 그들도 발버둥 치고 있었고, 공포를 느끼고 있었다. 그들에게도 도움이 필요했다. 산전수전 다 겪은 선배들이 초짜들에게 조언과 도움을 주고 있었다. 술병이 비어 가고 밤이 깊어질수록, 그들은 점점 더 무장 해제되었다. 누구도 정답을 아는 척하지 않았지만, 누군가 통찰력 있는 한마디를 던지면 다들 마음을 열었다.

집에 돌아온 나는 취기에 몽롱한 상태로 우리가 나눈 이야기들을 이메일로 정리해 나 자신에게 보냈다. 나는 그 내용을 멍하니 바라보며 생각했다. 이 모든 함정을 피할 방법이 있을까? 처음 시작하더라도 '허접'이 되지 않을 방법이 있을까?

그날 밤 내가 얻은 전술적인 팁 몇 가지는 다음과 같다. (탐 콜린스 네 잔은 너무 과했다는 깨달음은 덤이다.)

- 가격을 1~2년마다 올려라. 단, 기존 고객의 요금은 그대로 유지해 줘라(Grandfathering). 이는 충성도를 높이고 이익률을 키우는 훌륭한 방법이다. (우리는 몇 년 동안 이 짓을 했고, 효과는 끝내줬다.)

- 투자자에게 돈을 받고 싶으면 사업에 대한 조언을 구하고, 사업에 대한 조언을 듣고 싶으면 돈을 달라고 해라. (내 경험상 이건 진짜다. 완벽하게 먹힌다.)

- 많은 기업의 의결권 조항에는 '우선주 주주'를 특별 대우하는 내용이 있다. 보통은 투자자들이 이 권리를 가져가지만, 똑똑한 창업가들은 펀딩 라운드 때 자기 회사 주식을 우선주로 조금 사들여서 이 권리를 나눠 갖는다.

- 해커 뉴스(Hacker News) 웹사이트의 알고리즘은 특정 지역에서 몰표가 나오면 걸러낸다. 그러니 친구들에게 인기 글 1페이지로 올려달라고 부탁할 거면, 다 같은 도시에 사는 놈들에게 부탁하지 마라. (그리고 다른 도시에 사는 친구 좀 사귀어라.)

- 소프트웨어 엔지니어 채용은 창업자가 직접 하는 게 최고다. 흥미로워 보이는 사람을 찾고, 인맥을 뒤져 연결 고리를 찾고, 소개받고, 커피 한잔하고, 우리 회사 '뽕'을 주입해라. 만약 그 사람이 관심 없다면 주변에 괜찮은 사람 없는지 물어봐라. 그 모임 멤버 중 외부 리크루터 써서 성공했다는 사람은 한 명도 없었다(적어도 초기 단계에서는). 아, 그리고 시애틀에서는 여전히 크레이그리스트(Craigslist)가 다른 구직 사이트보다 훨씬 잘 먹힌다.

도대체 이 양반들은 이런 걸 어떻게 알았을까? 내가 질문해야 한다는 사실조차 몰랐던 것들에 대해 어떻게 답을 가지고 있었을까? 답은 간단하다. 그들에겐 '스타트업 치트키'가 있었던 것이다.

(슬프게도 코나미 커맨드 입력처럼 쉬운 건 아니다.)

이 코드를 얻는 '무식한 방법'은 경험이다. 문제와 씨름하고, 통념을 따르다 안 통한다는 걸 확인하고, 온갖 삽질과 실수를 저지른 뒤에야 우연히 해결책을 찾아내는 식이다. 고통스럽지만, 때로는 그게 유일한 길일 때도 있다.

반면 '치트키'는 사람이다. 멘토, 고문, 친구, 가족, 파트너, 직원 등 당신이 직면한 문제를 이미 겪어본 사람들과 연결되는 것이다. 그들은 숲을 빠져나갈 지도와 제대로 된 길을 알려줄 수 있다. 당신은 귀를 열어야 한다. 문제와 해답이 일치하는 네트워크가 필요하다. 혼자서 그 진흙탕을 구르며 삽질하는 과정을 건너뛸 수 있다면? 그건 정말이지 '개꿀'이다.

내가 스타트업에 대해 배운 가장 큰 교훈 중 하나가 바로 이것이다. 혼자 가면 위험하다(It's dangerous to go alone). 당신 주변엔 이 과정을 먼저 겪고 자신의 경험을 기꺼이 공유해 줄 사람들이 필요하다. 그래서 재창업, 삼창업자들이 초보들보다 훨씬 더 나은 성적을 내는 것이다. 투자자들이 한 번이라도 창업 경험이 있는 사람에게 돈을 대려고 안달인 이유도 바로 그 때문이다.

이 책은 하나의 거대한 치트키다. 내가 저지른 실수를 당신은 반복하지 않길 바라는 마음으로 썼다. 수개월의 시간 낭비, 돈 낭비, 그리고 우리 중 너무 많은 이들이 겪어야 했던 그 가슴 찢어지는 고통을 당신은 건너뛸 수 있도록 말이다. 당신이 스타트업 창업자들이 득실대는 동네에 살지 않더라도 내부 정보를 얻을 수 있도록 썼다.

이 치트키들을 해제하려면 맥락, 스토리, 데이터, 그리고 철저한 설명이 필요하다. 나는 단순히 전술적인 팁이나 꼼수만 공유하지 않을 것이다. 추악하고 가슴 아픈 현실도 포함해야 한다. 내가 두려움 때문에, 혹은 나나 내 회사를 실제보다 더 그럴싸하게 포장하고 싶어서 뭔가를 숨긴다면, 그건 당신을 기만하는 짓이다. 그래서 이 책은 창업자들이 평소엔 절대 입 밖으로 내지 않는 주제들에 대해 아주 투명하게 까발린다. 돈, 우울증, 해고, 그리고 실패 같은 것들 말이다.

나는 인생을 바꿀 뻔했던 인수 제안을 거절하고 오늘날까지 땅을 치며 후회하는 이야기를 들려줄 것이다(젠장, 그 이메일 내용까지 다 공개하겠다). 우리가 어떻게 자금을 조달했는지, 그리고 그게 왜 십중팔구 잘못된 선택인지 파헤칠 것이다. 그리고 실리콘밸리의 그 고전적인 스타트업 조언들이 왜 완벽한 개소리인지, 생존 편향에 의해 얼마나 왜곡됐는지, 그리고 그게 왜 극소수의 회사와 창업자들에게만 해당되는 이야기인지(마치 모두에게 맞는 만병통치약인 양 떠들어대지만) 보여주겠다.

이어지는 17개의 챕터는 스타트업의 성공이라는 불투명하고 단순화된 이야기에서 파생된, 그 음침한 논리를 박살 내기 위해 존재한다. 대신 나는 진짜 이야기, 진짜 숫자, 그리고 진짜 해결책을 공유하겠다.

실리콘밸리는 어떻게 우리 모두를 낚았나

'스타트업 창업자'라는 이 거창한 원형(archetype)은 강력하고 널리 퍼져 있다. 이 기업가들은 맨손으로 일어나, 비천한 시작에도 불구하고 일자리와 부, 세상을 바꾸는 기술을 창조해낸다.

결론부터 말하자면, 그것은 완벽한 개소리다.

UC 버클리 경제학자들이 기업가들의 공통된 특성을 분석해

본 결과, 현실은 대부분이 부유하고 특권층 배경 출신이라는 사실이 밝혀졌다. (내가 어릴 때 친구 없었다고 징징거리긴 하지만, 분명히 해두자. 난 1989년에 닌텐도 게임기를 가지고 있었다. 그건 80년대 기준으로 치면 콜라 무료 이용권이나 다름없는 금수저 아이템이었다!)

하지만 누구나 기술 스타트업이라는 골드러시에 뛰어들어 성공할 수 있는 거 아닌가? 그게 핵심 아닌가?

아니. 미안하지만 틀렸다. 또 개소리다. 하버드 비즈니스 스쿨의 코호트 분석에 따르면, 초기 단계 기술 기업의 75% 이상이 투자 원금도 회수하지 못하고 망한다(수익을 내는 건 고사하고 말이다). 벤처 투자를 받은 기술 중심 스타트업만 따지면? 실패율은 90%가 넘는다! 처음 몇 년을 버텼다고 성공이 보장되는 것도 아니다. 4년 차까지 살아남은 기업 중 50%가 결국은 문을 닫았다.

창업자들은 보통 학교를 갓 졸업한 젊은이들일까? 땡. 카우프만 재단에 따르면 대부분의 창업자는 35세에서 44세 사이다. 대중문화가 그려내는, 대학 중퇴한 20대 천재들? 그런 건 없다.

이 데이터들을 보고 당신이 스타트업에 대해 가지고 있던 생각에 의문이 생긴다면… 아주 좋다. 그래야 정상이다.

나는 이 신화 같은 이야기들을 개인적으로 아주 증오한다. 내가 바로 그 '칭송받는 스타트업 성공 신화'를 쫓아 10년을 허비하다가 탈선해버린 놈이기 때문이다.

백인에, 유대인(계)* 미국 남자인 나는 전 세계 99%의 사람들과 비교하면 상대적으로 부유하고 특권을 누리는 삶을 살았다.

---

* 나는 민족적으로 유대인이다(23andMe 검사 결과 97% 아슈케나지 유대인). 하지만 종교는 없다.

하지만 기술 기업가가 될 운명도 아니었고, 그렇게 교육받지도 않았다. 난 프로그래머도 아니다. 아이비리그도 안 나왔고 컴퓨터 공학 전공도 아니다. 내 회사는 실리콘밸리에서 시작하지도 않았다. 처음 시작할 때 벤처 캐피털리스트는커녕 투자받은 창업자 아는 사람도 단 한 명 없었다. 나는 스타트업이나 기술 업계에 스카우트된 적도 없다.

그 '위대한 스타트업 창업자 신화'와 내가 가진 유일한 접점 이라곤 대학을 중퇴했다는 것뿐인데… 그것도 아빠랑 싸워서 등록금을 안 대주시길래 그만둔 거다. 이것도 쳐주나?

한마디로 말해, 나는 기술 창업자/CEO가 되기엔 가망 없는 놈이었다. 그런데 어찌어찌하다 보니, 정말 우연히도, 내가 바로 그놈이 되어 있었다.

2001년, 나는 마이크로소프트의 시애틀 교외 캠퍼스 그늘 아래서 엄마 질리언(Gillian)과 함께 소상공인 웹사이트를 만들어주는 일을 시작했다. 참고로, 이 바닥에서 '엄마와 아들 컨설팅' 은 세상에서 제일 안 섹시한 조합이다. 주변에서 꽤나 눈총을 받았다(나중엔 일할 때 엄마를 이름으로 불렀는데, 그게 좀 도움이 됐다). 닷컴 버블 붕괴와 나의 처참한 비즈니스 감각 때문에 우리는 수년 동안 개고생을 했다. 하지만 시행착오, 헛발질, 마음고생, 비극과 승리를 거듭한 끝에, 나는 어느새 급성장하는 소프트웨어 회사의 CEO가 되어 있었다. 투자자, 직원, 고객, 그리고 테크크런치(TechCrunch) 기사까지 갖춘 그런 회사 말이다.

2017년까지 내 회사 'Moz'는 연매출 4,500만 달러(약 600억 원) 규모의 벤처 투자를 받은 B2B 소프트웨어 공급사가 되었다. 우리는 검색 엔진 최적화(SEO)를 돕는 전문가들을 위한 제품을 만든다. 쉽게 말해 마케터들을 위한 소프트웨어다. 구글이 세계에서 가장 부유하고 영향력 있는 회사가 되면서, 구글 검색 결과 상위에 노출되도록 돕는 우리 소프트웨어의 수요도 덩달아 치솟았다.

Moz는 하룻밤 사이에 터진 수조 원짜리 대박 스토리도 아니고, 처참한 실패담도 아니다. 기술 및 비즈니스 언론은 보통 이 극단적인 양쪽 끝에 있는 회사들만 다룬다. 하지만 나는 대다수 기업가와 팀에게 진정으로 배울 점은 이 '어중간한(middle-of-the-road)' 스타트업의 생애 주기에 있다고 믿는다. 페이스북(극도로 성공한 케이스)이나 시크릿(Secret)*(반대쪽 끝) 같은 아웃라이어들은 자극적인 기삿거리는 되지만, 그 뒤를 따르려는(혹은 따르지 않으려는) 사람들에게 가치 있는 통찰력을 줄 만큼 충분히 정보를 공개하거나 자기 성찰을 하지 않는다.

이 책은 일화, 통계, 그리고 냉혹한 자기반성을 통해 불편한 주제들을 다룸으로써 바로 그 역할을 하려 한다. 인정하건대, 내 관점은 내 경험과 배경, 그리고 직원, CEO, 이사회 멤버로서 스타트업 세계를 바라본 나만의 독특한 시각에 편향되어 있다. 나는 이 점에 대해 최대한 솔직해지려 한다. 어떤 경험에서든 최대한 많은 것을 얻으려면 저자의 여정과 위치를 알아야 한다고 믿기 때문이다. 이 서문을 통해 내 편향을 감안하고, 이제 스타트업과 기업가 정신에 대한 탐구를 시작해 보자.

---

* 소셜 네트워킹 웹사이트 '시크릿(Secret)'은 스텔스 모드로 운영된 지 6개월 만에 1억 달러를 투자받아 악명 높았다. 창업자들은 그중 600만 달러를 개인 주머니로 챙겼다. 1년 뒤, 이 회사는 비즈니스 모델도 없이 아무런 성과도 내지 못한 채 문을 닫았다.

Moz는 언론에서 뻔질나게 다루는 기술 스타트업들과는 몇 가지 다른 점이 있다.

- B2B 회사다. 우리 제품은 일반 소비자가 아니라 기업이나 컨설턴트가 구매한다. 이게 왜 중요하냐면, 가장 눈에 띄고 기사에 많이 나오는 기술 기업들은 보통 소비자 대상(페이스북, 구글)이거나 물리적 제품/서비스(테슬라, 에어비앤비)를 다루기 때문이다.

- 영업 사원이 파는 게 아니라 '셀프서비스'다. 누구든 언제든지 우리 웹사이트에 와서 카드를 긁고 소프트웨어를 쓸 수 있다. 우리 팀원과 말 한마디 안 섞고 말이다(솔직히 전화 통화는 무섭잖아). 이건 역사적으로 B2B에서 흔치 않은 방식이었다. 예전엔 기업 간 관계 형성과 비싸고 긴 계약을 따내려면 영업이 필수라고 여겨졌으니까. 하지만 웹 기반 서비스가 발달하고, 부담스러운 영업 방식을 싫어하는 세대가 등장하면서, 슬랙(Slack), 서베이몽키(SurveyMonkey), 드롭박스(Dropbox), 메일침프(MailChimp) 같은 셀프서비스 B2B 모델이 서서히 뜨고 있다.

- 기존 시장을 파괴하는 게 아니라 새로운 시장을 창조하고 있다. SEO 소프트웨어는 2000년대 중반에야 등장했다. 우리는 2007년부터 (다운로드형 데스크톱 소프트웨어가 아닌) 웹 구독 방식을 제공한 최초의 업체 중 하나였고, 이 분야에서 가장 큰 업체 중 하나다. 이 글을 쓰는 시점 기준으로 우리보다 몇 배나 크거나, 상장되어 있거나, 압도적으로 많은 고객이나 매출을 가진 직접적인 경쟁자는 없다.

하지만 우리가 좀 튀는 구석이 있다 해도, 기술 스타트업의 전형적인 특징들도 많이 가지고 있다.

- 전통적인 벤처 캐피털로부터 투자를 받았다(2017년 기준, 3번의 라운드를 거쳐 2,910만 달러).
- 매출의 거의 전부가 소프트웨어에서 나온다.
- 매출 총이익률이 상당히 높다(75% 이상).
- 몸값 비싸고, 재능 있고, 수요 많은 엔지니어, 제품 디자이너, 마케터, 고객 서비스 담당자들을 고용한다. Moz의 평균 연봉은 10만 달러가 넘고, 복리후생과 세금을 포함하면 신규 입사자 한 명당 연간 약 14만 5천 달러가 든다. 비용의 70% 이상이 인건비다.
- 빨리 성장하려고 현금을 태우던 시절과 리스크를 줄이기 위해 흑자를 유지하던 시절을 오갔다(예 : 2014~2016년엔 거의 2천만 달러를 까먹었고, 2017년엔 다시 흑자로 돌아와 은행에 7백만 달러 이상을 쟁여뒀다).

2004년 설립 이후, 우리는 롤러코스터를 탔다. 호황과 불황, 벤처 자금 조달과 소진, 성공적인 인수와 그렇지 못한 인수, 대규모 채용과 해고, 신제품 출시와 폐기, 그리고 전략의 대전환을 다 겪었다.

특히나 잔혹했던 시기를 보낸 후인 2014년, 나는 CEO 자리에서 물러나 실무자로 돌아갔다. 이 글을 쓰는 현재, 나는 Moz 이사회의 의장이자 제품 및 마케팅 팀의 고문이다. 1년에 30번 넘게 콘퍼런스에서 강연하고, 1년의 25%를 길바닥(출장)에서 보내며 전 세계 사람들에게 검색 엔진과 웹 마케팅 채널을 이해시키는 일을 돕는다. 여전히 아내 제럴딘(Geraldine)과 사는 아파트에서 사무실까지 걸어서 출근하고, 구글이 싫어할 만한 테스트를 돌려보고, Moz 내외부에 투명성을 전파하려 애쓰며, 과거의 실수 때문에 자책하지 않으려 노력한다. (마지막 게 제일 어렵다.)

스타트업 세계에 발을 들였을 때, 나는 우리 같은 회사의 CEO가 된다는 것에 대해 어떤 선입견을 품고 있었다. 초기 단계, 기술 중심, 고속 성장 추구, 주주와 투자자에게 막대한 수익을 안겨줘야만 성공이라는 생각들 말이다. 우리는 모두 다른 스타트업 기사를 읽고, 그 현실을 보여준다는 TV 쇼와 뉴스를 본다. 하지만 나만의 여정을 수년 동안 겪은 뒤, 나는 고개를 저으며 '잠깐, 이건 뭔가 잘못됐어'라고 깨닫는 순간을 맞이했다. 미디어, 과대광고, 실리콘밸리 스타트업의 전설들은 그저 정교하게 만들어진 '모델하우스'일 뿐이다. 이해관계자들이 자기 이득을 위해 칠해놓은, 쪽팔리는 결함들을 숨기기 위해 지어놓은 세트장이다. 그중 진짜는 하나도 없다.

당신은 나처럼 현실을 보지 못한 채, 눈먼 상태로 회사를 시작하거나 일할 필요가 없다.

이 책이 존재하는 이유가 바로 그것이다. 그래서 이 책은 전술적인 챕터들로 구성되어 있으며, 각 챕터는 스타트업 세계의 기이하고, 이해하기 힘들고, 좀처럼 이야기되지 않는 진실들을 파헤친다. 각 챕터는 기술 업계 거물들의 유명한 명언으로 대표되는 흔한 신화로 시작한다. 당신은 유명 투자자, 엄청나게 성공한 기업가, 존경받는 저자들의 말을 보게 될 것이고, 하나씩 그들의 거짓과 잘못된 인상을 낱낱이 해부하게 될 것이다. 처음엔 내 경험담으로, 나중엔 데이터와 연구, 분석을 통해서 말이다.

각 챕터는 나를(때로는 다른 사람들도) 곤경에서 구해준 아이

디어나 전술로 끝맺는다. 내가 모든 답을 알고 있는 척하진 않겠
다. 1초도 그런 척 안 한다. 하지만 내가 진퇴양난에 빠졌을 때 도
움이 됐던 전술들이 당신에게도 도움이 될 수 있다면, 그걸 숨기
는 건 나 자신을 용서 못 할 것이다.

그러니 컨트롤러를 잡아라. 팩을 꽂아라. ↑↑↓↓←→←→B A
SELECT, 그리고 START… 게임을 시작해 보자.

Chapter 1

진실이 너희를 자유케 하리라
(온갖 개 같은 상황으로부터)

"흥미로운 사업이긴 한데, 매출이 수백만 달러를 넘길 것 같진 않네요."

─2009년, 내 피칭을 들었던 어느 익명의 투자자

2005년, 나와 동료 맷은 시애틀의 어느 시끄러운 영화관 위층, 다 쓰러져가는 공유 사무실에서 일하고 있었다. 그때 그 남자가 들어왔다. 털북숭이에 덩치는 산만 하고 금목걸이를 두른 40대 남자가 험악한 인상으로 서류 뭉치를 든 채 나를 내려다봤다. 그가 물었다. "당신이 랜드 피쉬킨인가?" 나는 스물다섯이었고, 갑작스러운 방문에 당황했으며, 그의 외모와 말투에 잔뜩 쫄아 완전히 패닉 상태였다. 평소엔 거짓말도 더럽게 못 하는 주제에, 그 순간엔 어찌나 말이 술술 나오던지 나조차 놀랄 지경이었다. "죄송한데, 지금 자리에 안 계시는데요." 몇 마디가 더 오갔지만 기억도 나지 않는다. 심장이 미친 듯이 뛰었다. 거짓말하는 게 죽기보다 싫었지만, 내 정체를 밝혔다간 무슨 꼴을 당할지 상상조차 되지 않았다. 맷은 헤드폰을 끼고 모니터 속에 코를 박은 척하고 있었다. 미드 〈소프라노스〉의 엑스트라처럼 생긴 그자가 나가자마자, 나는 우리 3인 기업의 사장인 질리언(공교롭게도 내 엄마인)에게 전화했다. 불청객에 대해 말했더니 엄마는 은행이 우리 빚을 팔아넘긴 추심업체 사람일 거라고 했다. 아, 맞다. 그 빚. 망해가는 컨설팅 사업 자금을 대느라 내 이름으로 진 50만 달러(약 6억 원)의 빚 말이다.

집에 돌아온 지 10분쯤 지났을까(사실 내 집도 아니었다. 쥐꼬리만 하거나 아예 들어오지도 않는 월급 탓에 월세를 못 내서 여자친구인 제럴딘의 아파트에 얹혀살고 있었다), 누군가 문을 두드렸다. 제럴딘이 짐 때문에 열쇠를 못 꺼내는 줄 알고 확인도 없이 문을 열었다. 그 빚쟁이였다. "하! 딱 걸렸네." 나는 말문이 막혔다. "연기 좀 하던데, 꼬마야. 오늘 아주 깜빡 속을 뻔했어…" 너무 무서워서 아무 말 없이 그를 쳐다보기만 했다. 그는 아까 사무실에서 들고 있던 서류 뭉치를 내밀며 말했다. "랜드 피쉬킨, 소송장 받으시지." 나는 손을 뻗을 수도 없었다. 그는 서류를 바닥에 던져놓고는 유유히 사라졌다.

어쩌다 보니 스타트업을 저질러 버렸다

2000년 여름, 나는 스물하나였고 워싱턴 대학교 졸업을 1년 앞두고 있었다. 나는 부모님이 등록금을 대주는 운 좋은 놈 중 하나였다. "일하지 말고 공부에만 집중해라"는 지원을 받으면서 말이다. 아빠랑 대판 싸우고 지원을 끊겠다는 협박을 받기 전까지는 그랬다. 나는 자존심만 세고 고집불통이라 사과하거나 화해할 생각이 없었고, 결국 다음 두 학기 등록금을 직접 벌어야 했다. 나는 캠퍼스 근처에 있는 거대한 아케이드이자 게임 센터인 '위저즈 오브 더 코스트(Wizards of the Coast)'에서 아르바이트를 뛰었다. 시급 4.75달러. 직원 할인가로 포켓몬 카드를 사서 이베이나 크레이그리스트에 되팔아 쏠쏠하게 용돈 벌이를 했고, 부수입으로 웹사이트 몇 개를 만들어주기도 했다. 다행히 2000년대 초반 대학 등록금은 지금처럼 말도 안 되게 치솟기 전이었다. 책값을 포함해 한 학기에 3,000달러 정도였으니, 영화도 보고 중고 게임도 사고 월세도 낼 만큼은 벌 수 있었다. 하지만 졸업을 딱 두 과목 남겨두고 나는 백기를 들었다(자퇴했다). 등록금 때문이기도 했고, 학교에서 배우는 게 쓰레기 같다고 느껴서기도 했지만, 결정적인 이유는 연애 사업이 망해서였다(장거리 연애 + 이별 = 멘탈 붕괴). 창업의 꿈을 품고 자퇴했다고 포장하고 싶지만, 사실은 정반대다. 비련의 주인공 흉내를 내며 방구석에서 〈X-파일〉 재방송이나 주야장천 보다가, 알바 말고 뭐라도 해야겠다 싶어서 선택한 게 웹 디자인이었다. 가장 만만해 보였으니까.

1981년, 엄마 질리언은 시애틀에서 소규모 마케팅 컨설팅 회사를 시작했다. 로고, 전화번호부 광고, 브로셔 같은 걸 만들어주는 일이었다. 90년대 후반부터 클라이언트들이 웹사이트를 요구하기 시작했고, 엄마는 나를 끌어들여 프런트페이지(FrontPage), 드림위버(Dreamweaver), HTML을 가르쳤다. 일도 재밌고 돈도 벌리니, 엄마한테 학교 안 가고 풀타임으로 일하겠다고 했을 때 엄마는 흔쾌히 받아줬다. 2001년 여름, 우리는 성공에 잔뜩 취해 있었다. 마이크로소프트의 뒷마당인 시애틀의 테크 신(Scene)은 폭발하고 있었으니까. 아마존 같은 스타트업들이 뉴스를 지배했고, 모두가 전화선 모뎀을 버리고 초고속 광랜으로 갈아타고 있었다. 우리는 곧 인터넷이 세상을 지배할 테니, 지역 소상공인들에게 웹사이트를 만들어주면 대박이 날 거라 믿었다. 닷컴 버블이 터졌을 때도 난 별로 신경 안 썼다. 고객들은 여전히 웹사이트가 필요했고, 나는 단가가 떨어지든 대금 지급이 늦어지든, 웹 디자인이 개나 소나 하는 일이 되든 말든 관심이 없었다.

그 후 3년은 지옥이었다. 경쟁은 치열해졌고, 웹의 미래에 대한 의구심은 커졌으며, 고객들은 돈을 제때 주지 않았다. 최악이었던 건 회사를 키우겠답시고 우리가 저지른 멍청한 짓들이었다. 경쟁 우위도 없으면서 붐비는 시장에 뛰어들었고, 돈만 날리는 광고를 해댔으며, 으리으리한 빌딩에 들어가면 계약이 잘 따질거라 착각해 비싼 사무실을 빌렸다. 엉뚱한 직원을 뽑았고, 본전도 못 건질 행사 부스를 빌렸다. 그리고 무엇보다, 이 짓거리를 하느라 빚을 졌다. 내가 합류했을 때 엄마 회사의 빚은 2만 달러도 안 됐다. 하지만 3년 뒤, 우리는 10만 달러의 빚을 추가로 떠안았다. 컨설팅 사업의 장점은 자본이 적게 든다는 건데, 똑똑한 놈들은 첫날부터 수익을 낸다. 우리는 정반대로 갔다. 2004년, 회사를 살려줄 거라 믿었던 프로젝트 수주마저 실패하자 우리는 결국 파산 상태가 됐다.

2008년 금융 위기 이전의 세상을 지금 상상하긴 힘들 거다. 은행들은 대학 중퇴자에 쥐꼬리만 한 월급을 받는 나에게 5만~10만 달러씩 대출을 펑펑 해줬다. 신용카드 한도는 1만 달러에서 시작해 금세 2만 달러까지 늘어났다. 실적도 없고 담보도 없는 우리에게 대출 기관들은 기꺼이 돈을 빌려줬다. 처음 2~3년은 이자율이 2% 미만이라는 달콤한 유혹도 있었다. 직원 월급 주고 월세 낼 현금이 급했던 우리는 그 미끼를 덥석 물었고, 닥치는 대로 긁어댄 카드는 결국 부메랑이 되어 돌아왔다. 대출은 전부 내 명의로 받았다. 당시 나는 잃을 게 없었으니까. 엄마와 아빠는 시애틀 집뿐만 아니라 코네티컷에 있는 할머니 집까지 담보로 잡힐 위험이 있었다. 그래서 내 주민등록번호와 서명을 담보로 돈을 빌렸다. 그때는 별로 무섭지도 않았다. 이 돈을 못 갚을 거란 생각은 한 번도 안 했으니까.

내 초기 커리어에서 가장 잊을 수 없는 날 두 번이 바로 그 2004년 가을에 찾아왔다. 첫 번째는 어느 일요일이었다. 질리언이 나와 프로그래머 친구 맷에게 말했다. 더 이상 이 비싼 고층 빌딩 월세를 낼 수 없다고. 나가는 수밖에 없었다. 우리는 다 쓰러져가는 영화관 위층의 쥐방울만 한 사무실을 구했다. 월세가 수천 달러에서 몇백 달러로 줄어드는 건 좋았지만, 문제는 임대 계약을 파기해야 한다는 거였다. 건물주는 위약금 명목으로 우리의 컴퓨터, 책상, 의자 같은 집기들을 압류할 수도 있었다. 건물 관리인들이 눈치채기 전에 짐을 빼야 했다. 이건 뭐 영화의 한 장면이나 다름없었다. 맷과 나는 힘 좀 쓰는 친구 마설과 토드, 그리고 토드의 트럭을 섭외했다(저녁 사주겠다고 꼬셨다). 우리는 화물용 승강기를 통해 건물로 잠입했다. 짐을 반쯤 실었을 때, 보안 요원이 들이닥쳤다. 심장이 쿵 내려앉았다. 잠긴 사무실 문을 사이에 두고 긴장된 대화가 오갔고, 우리는 보안 요원에게 질리언과 통화하게 해줬다. 어떻게 한 건진 모르겠지만, 엄마는 요원을 구워삶아 남은 짐을 싣도록 허락받았다. 단, 우리가 정말로 '야반도주'하는 게 아니라 그냥 '짐을 좀 옮기는 것'처럼 보이게 하기 위해 가구 상당수를 남겨두고 가야 했다. 우리는 심장이 터질 것 같은 상태로 트럭을 몰고 탈출했다. 덩치 큰 가구들과 잡동사니는 버렸지만, 컴퓨터와 필수 장비를 챙긴 것만으로도 다행이었다. 그다음 주, 엄마가 23년간 운영해 온 회사는 공식적으로 문을 닫았고, 우리는 새로운 이름으로 새 사업을 시작했다.

하지만 이름만 바꿨지, 새출발은 개뿔이었다. 두 달 뒤, 그 금목걸이 빚쟁이가 나타났고 나는 패닉에 빠져 엄마에게 전화를 걸었다. 사업 자금으로 쓴 빚이었지만, 서류상 내 명의였으니 채권자들은 나를 족치러 올 게 뻔했다. 엄마는 어떻게든 처리해 보겠다고 했다. 우리 회사가 진 빚이 사실은 내가 개인적으로 갚아야 할 빚이라는 걸 뼈저리게 깨달은 첫날이었다. 당연한 일이었다. 만약 엄마 명의로 대출을 더 받았다가 못 갚으면, 부모님은 파산하고 자산도 뺏기고 할머니 집까지 날아갈 판이었으니까. 그날 저녁, 퇴근길에 나는 이 사태와 내 책임에 대해 곱씹어봤다. 나는 그동안 빚 문제에 대해 일부러 모르는 척하고 질문도 안 했다. 표면적으로는 '일하느라 바빠서'였지만, 솔직히 말하면 감당하기 싫어서였다. 엄마가 알아서 하겠지. 그게 사장 역할 아냐? 난 그냥 웹 디자인쟁이니까… 그렇게 자위했었다. 하지만 빚 문제를 외면하고 모래 속에 머리를 처박고 있는 건 더 이상 통하지 않는다는 걸 인정해야 했다.

진실에 빚을 지면, 이자율은 살인적이다

'최후통첩' 편지들이 빗발치고, 협박 전화가 걸려 오고, 금목걸이 털보 아저씨까지 찾아온 마당에, 논리적인 해결책은 파산 신청이었다. 대부분의 빚은 내 명의였고, 이미 연체가 되어 내 신용 등급은 파산한 거나 다름없는 상태였으니까(참고로 이 글을 쓰는 지금도 내 신용은 변기통에 처박혀 있다). 하지만 우리에겐 장애물이 하나 있었다. 우리가 빚을 쌓아온 지난 4년 동안, 우리는 거짓말을 하고 있었다. 우리는 아빠 스콧(엄마랑 여전히 결혼 상태인)에게 재정 문제나 빚, 빚쟁이들에 대해 단 한마디도 하지 않았다. 아빠가 알게 되면 이혼하고 가정이 깨질까 봐 두려웠던 것이다. 막장 드라마 같겠지만, 이런 '침묵의 거짓말'은 우리 집안 내력이었다. 내가 자라면서 부모님은 서로에게 사소한 거짓말을 밥 먹듯이 했다. 아빠는 "엄마한텐 비밀로 해라"라고 했고, 엄마는 "아빠가 물어보면 쿠폰 썼다고 해라"라고 했다. 싸움을 피하고 관계를 매끄럽게 하려는 선의의 거짓말들이었다. 어른이 되어 돌아보면 이게 얼마나 병적인 관계였는지 알겠지만, 어릴 땐 합리적이라고 생각했다. 화내거나 상처받는 걸 피하고자, 행복한 가정이라는 껍데기를 유지하기 위해 거짓말을 했던 거다. 하지만 그 빚은 차원이 다른 거대한 거짓말이었다. 제럴딘과 나는 수년간 그 얘기를 했다. 엄마는 어떻게 매일 아빠 얼굴을 보면서 그 엄청난 비밀을 숨길 수 있었을까? 아빠보다 먼저 집에 가서 우편물을 파쇄하고, 독촉 전화를 잘못 걸려 온 전화인 척하고, 월급을 가져가서 회사가 잘 돌아가는 척 연기하고(그 돈으로 빚을 막아야 했었는데).

엄마는 내가 걱정할까 봐 빚 해결 과정을 나에게도 숨겼다. 나중에 안 사실인데, 엄마는 은행(워싱턴 뮤추얼, 뱅크 오브 아메리카 등)에 선제적으로 전화를 걸어 사정을 설명하고, 빚을 탕감받는 대신 일시불로 일부만 갚는 협상을 벌여 최악의 상황을 모면하곤 했다. 추심업체에 넘어가면 5~10% 헐값에 팔리니, 은행 입장에서도 그게 나았을 거다. 내 신용 점수가 박살 나는 동안, 엄마는 스트레스를 온몸으로 받아냈다. 나는 송장조차 쳐다보지 않고 엄마에게 넘겼다. 상황이 나쁘다는 건 알았지만 굳이 묻지 않았다. 그냥 언젠가 대박 터져서 다 갚을 수 있겠지 하고 희망 회로만 돌렸다. 나중에 보니 다른 스타트업이나 소규모 기업들도 비슷한 짓을 하고 있었다. 공동 창업자끼리, 가족끼리 늘 솔직할 것 같지? 천만에. 틴더(Tinder)는 데이트 앱 시장을 평정했지만 뒤에서는 소송과 사내 정치, 성차별로 얼룩져 있었다. 집카(Zipcar)는 창업자 간의 불화로 두 명 다 회사를 떠났다. 트위터는 창업 멤버가 거의 다 갈려 나갔다. 페이스북 공동 창업자 에두아르도 세버린은 쫓겨난 얘기로 영화(〈소셜 네트워크〉)까지 만들었다. 그런데도 많은 기업이 무너지지 않고 버틴다. 소통 부재와 부정직, 온갖 개판 속에서도 꾸역꾸역 굴러간다. 우리도 그랬다.

투명성은 어렵다, 하지만 먹힌다

진실을 숨겨야 할 이유는 언제나 차고 넘친다. "감정을 상하게 하기 싫어서", "고객이 알면 떠날까 봐", "투자자 미팅 내용을 다 말하면 임원들이 스트레스받을까 봐", "경쟁사가 우리 기술을 베낄까 봐". 그래서 비밀을 만들고, 진실을 왜곡하고, 거짓말을 한다. 최악인 건, 그래도 된다고 착각하는 거다. 현실이 닥치면(언제나 닥치기 마련이다), 당신은 팀과 고객, 투자자의 신뢰를 잃는다. 하지만 당신은 이렇게 합리화할 것이다. "상황이 조금만 달랐어도 아무도 몰랐을 거고 다 괜찮았을 텐데." 우버의 트래비스 캘러닉도 임원들과 한국의 룸살롱에 갔을 때 그렇게 생각했을 거다. 페이스북도 사용자 기분 조작 실험을 할 때 그랬을 거고, 마이크로소프트의 스티브 발머가 회의실에서 의자를 집어 던질 때도, 틴더 CEO가 공동 창업자를 성희롱할 때도 그랬을 거다. 진실을 숨길 수 있다고 믿는 순간, 나쁜 짓을 막아주는 브레이크가 고장 난다.

내가 만난 모든 창업자, 투자자, 직원들은 비밀이 결국 새어 나와 신뢰를 깨뜨린 이야기를 하나쯤은 가지고 있다. 하지만 다른 길도 있다. 바로 '투명성(Transparency)'이다. 투명성은 가장 불편한 진실까지도 무자비할 정도로 솔직하게 까발리는 선택이다. 투명성은 정직함과는 다르다. 정직함이 거짓말을 안 하는 것이라면, 투명성은 남들이 굳이 말 안 하고 넘어갈 치부까지 끄집어내는 것이다. 속이 뒤집히고 목소리가 떨리는 대화를 피하지 않고 정면으로 마주하는 것이다. 스타트업 세계의 모든 게 그렇듯, 지금 쓴 약을 삼키는 게 나중에 곪아 터지는 것보다 백배 낫다. 성과 못 내는 직원이 있다고 치자. 그냥 무시하고 관리자가 알아서 하길 바라는 건 쉽다. 하지만 왜 불만인지 정리하고, 기록하고, 직접 대화하고, 코칭하거나 교육을 시키는 건 훨씬 불편하고 힘들다. 결국 해고하게 될 수도 있다. 하지만 투명하게 과정을 밟으면, 결과는 같아도 그 과정과 리스크는 완전히 다르다. 자금이 6개월 치밖에 안 남았다면? 입 닫고 "성장합시다!"라고 외치는 건 '정직한 침묵'일 수 있다. 하지만 재무 상태를 공개하고 "6개월 안에 이 숫자를 못 맞추면 우리 다 잘립니다"라고 말하는 게 투명성이다. 10명 중 9명은 쫄아서 말 못 한다. 직원들이 도망가거나 언론에 흘릴까 봐. 하지만 정리해고가 터지면? 직원들은 당신을 영영 믿지 않게 된다. "괜찮다"는 말을 믿지 않게 되고, 언제 또 위기가 닥칠지 불안해한다.

투명성은 처음엔 고통스럽다. 특히 당신의 실수나 약점을 드러낼 땐 더 그렇다. 하지만 그 효과는 엄청나다. 킴 스콧은 그녀의 책 〈실리콘밸리의 팀장들(Radical Candor)〉에서 이 개념을 매트릭스로 정리했다. 그녀는 투명성에 있어 가장 중요한 점을 지적한다. 투명성에는 공감(Empathy)이 필요하다. 그냥 대놓고 "너 헤어스타일 개구려"라고 말하는 건 투명한 게 아니라 싸가지가 없는 거다. 자금 조달이 안 되고 있을 때, "진행 중"이라고 희망 고문하다가 돈 떨어지면 "미안, 해고야"라고 하는 건 쉽다. 하지만 내부

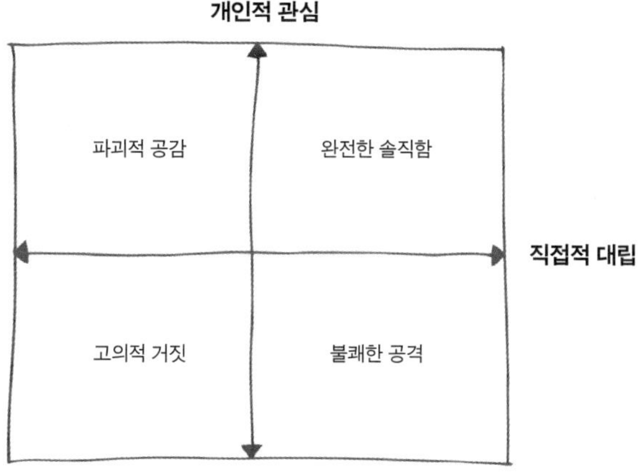

적으로 진행 상황을 공유하고, 투자자들이 왜 거절했는지, 우리 지표가 어디가 약한지 정확히 알리는 건 훨씬 불편하지만 훨씬 투명하다. 약점을 인정하는 것 같아 보이지만, 사실은 동지애를 쌓고 문제 해결을 위한 강력한 동기를 부여한다. 나는 '나쁜 소식'이 사람들을 얼마나 불타오르게 하는지 보고 매번 놀란다. "하지만 팀원들이 겁먹고 도망가면 어쩌죠?" 천만의 말씀. 사람들은 도전 과제가 명확할 때 오히려 힘을 낸다. 그리고 어둠 속에 가둬두면 안전할 거라고 착각하지 마라. 왜곡된 진실은 반드시 새어 나간다. 불안감은 비즈니스에 독이다. 당신에겐 장기적인 신뢰가 필요하다.

투명성의 가장 큰 장점은 윤리적이고 합리적인 행동을 강제한다는 점이다. 나는 CEO로서 항상 이렇게 말한다. "이 이메일과 대화가 언젠가 전부 공개된다고 생각하고 행동해라." 닫힌 문 뒤에서도 떳떳하게 소통해야 한다. 사생활 보호 같은 예외는 있겠지만, 내 행동이 낱낱이 공개된다고 가정할 때 사람들은 더 나은 행동을 하게 된다. 투명성은 단순한 전술이 아니라 핵심 가치여야 한다. 가려서 공개하면 의심만 산다. 비밀주의자로 낙인찍히면 평생 꼬리표가 따라다닌다. 모즈(Moz)가 투명성을 핵심 가치로 삼았을 때, 우리는 미친놈 취급을 받았다. 재무제표를 공개하고, 실패담을 쓰고, 내부 갈등을 블로그에 올렸으니까. 하지만 우리는 신뢰를 얻었다. 특히나 폐쇄적인 SEO 업계와 스타트업 바닥에서, 그 투명성은 우리의 가장 큰 무기가 되었다. 초창기에 나는 투명해지는 게 두려웠다. 고객들이 우리가 쥐뿔도 없는 구멍가게라는 걸, 내가 경험 없는 애송이라는 걸 알면 떠날까 봐 무서웠다. HTML도 잘 모른다고 하면 무시당할까 봐 아는 척했다. 엄마와 내가 빚을 숨긴 것? 그건 공포와 스트레스만 키웠을 뿐이다. 처음부터 솔직했다면 아빠가 도와줬을지도 모른다. 수십만 달러의 이자를 아꼈을지도 모른다. 대신 우리는 악몽 같은 비밀을 만들었고, 하마터면 가정이 박살 날 뻔했다.

물론 나중에 아빠도 결국 알게 됐다. 동생 에반이 전해준 바로는 이랬다. "아빠가 빚 얘기를 알게 됐어. 엄마가 얼버무리려 했는데 들켰지. 난 내 방 가서 헤드폰 꼈는데, 아빠 고함소리에 집이 다 흔들리더라." 유일한 위안은 그때 내가 아빠랑 냉전 중이라 그 꼴을 직접 안 봤다는 거다. 지난 7년 동안 대화한 게 세 번 정도 되나? 비밀, 거짓말, 불투명함. 이것들은 스타트업뿐만 아니라 가족도 박살 낸다. 내 신용 등급은 여전히 쓰레기고, 부모님과의 관계도 껄끄럽다. 하지만 적어도 이제 벤치 프레스나 할 법한 덩치 큰 빚쟁이는 찾아오지 않는다. 그거 하나는 승리라고 해두자. 만약 처음부터 투명했다면, 지금 우리는 훨씬 나은 위치에 있었을 거다. 그나마 다행인 건, 후회와 고통으로 얻은 이 교훈이 훗날 모즈를 특별한 회사로 만드는 데 일조했다는 점이다. 내가 왜 이렇게 스타트업 생태계가 쉬쉬하는 이야기들을 적나라하게 까발리냐고? 나는 비밀이 주는 고통에 진저리가 났기 때문이다. 기꺼이 투명성이 가져오는 도전과 맞바꿀 준비가 되어 있다.

Chapter 2.

스타트업 바닥은
왜 에이전시(서비스업)를 개무시하는가
(그리고 왜 너는 그러면 안 되는가)

"(컨설팅은) 청구서를 막으면서 꿈을 좇기 위해 악마와 춤을 추는 것과 같다. 나는 서비스 비즈니스를 유지하면서 성공적인 소프트웨어 제품을 만드는 것은 거의 불가능하다고 믿는다."
— 기프 컨스터블(Giff Constable), 2010년

원래대로라면 모즈의 이야기는 파산과 실패, 그리고 내가 빚쟁이 로코에게 얻어터지는 결말을 맞았어야 했다. 그런데 어떻게 13년 뒤, 우리는 직원 155명에 연매출 4,500만 달러(약 600억 원)짜리 소프트웨어 기업이 되었을까?

믿기 힘들겠지만, 사이드 프로젝트가 컨설팅 사업으로 변모했고 바로 그 점이 우리를 살렸다. 스타트업 세계의 자칭 전문가들은 서비스업이나 컨설팅은 시간 낭비라고 떠들어댈 것이다. 다행히도, 당시 나는 그런 헛소리를 들을 기회가 없었다.

내가 어머니 회사에서 일을 시작했을 때, 우리 비즈니스 모델은 100% 서비스 기반이었다. 많은 소규모 기업이 그렇듯 우리도 명함 디자인, 웹사이트 사용성 컨설팅, 전자상거래 구축, 인쇄 매체 광고 디자인(그렇다. 잡지나 신문에 실리는 그거다. 고등학교 졸업 앨범을 편집하던 실력이 아주 요긴하게 쓰였다), 그리고 물론 검색 엔진 최적화(SEO)까지 별의별 프로젝트를 다 했다.

서비스 모델에는 몇 가지 독특한 장점과 '빡치는' 단점이 있다.

장점은 비용이 (이론적으로는) 낮다는 것이다. 클라이언트 프로젝트가 비용을 대줄 때만 돈을 쓰면 된다. 작업물은 맞춤형이라 공통점이라곤 없는 다양한 고객들에게 팔아먹기 쉽다(제품 중심 회사의 '원사이즈' 모델과는 다르다).

단점은 확장이 '더럽게' 어렵다는 것이다. 100번째 고객에게 서비스를 제공하려면 5번째 고객에게 쏟았던 것과 똑같은 시간과 에너지가 든다(물론 효율성이 좀 좋아질 순 있겠지만, 제품 기반 비즈니스의 확장성과는 비교도 안 된다).

우리는 비즈니스 모델을 바꾸거나 틈새 컨설팅 회사 그 이상이 되겠다는 거창한 전략 같은 건 없었다. 2002년에 제럴딘(그래, 우린 결혼하기 전 아주 오랫동안 연애했다)이 모즈가 어떤 회사가 되길 바라냐고 물었을 때, 나는 직원 15~20명에 괜찮은 클라이언트 리스트, 20~30%의 건실한 이익률, 그리고 예쁜 사무실을 가진 컨설팅 회사가 꿈이라고 했다. 5년에서 10년 뒤엔 그런 회사가 되길 바랐다.

몇 년 후, 나는 클라이언트의 SEO 업무를 봐주는 시간과 전 세계의 'SEO쟁이'들이 모인 포럼에서 잡담을 나누는 시간으로 하루를 쪼개 살았다. 하지만 남의 사이트 게시판에 글이나 남기는 걸로는 성에 차지 않았다. 나만의 플랫폼, 내 방식대로 떠들 수 있는 공간이 필요했다. 그래서 며칠 밤을 새워 드림위버로 블로그 시스템을 코딩했고(워드프레스 같은 게 대중화되기 전이었다), 2004년 10월, SEOmoz.org를 론칭했다.

사람들이 이름에 대해 많이 묻는다. (발음하려고 애쓰는 걸 보면 아주 가관이다. 궁금해할까 봐 말해주는데, '에스-이-오-모즈'다.)

'Moz'라는 이름은 당시 웹상에 있던 다른 'moz' 프로젝트들에 대한 동경에서 따왔다. 오픈 디렉터리 프로젝트인 DMOZ, 레스토랑 정보 사이트 Chefmoz, 음악 사이트 Musicmoz.org 같은 것들 말이다. 이 이름들은 모두 비영리 재단인 모질라(Mozilla) 재단에서 영감을 받았다. 모질라는 'Mosaic Killer(모자이크 킬러)'의 합성어인데, 모자이크는 최초의 웹 브라우저였고 모질라는 무료 오픈소스 브라우저로 그걸 대체하겠다는 목표를 가지고 있었다.

나도 SEO와 검색 엔진 세계에서 그와 비슷한 무료의, 권위 있는 오픈소스 리소스를 만들고 싶었다. 그래서 도메인도 .org로 등록했고, seomoz.com으로 들어오면 seomoz.org로 리다이렉트

시켜 비영리적인 의도를 강조했다. 눈치 빠른 조언자 한 명이 내 .org 도메인을 보고 놀렸다.

"자네, 고상한 척하는 게 비즈니스 모델인가?"

나는 웃었다. 애초에 내게 비즈니스 모델이란 게 있는지도 몰랐으니까.

블로그는 첫걸음이었다. 퇴근 후 검색 엔진 랭킹이라는 기이한 세계에 대해 배우고 공유하려는 '열정 프로젝트'였다. 당시엔 검색 엔진 작동 원리나 SEO에 대한 정보를 찾기가 하늘의 별 따기였다. 그래서 나는 내가 감당할 수 있는 유일한 인력을 동원했다. 바로 가족이다.

할아버지 시모어(Seymour)와 나는 구글과 야후의 특허 출원서를 며칠씩 파고들었다. 정보 검색(검색 엔진의 기반이 되는 과학) 콘퍼런스의 기술 논문들을 읽어댔다. 할아버지는 구글의 그 유명한 링크 기반 알고리즘인 페이지랭크(PageRank)가 어떻게 작동하는지 가르쳐주셨다. 그래프 수렴을 위해 반복 계산이 필요한 이유, 댐핑 팩터(damping factor)가 왜 존재하는지, 페이지에 새 링크가 생기면 기존 링크의 페이지랭크를 어떻게 갉아먹는지 등등. 할아버지의 수학 및 공학적 배경은 값을 매길 수 없을 만큼 귀중했고, 우리는 그 기술 논문 분석 세션을 블로그 포스팅과 콘텐츠로 만들어 SEOmoz 웹사이트에 올렸다.

할아버지와 할머니는 내 기저귀를 떼게 해주고 자전거 타는 법을 가르쳐준 공로도 있다. 요점은, 내가 할아버지께 빚을 많이 졌다는 거다. (고마워요, 아마, 파파.)

많은 스타트업이 그렇듯, 우리가 결국 추구하게 된 아이디어나 비즈니스는 전혀 예상치 못한 곳에서 튀어나왔다. 그 블로그는 비즈니스의 '부트로더(bootloader, 초기 적재 프로그램)'가 되어 브랜드를 온갖 우연한 경험에 노출시켰고, 결국 우리를 지금의 길로 이끌었다. 오늘날엔 이걸 "콘텐츠 마케팅"이라고 부르겠지만, 당시 내가 밤마다 글을 썼던 건 그저 공유에 대한 열정, 관심받고 싶은 젊은 혈기, 그리고 구글이 숨기고 있는 비밀들에 대한 증오심 때문이었다.

2005년 여름, 《뉴스위크》 잡지의 기자 브래드 스톤(Brad Stone, 나중에 뉴욕 타임스와 블룸버그 비즈니스위크로 갔다)에게서 이메일이 왔다. SEO 세계에 대한 기사를 쓰려는데 우리를 인터뷰하고 싶다는 거였다.

나는 언론에 나올지도 모른다는 생각에 들떴다. 검색 업계 내부자들 사이에선 인기가 좀 있었지만, 우린 여전히 빚에 허덕이고 있었다. 클라이언트 일감은 꽤 있었지만 비용을 극도로 아껴야 했다. 질리언은 월급을 아예 안 가져갔고, 맷과 나는 한 달에 겨우 1,600달러(약 180만 원)씩 가져갔다. 그해 초 토론토 강연을 가느라 쓴 1,000달러가 뼈아플 지경이었다.

그해 가을, 브래드는 시애틀로 날아와 영화관 위층에 있는 우리의 비좁은 사무실을 방문했다. 꼬질꼬질한 공간(그리고 아래층에서 올라오는 팝콘 냄새) 때문에 쥐구멍에라도 숨고 싶었지만, 브래드는 신경 쓰지 않는 눈치였다. 그는 주류 언론이 거의 다루지 않던 SEO에 대한 기사를 쓰고 있었고, SEOmoz를 그 기사에 싣고 싶어 했다. 그는 깜빡거리는 형광등이나, 너구리가 새끼를 낳은 게 분명해 보이는 카펫의 기괴한 얼룩 따위는 안중에도 없었다.

2005년 12월, 브래드는 다음 주 《뉴스위크》에 나와 엄마의

큰 사진이 포함된 여러 페이지짜리 기사가 실릴 거라고 알려왔
다. 나는 환호했다. 그러고는 곧장 패닉에 빠졌다.

'만약 수만 명의 사람들이 방문해서 SEO를 배우고 싶어 하면
어쩌지? 블로그는 너무 전문가용이라 초보자들은 이해 못 할 텐
데. 그럼 딴 데 가서 정보를 찾겠지? 아직 오지도 않은 기회를 날
려버리는 꼴이잖아!'

그 주에 나는 "초보자를 위한 SEO 가이드(The Beginner's Guide
to SEO)"라는 새 프로젝트에 수십 시간을 쏟아부었다. 살면서 겪
은 '생산적인 멘붕' 중 최고였다. 결과물은 거의 소설책 분량의 거
대한 문서가 되었다. 키워드 연구법, 콘텐츠 작성법, 크롤링 문제
해결법, 링크 얻는 법 등 SEO의 모든 것을 망라했다. 맷은 날 보
고 미친놈이라고 했다. 난 사무실에도 거의 안 나가고 집에서 그
가이드를 완성하느라 미친 듯이 매달렸다. 클라이언트 일도 좀
미뤄뒀다.

마침내 내 역작이 완성되자, 맷이 디자인 기술을 발휘해 다듬
었고 우리는 거의 40페이지에 달하는 가이드를 SEOmoz 웹사이
트에 올렸다. 홈페이지에는 《뉴스위크》를 보고 온 방문객들을 환
영하며 SEO를 더 배우고 싶으면 이 가이드를 보라는 메시지를
띄웠다. 그리고 기다렸다.

기사는 2005년 12월 11일 온라인에 먼저 떴고, 일주일 뒤인
18일 인쇄판에 실렸다. 배달판은 그 중간쯤이었다. 그리고 우리
분석 툴에 따르면, 그 2주 동안 SEOmoz 트래픽 증가는… 고작 신
규 방문자 5천 명 미만이었다. 평소 하루 방문자가 1천 명이었던
걸 감안하면, 기사는 그냥 작은 돌부리 정도였지 우리가 기대했
던 '초고속 성장 촉진제'와는 거리가 멀었다.

하지만 그 《뉴스위크》 기사는 간접적으로 우리를 도왔다. 기사가 나오기 전인 12월 6일, 우리는 가이드를 미리 올려뒀었다. 12월 7일 어느 시점에, 유명한 기술 뉴스 사이트인 슬래시닷 (Slashdot)이 이 가이드를 메인에 걸었고, 첫 24시간 동안 3만 5천 명 이상의 방문자를 SEOmoz로 보냈다. 수십 개의 다른 블로그와 웹사이트들이 뒤를 따랐고, 엄청난 트래픽과 관심을 우리 쪽으로 쏟아부었다. 따지고 보면, '초보자 가이드'가 가져온 트래픽은 《뉴스위크》 기사가 가져온 것보다 훨씬 압도적이었다. 잡지 독자들에게 SEO를 가르치겠다는 내 패닉 상태의 결과물이, 정작 내가 타깃으로 삼았던 독자들보다 훨씬 더 효과적인 홍보 수단이 되어버린 것이다.

잡지 독자 몇 명을 위해 만든 그 콘텐츠 하나가, 우리를 틈새 업계 블로그에서 SEO 분야에서 가장 인정받는 브랜드 중 하나로 탈바꿈시켰고, 생존에 절실했던 클라이언트들을 데려다주었다. 강연 몇 번 다니고 나니 우리는 이베이(eBay), 옐프(Yelp), 오픈테이블(OpenTable), 질로우(Zillow) 같은 회사들과 일하고 있었다.

매출이 늘고 다음 주를 걱정하거나 빚쟁이를 피해 다니는 스트레스가 사라지자, 나는 많은 기업이 빠지는 어떤 딜레마에 좌절감을 느끼기 시작했다. 우리는 안주하고 있었다.

수익이 나기 시작했고 고객들은 대체로 만족했다. 고객들은 친구들에게 우리를 추천해 주기도 했다. 월급도 몇백 달러 올랐다. 나쁠 건 없었다! 하지만 뭔가 빠져 있었다. 컨설팅 사업만 유지하기에는 우리 웹사이트의 인기가 너무 높아서 앞뒤가 맞지 않는다는 느낌을 지울 수 없었다. 매일 수천 명이 방문하는데, 정작 한 달에 감당할 수 있는 고객은 고작 6~7곳뿐이었다. 컨설팅은 철저히 시간과 인력의 한계에 갇혀 있었다. 기본적인 사이트 감사 보고서 하나를 만드는 데만 꼬박 2~3일이 걸렸다. 대졸 신입 사원들을 뽑아 몇 달 가르치면 일주일 만에(내 검토를 거쳐서) 해낼 수는 있었다. 하지만 소통 비용, 업계 변화 따라잡기, 블로그 글 쓰기, 새로운 계약 따내기, 그리고 우리와 조건이 맞지 않는 일을 거절하는 데 드는 놀랍도록 많은 시간까지 감당해야 했다. 우리는 미친 듯이 바빴지만, 처리 용량을 늘리려고 사람을 뽑으면 오히려 더 지치기 일쑤였다. 채용할 때마다 더 많은 고객을 유치해야 했고, 그들을 교육하고 검토하는 데 또 시간이 들었기 때문이다.

많은 기업이 이런 사이클에 갇힌다. 확장을 꺼리게 되는 것이다. 단기적으로는 일이 더 늘고 이익률은 줄어들어서, 결과적으로 장기적인 성장 가능성을 갉아먹기 때문이다. 일감을 거절할 때마다 머릿속 뒤편에서는 찜찜한 기분이 가시질 않았다. '우리가 기회를 날리고 있는 건 아닐까? SEOmoz는 더 큰 무언가가 될 수 있지 않을까?'

일감을 거절할 때마다 내 머릿속 뒤편에선 찜찜한 기분이 들었다. 우리가 기회를 날리고 있는 건 아닐까? SEOmoz는 더 큰 무언가가 될 수 있지 않을까?

다행히도, 그리고 거의 우연히, Moz는 서비스에서 제품으로 전환했다. 2006년 말, 맷과 나는 클라이언트 업무용으로 만든 자체 툴(검색 순위 추적이나 문제점 진단 도구 같은 것) 일부를 공개해 보자는 아이디어를 냈다. 원래는 웹사이트 트래픽을 늘리려고 한 거였는데, 완전히 무료로 풀면 서버 대역폭이 터져서 비용이 감당 안 될 것 같았다. 그래서 월 39달러짜리 페이팔 구독 모델 뒤에 툴을 숨겨놨다. 트래픽 과부하도 막고 클라이언트도 좀 더 유치할 수 있겠거니 생각했다.

우리는 그게 하룻밤 사이에 Moz의 비즈니스 모델을 완전히 뒤집어놓을 줄은 꿈에도 몰랐다.

2007년 2월, 툴 구독 서비스를 열었을 때, 뭔가 대단한 변화가 일어난 것 같진 않았다. 매일 몇 명씩 구독자가 생겼지만, 대체로 사업은 평소대로 돌아갔다. 주력은 여전히 컨설팅이었다. 몇 달 뒤 매출을 분석해 보고 나서야 우리는 구독 비즈니스의 잠재력을 깨달았다. 신제품의 성장 속도가 잡초처럼 무시무시했다. 그해 말, 우리는 SEO 컨설팅으로 약 40만 달러를 벌었고(사업 4년차), 소프트웨어 매출로 45만 달러를 벌었다(고작 10달 반밖에 안 됐는데!). 자면서도 돈을 벌어다 주는 제품의 위력을 깨달은 순간이었다.

서비스업 햄스터 쳇바퀴에서 탈출하기

왜 제품을 성공적으로 출시하는 컨설팅 회사는 드문 걸까? Moz는 무엇이 달랐을까? 그리고 컨설팅으로 잘나가던 우리가 왜 소프트웨어 구독 모델로 갈아타기로 했을까?

효과적인 제품 중심 비즈니스에는 두 가지 핵심 특성이 있다. 첫째는 도달 범위(Reach), 즉 대규모 대중에게 영향력을 발휘할 수 있는 능력이다. 둘째는 확장성(Scalability), 즉 비용이 늘어나는 속도보다 매출을 훨씬 빠르게 키울 수 있는 역량이다.

전통적인 컨설팅 비즈니스에는 이 두 가지가 거의 없다. 컨설턴트는 광범위한 브랜드 인지도나 대규모 청중이 필요하지 않다. 오직 소수의 명확한 타깃 고객과 기업들에게만 존재를 알리면 된다. 입소문만으로도 영업 파이프라인을 채우기에 충분하기 때문이다. 하지만 제품 비즈니스는 훨씬 더 넓은 청중이 필요하며, 브랜드 인지도와 시장 침투력이 절실하다. 입소문만으로 돌아가는 소수의 기업 전용(엔터프라이즈) 제품 회사도 있지만, 그런 경우조차 경쟁 상황 때문에 컨설팅 업계에서는 찾아보기 힘든 수준의 광범위한 마케팅 활동이 요구된다.

컨설팅 비즈니스는 (딜로이트나 맥킨지처럼) 막대한 인력을 운용하지 않는 한 확장성을 갖기 어렵다. 반면 제품 비즈니스의 확장성은 단일 제품(혹은 동일한 개발 프로세스를 공유하는 제품군)으로 넓은 대중을 커버하는 제품 자체의 능력에서 나온다. 컨설팅에서는 고객이 '상품'이나 '접근 권한'이 아니라 '시간'과 '프로젝트'에 비용을 지불하기 때문이다.

2007년, 이제 막 싹튼 소프트웨어 구독 비즈니스와 수년 된 컨설팅 비즈니스를 비교해 봤을 때, 우리의 무게 중심이 소프트웨어 쪽으로 쏠리는 건 당연했다. 그게 모두에게 정답이라서가 아니라, 우리에게 맞았기 때문이다. 내가 가장 좋아하는 일(사람들 돕기, 글쓰기, 강연, 커뮤니티 만들기)은 고객을 끌어모으는 마케팅 채널이 되었다. 컨설팅 경험 덕분에 우리는 고객의 고충을 깊이 이해하고 있었고(우리가 직접 해봤으니까), 우리에게(따라서 고객에게도) 필요한 제품이 뭔지 알고 있었다. 대부분의 컨설팅 회사와 달리, 우리는 사이드 프로젝트로 만든 대규모 커뮤니티와 트래픽 많은 웹사이트를 활용할 수 있었다. 우리는 경쟁자들에게도 지식을 공유하는 데 헌신했고, 마침 프로세스를 확장할 소프트웨어를 만들 수 있는 프로그래머가 내부에 있었다.

우리는 의도치 않게 성공적인 제품 비즈니스를 만드는 데 필요한 많은 기둥에 투자해왔던 것이다. 콘텐츠, 커뮤니티, 도달 범위라는 강점 덕분에 첫 제품이 별로였음에도 불구하고, 우리는 역사적으로 신뢰가 드물었던 이 바닥에서 '믿을 만한 놈들'로 브랜딩되어 있었다.

하지만 소프트웨어로 전환하게 된 건 단지 강점과 열정 때문만은 아니었다. 돈 문제가 결정적이었다. 구독 매출은 총이익률이 훨씬 높았고, 1달러를 버는 데 드는 시간이 훨씬 적었으며, 컨설팅에 비해 채용이나 계약이 거의 필요 없었다. 우리는 시행착오를 통해 금융 시장이 수년간 알고 있던 사실을 깨달았다. 반복 매출(Recurring Revenue)로 번 1달러는 확장성과 마진 덕분에 서비스로 번 1달러보다 훨씬 가치 있다.

잠깐, 어떤 돈은 다른 돈보다 더 비싸다고?

기업 가치를 평가하는 재무 모델은 매출 총이익률(Gross Margin)을 매우 중요하게 생각한다. 추가 비용 없이 벌어들일 수 있는 수입의 비율 말이다. 소프트웨어를 만들어 고객에게 제공하면, 비용은 기본적으로 소프트웨어 유지 보수, 서버 호스팅, 데이터 구매 비용, 그리고… 뭐 별거 없다(고객 서비스 정도?). 이론적으로는 개발을 중단하고 직원 대부분을 내보내도 구독료는 계속 들어온다. 그래서 소프트웨어 제품 비즈니스의 총이익률은 종종 75~80%를 넘지만, 컨설팅은 25~40% 수준이다.

이런 차이는 단순히 돈 버는 방식뿐만 아니라 잠재적 구매자와 투자자의 평가에도 영향을 미친다. 서비스로 번 1달러는 인수나 기업 가치 평가 시 (평균적으로) 1~2배로 쳐준다. 반면 우리 같은 소프트웨어 구독 비즈니스의 경우, 이 배수는 종종 3~8배에 달한다.

비슷한 규모의 건실한 사업체를 운영해 온 두 창업가 니키(Niki)와 실비오(Silvio)가 있다고 치자. 둘 다 회사를 팔고 은퇴할 생각이다.

니키는 소프트웨어 구독 회사, 실비오는 컨설팅 회사다. 둘 다 직원 50명, 지난 12개월 매출 1,000만 달러(약 110억 원), 최근 4년간 매년 30% 성장했다. 아주 단순화한 예시지만, 평균적인 결과는 교훈적이다.

니키는 회사를 팔 때 최소 3,000만 달러에서 최대 8,000만 달러를 기대할 수 있다. 기술 수요가 높거나 엔지니어 역량, 데이터, 시장성이 좋으면 더 받을 수도 있다.

실비오는 비슷한 규모라도 1,000만 달러에서 2,500만 달러 정도를 예상할 수 있다. 변수는 EBITDA(법인세·이자·감가상각비 차감 전 영업이익), 순이익률, 그리고 수요나 입찰자 등이다.

그러니 투자자들이 컨설팅 회사엔 쥐꼬리만큼 투자하고 소프트웨어 회사엔 돈을 쏟아붓는 것도 무리가 아니다. Moz가 이 숫자의 의미를 깨닫자마자 소프트웨어에 올인하고 컨설팅 확장을 멈춘 것도 당연한 일이다.

그래도 전 서비스업이 좋은데요

모든 컨설턴트나 서비스 비즈니스가 제품/구독 모델로 전환해야 할까? 절대 아니다. 앞의 예시에도 불구하고, 많은 제품 기반 비즈니스의 결과가 기술 언론이 떠드는 것만큼 드라마틱하진 않다. 세일즈포스나 메일침프 같은 회사들이 언론의 스포트라이트를 받고 창업자가 천재 소리를 듣는 건 사실이다. 컨설팅 회사는 그런 대접 못 받는다. 하지만 서비스 기반 비즈니스도 무시 못 할 장점들이 있다.

- 초기 자본이 거의 필요 없다. 집에서 맨몸으로, 시간과 노력만 있으면 시작할 수 있다.
- **통제권이 확실하다.** 클라이언트를 더 받거나 덜 받고, 가격을 조정하고, 직접 하거나 외주를 주는 식으로 규모와 비용, 수익성을 정밀하게 조절할 수 있다.
- 쉴 수 있다. 장기적인 잠재력에 해를 끼치지 않고도 비즈니스에서 잠시 떨어져 있을 수 있다. 한 달 동안 새 클라이언트 안 받고 납품할 거 없으면, 그달은 가족과 휴가다.
- 지분을 안 뺏긴다. 소유권을 포기할 일이 거의 없다. 세금 혜택도 있고 통제권도 유지된다. 소프트웨어 회사도 이럴 수 있지만, 자금 조달이 필요하면 훨씬 어렵다.
- 채용 비용이 낮고 인력 관리가 쉽다. (일반적으로 컨설턴트 연봉이 엔지니어보다 낮고) 구글이나 페이스북 수준의 복지를 안 해줘도 된다.
- 놀랍게도 : 창업자에게 재정적으로 더 이득일 수 있다.

마지막 포인트가 안 믿기나? 다시 니키와 실비오를 소환해보자.

니키는 소프트웨어 회사를 시작하면서 엔젤 투자자에게 지분 30%를 주고 50만 달러를, 벤처 투자자에게 지분 40%를 주고 800만 달러를 받았다. 직원 스톡옵션 풀로 15%를 떼어주고 나니, 매각 시점에 니키가 가진 지분은 15%였다. 이것도 평균(11%)보다는 높은 편이다.

반면 실비오는 외부 투자를 안 받아서 지분 100%를 다 가지고 있다. 자, 매각할 때 누가 승자일까? 둘 다 중간값으로 매각됐다고 치자. 니키는 4,000만 달러의 15%인 600만 달러를 챙긴다. 실비오는 1,500만 달러의 100%인 1,500만 달러를 챙긴다. 소프트웨어 매출 가치가 훨씬 높게 평가됐음에도 불구하고, 니키는 실비오보다 900만 달러를 덜 벌었다. 표로 보면 이렇다.

	실비오의 컨설팅 비즈니스	니키의 제품 비즈니스
투자금	$0	$8,500,000
매각 시점 지분율	100%	15%
매각 시점 총 매출	$10,000,000	$10,000,000
매출 배수	1.5배	4배
총 매각 가격	$15,000,000	$40,000,000
창업자 매각 대금	$15,000,000	$6,000,000

그야말로 압도적인 차이다. 2013년 경매에서 낙찰된 오리지널 배트모빌을 무려 두 대나 더 사들일 수 있는 금액이니, 부의 척도로 이보다 명확한 지표가 또 있을까 싶다. 물론 제품 기반 창업자가 지분을 악착같이 방어해 '대박'을 터뜨릴 수만 있다면 이야기는 달라진다. 니키가 지분 60%를 사수하는 선방만 했어도, 2,400만 달러를 손에 쥐고 실비오를 가볍게 따돌렸을 테니까.

하지만 회사가 망하면 이 대화는 무의미하다. 0의 15%는 '0'이며, 기술 스타트업의 실패율은 서비스업보다 훨씬 높다. 2012년 통계에 따르면 서비스 회사의 5년 생존율은 47.6%지만, 기술 스타트업은 25% 미만이다. 통계적으로 당신이 '성공'할 확률은 서비스업이 두 배나 높다.

희한하게도 테크 뉴스에서 서비스 회사 인수 소식은 거의 나오지 않는다. 수천억 원대 인수 합병 소식은 죄다 제품 회사, VC 투자를 받은 회사, 언론과 줄이 닿은 미국 회사들 얘기다. 내 생각에 이건 서비스 회사에 대한 인식과 상관관계가 있는 게 아니라, 인과관계가 있다.

컨설팅 회사를 운영하는 친구들이 내 재정 상황을 들으면 깜짝 놀란다. 매출 몇억, 몇십억 하는 자기들이 4,500만 달러짜리 회사 CEO인 나보다 개인적으로 훨씬 부자라는 사실에 충격을 받는다.

"어떻게 그럴 수가 있어?!"

"음, 난 월급 받고 주식이 있긴 한데… 이익 배당도 못 받고 상장이나 매각 안 되면 주식은 휴지 조각이라 현금화가 안 돼."

"젠장." 그들은 고개를 젓는다. "4,500만 달러짜리 회사를 해도 부자가 못 된다니. 기괴하구먼."

벤처 투자를 받은 창업자들의 돈 문제는 챕터 8에서 더 깊이 파헤칠 테니 채널 고정해라.

제품을 밀어붙이는 법

제품 중심 비즈니스를 불공평하게 비판하려는 건 아니다. 제품 비즈니스를 선택할 좋은 이유는 많다.

- 컨설팅보다 제품 만드는 게 더 적성에 맞아서.
- 소수 집단과 관계 맺는 것보다 대중 마케팅이 더 좋아서.
- 제품으로 승부 안 보면 죽을 때까지 만족 못 할 것 같아서.
- 높은 실패율과 자금 압박을 감수하더라도 더 큰 보상을 원해서

Moz의 경우도 그랬기에 전환이 합리적이었다. 만약 당신도 같은 배를 탔다면, 전환을 매끄럽게 하기 위한 내 최고의 조언은 이렇다.

1 **컨설팅 경험에서 나온 제품으로 시작해라.** 서비스 제공 과정에서 고객이 겪는 진짜 문제를 발견했을 것이다. 사람들은 당신의 해결책에 돈을 지불할 의사가 있다. 당신의 경험은 제품 디자인, 콘텐츠, 마케팅, 잠재 고객 구축에 녹아들어야 한다. Moz의 컨설팅 경험은 모든 규모의 기업이 겪는 SEO 문제를 보여줬고, 그걸 해결하는 지식을 블로그를 통해 투명하게 공유할 수 있게 해줬다. 툴을 만들기 전에 나는 내가 뭘 해결하고 싶은지 정확히 알았고, 나랑 똑같은 문제를 겪는 수천 명의 사람들이 내 블로그에 있다는 것도 알고 있었다.

2 **제품 고객을 끌어들일 확장 가능한 마케팅을 구축해라.** 컨설팅은 소규모 마케팅으로 돌아가지만, Moz가 소프트웨어로 확장할 수 있었던 건 대규모 청중을 모았기 때문이다. 단기적으로는 서비스 고객을, 장기적으로는 제품 구매자를 아우를 수 있는 마케팅 채널을 미리 만들어두면 게임 끝이다.

3 **서비스 매출로 제품 개발과 테스트 비용을 대라.** 새 아이디어에 미쳐서 컨설팅 사업을 등한시하지 마라. 제품 개발에 '몰빵'하고 싶겠지만, 컨설팅 매출이 끊기거나 퀄리티가 떨어지면 모험은 시작도 전에 끝장날 수 있다.

이 전환을 시도하는 창업자들의 발목을 잡는 세 가지가 있다.

- 기존 모델에 안주하고 서비스 수입에 의존하려는 경향.

- 훌륭한 제품을 만드는 데 필요한 방해받지 않는 시간.

- 제품에 맞는 충분한 고객을 찾는 일은 어렵다. 기존 서비스 고객은 '서비스'가 필요해서 온 것이지 '제품'이 필요해서 온 것이 아닐 수 있다. 이 때문에 단순히 고객을 전환시키는 일은 생각보다 어렵다.

이 어려움들을 미리 알고 대비하면 극복할 수 있다. 두 모델의 장단점과 확률을 알고 현명하게 선택해라.

컨설팅은 적이 아니다, 편견이 적이다

자, 어떤 모델이 당신에게 맞을까? 직접 비교해보자.

	서비스 비즈니스	제품 비즈니스
초기 창업 비용	낮음	높음
5년 평균 생존율	보통 (미국 인구조사 데이터 기준 47%)	비참함 (NVCA 데이터 기준 <10%)
마케팅 요구량	낮음	높음
성장 한계	사람, 마케팅, 유지	자본, 엔지니어링, 고객 확보
경쟁 진입 장벽	낮음	중간에서 높음
확장성	낮음	높음
인력 요구 사항	고객 대비 높은 직원 비율	고객 대비 낮은 직원 비율
총 이익률 (Gross Profit Margin)	낮음	높음
순 이익률 (Net Profit Margin)	보통	낮음 (종종 성장 재투자로 인해)

결론은 케바케(Case by case)다. 똑똑한 창업자라면 자신의 강점,

목표, 시장을 판단해서 결정해야 한다. 벤처 투자 받을 생각이 아니라면, 서비스 고객에게 구독 제품을 팔거나 제품 회사에 컨설팅을 추가하는 걸 막을 사람은 없다. 실리콘밸리의 고정관념 때문에 당신 회사와 고객에게 맞는 올바른 결정을 내리는 데 방해받지 마라.

Chapter 3.

위대한 창업가는 '하고 싶은 일'을 하지 않는다.
비전을 실현할 뿐이다.

"당신의 일은 인생의 큰 부분을 차지할 것이며, 진정으로 만족하는
유일한 방법은 위대한 일이라고 믿는 것을 하는 것이다. 또한 위대한
일을 하는 유일한 방법은 당신이 하는 일을 사랑하는 것이다."
─스티브 잡스, 2005년

잠깐 '덕후' 모드로 들어가도 될까? 나는 SEO를 사랑한다. 웹 페이지의 사소한 변화가 검색 엔진 노출에 엄청난 차이를 만들고, 그 덕에 수백, 수천 명의 사람들이 내 사이트로 몰려오는 그 과정이 너무 좋다. 어려운 키워드 경쟁을 뚫기 위해 기술적 스킬과 창의력을 섞어야 하는 그 과정도 사랑한다. 검색 엔진이 페이지 순위를 매기는 미스터리와 그 퍼즐 조각을 하나씩 맞춰가는 과정도 사랑해 마지않는다.

새로운 전술을 발견하거나 구글 랭킹 프로세스의 미묘한 차이를 찾아낼 때면 내 눈은 반짝인다. 나는 발견의 기쁨과 호기심에 빠져 몇 시간이고 몰입해 최고의 성과를 낸다. 웹의 가시성을 결정하는 수백만 개의 수학적 계산 속에서 무슨 일이 벌어지는지 내 가설을 증명하고 싶어 안달이 난다. 증거를 확보하고, 실험을 반복해서 순위 상승을 증명해 내면? 난 그야말로 '뽕'에 취한다. 아파트를 미친 듯이 뛰어다니며 깡마른 유대인 버전의 록키 발보아처럼 주먹을 허공에 찔러댄다(이웃들아 미안하다. 우리 집 창문이 다 블라인드로 가려진 건 아니라서). 그러고는 몇 시간을 더 들여 블로그 포스팅이나 발표 자료를 만든다. 마침내 '발행' 버튼을 누르거나 무대에 올라 내 발견을 공유할 때, 그 순간이 내 커리어의 정점이다. 그 지식을 나누고, 수십억 명의 일상을 지배하는 검색 시스템의 불투명한 장막을 걷어내는 것, 그게 내가 사랑하는 일이다.

그러니 SEO 회사의 CEO로서 나는 세상을 다 가진 듯 행복해야 정상일 것이다. 꿈을 살고 있는 셈이니 말이다.

CEO는 진짜 (개 같은) 직업이다

SEO 컨설턴트로서의 초기 커리어 시절, 나는 하루의 대부분을 내가 사랑하는 그 일을 하며 보냈다. 하지만 회사가 본격적으로 성장 궤도에 오르고 내가 CEO 역할을 맡게 되자, 그 일을 하는 시간은 20% 미만으로 줄어들었고, 심할 땐 몇 달 동안 5%도 안 되곤 했다.

우리는 빨리 성장했다. 그리고 나는 CEO가 해야 할 모든 일을 처음 해보는 초짜였다. 배움의 과정은 험난했고 마음은 늘 불편했다. 배우는 것만으로는 부족했다. 즉시 적용하고 제대로 될 때까지 반복해야 했다. 대가는 혹독했다. 직원들은 우리 소프트웨어를 개선하거나 더 넓은 고객에게 닿을 수 있는 올바른 프로젝트를 내가 배정해 주길 기대했다. 고객들은 수작업이나 경쟁사 툴보다 더 나은 SEO 툴을 만들어주길 기대했다. 투자자들은 내가 직원을 뽑고, 프로젝트를 실행하고, 보고하고, 재정 규율을 유지하고, 무엇보다 빨리 성장하길 기대했다. 그리고 물론, 수십만 명의 마케터 커뮤니티는 내가 매일 밤 검색과 웹 마케팅 분야를 연구하고 교육하고 글을 써주길 기대했다.

뭐 별거 아니네, 그치? (자, 심호흡 한 번 하고.)

2009년 10월의 어느 한 주가 떠오른다. 나는 새로운 CTO를 채용하고 있었고, 실리콘밸리 VC들과의 망해가는 펀딩 프로세스의 끝자락을 필사적으로 붙잡고 있었으며, 다가오는 두 개의 컨퍼런스 발표 자료를 준비하고 있었고, 엔지니어링 및 운영 팀의 시니어 멤버들과 연봉 및 스톡옵션 협상을 하고 있었다. 동시에 주요 신제품(나중에 우리 인기 제품이 된 Open Site Explorer)의 와이어프레임을 짜고 있었고, 오라일리 미디어(O'Reilly Media)에서 공저한 책《The Art of SEO》를 홍보하고 있었으며, 믿기 힘들겠지만 유엔(UN)의 고위 기술진을 만나 검색 노출이 그들에게 어떻게 도움이 될지 이야기하고 있었다.

정작 실무는 거의 하나도 못 했다. "하고 싶은 일을 하려고 스타트업을 창업한다"는 신화는 적어도 기술 업계에서는 "창업하면 부자 된다"는 신화만큼이나 널리 퍼져 있다. 이 신화는 낱낱이 파헤쳐 검토해 볼 필요가 있다. 그 안에는 일말의 진실이 담겨 있으나, 이는 여러 겹의 진저리 나는 거짓 아래 묻혀 있을 뿐이다.

열정이 관리자를 만들어주진 않는다

스타트업 창업이 어떤 건지 사전 지식이 없다면, 논리적으로는 이런 과정을 상상할 것이다. 대학 졸업 → 다양한 비즈니스를 경험할 수 있는 분야(아마도 컨설팅)에서 1~2년 근무 → MBA 취득 → 다양한 분야의 잠재적 기회 철저 분석 → 경쟁은 적고 수요는 높은 분야 식별 → 제품, 마케팅, 확장 계획 수립 → 자금 조달 → 창업. 젠장, 내가 봐도 참 합리적으로 들린다.

데이터와 경험을 통해 우리는 안다. 대부분의 창업가, 특히 압도적으로 성공한 창업가 대다수는 이런 치밀한 평가 따위는 쥐뿔도 없이 시작한다. 대신 우리는 우리가 열정을 가진 분야로 무작정 뛰어든다. 대안이나 시장 리스크, 경쟁 상황, 장기 수요 곡선 따위는 고려하지 않는다. 거시경제 지표가 지금은 '값싼 광고 수익에만 의존하는 파스타 제조 과학 웹사이트'를 시작하기에 최악의 시기라고 말해줘도(언젠가 우리만의 파스타를 만들어 팔겠다는 꿈을 꾸며) 그냥 저지른다. 왜냐고? 젠장, 우린 파스타를 사랑하니까! 무엇을 사야 할지, 어떻게 요리해야 할지 모르는 사람들에게 우리의 열정을 나누고 싶으니까. '카초 에 페페(치즈와 후추를 곁들인 로마식 파스타)'를 재료 5개짜리 곤죽에서 12분 만에 만드는 중독

성 있고 믿을 수 없이 맛있는 요리로 탈바꿈시키는 그 작은 비밀을 아직 모르는 사람들에게 알려주고 싶으니까.

창업가는 자신이 사랑하는 일을 하며 사업을 시작한다. 합리적이어서라거나 시장이 좋아서가 아니라, 다른 일을 하거나 다른 것을 먹는 자신의 모습을 상상할 수 없기 때문이다. 한편으로 그 열정과 헌신은 자산이다. 초기 단계의 회사가 비즈니스 모델을 찾는 그 지랄맞은 장벽을 뚫고 나가는 데 도움이 된다. 하지만 수익을 내는 작은 조직이 생기면 리더십은 성장하는 조직이 요구하는 모든 업무로 초점을 옮겨야 한다. 재료를 테스트하고, 사진을 찍고, 잊힌 레시피를 찾아내 세상과 공유하는 일은 여기까지 오게 해줬을지는 몰라도, 당신을 푸드 블로거에서 미디어 제국으로 데려다주지는 못한다.

스타트업이 성장하면, 6개월마다 업무와 필요한 역량이 바뀐다. 2007년부터 2014년까지, 내가 한 가장 중요한 일은 6개월 이상 같은 적이 없었다. 새로운 업무마다 즐거운 부분도 있었지만, 나는 내가 위임했어야 할 업무들을 너무 오랫동안 붙들고 있었다. 내가 만난 거의 모든 창업가처럼 나도 이렇게 합리화했다. 이건 비즈니스의 핵심 역량이라고. 내가 누구보다 더 잘할 수 있다고. 그리고 나는 내 책임들과 더불어 이 실무까지 감당할 수 있다고.

나는 내 포스팅이 회사의 명성을 쌓았다는 논리를 내세워 블로그에 대한 거의 완전한 통제권을 유지했다. 콘텐츠의 다양성을 높이고 내 시간을 확보했다면 제품과 엔지니어링 부문에 훨씬 큰 도움이 되었을 텐데도 말이다. 나는 2010년까지 계속했던 컨설팅 업무의 소유권과 검토 권한도 유지했다. 수년 동안 주요 제품 디자이너 역할을 고집하며 모든 세세한 부분에 최종 결정권을 행사하려 했고, 이는 다른 팀원들의 성장을 가로막고 제품 개선 속도역시 크게 늦췄다.

만약 당신이 사랑하는 일이 사람 관리, 위기 대처, 위임, 책임 묻기, 채용, 그리고 회사의 미션과 비전, 전략, 가치를 끊임없이 설파하는 것이 아니라면, 스타트업 CEO는 당신이 사랑하는 일을 하게 해주는 직업이 아니다. 대신 스타트업은 당신이 사랑하는 비전을 만들고 그것이 실현되는 걸 끝까지 지켜볼 능력을 준다. 당신은 이렇게 말할 수 있게 된다. "지금 세상은 이렇게 돌아가지만, 내가 만들 회사가 존재하게 되면, 그리고 그 미션을 수행할 규모에 도달하면, 세상은 이렇게 바뀔 것이다." 만약 당신이 열정의 대상을 "난 이 일을 하고 싶어"에서 "내가 만든 무언가가 세상을 이렇게 바꾸는 걸 보고 싶어"로 재설정할 수 있다면, 당신의 기대는 현실과 일치하게 될 것이고, 사랑하는 일에서 뜯겨 나가는 데서 오는 인지 부조화와 좌절감은 사라질 것이다.

참고로 "세상을 바꾼다"는 게 꼭 "전 세계를 바꾼다"는 뜻일 필요는 없다. 당신의 미션은 에밀리아-로마냐 지방의 소외된 맛있는 파스타 레시피를 사람들이 이용할 수 있게 만드는 것일 수도 있다. 시애틀 사람들에게 더 나은 요가 경험을 제공하는 것일 수도 있다. 혹은 넷플릭스 구독료 정도의 비용으로 하버드 수준의 엄격함과 브랜드 명성을 지닌 저렴한 교육 플랫폼을 만들어 전 세계의 학자금 대출 부채와 계급 분화를 근절하는 것일 수도 있다(제발 누군가 이 일을 해달라).

하지만 당신의 미션이 "비즈니스가 방해하도록 두지 않고 내가 사랑하는 일을 하는 것"이라면, 팀에 더 많은 인원을 요구하는 성장을 추구하지 말 것을 강력히 권한다. 사람을 채용하는 것은 조직의 복잡성을 더하며, 이는 업무에 매진하는 열정 중심의 '딥 워크(Deep Work)'에 치명적인 적이다.

CEO가 되는 쉽고도 빡치게 어려운 6단계

당신이 하게 될 일의 한계를 받아들이고, 좋아하는 일을 하는 것보다 비전을 보살피는 것을 우선시할 준비가 되었다면 이제 새로운 도전들이 기다리고 있다. 위대한 스타트업은 자신의 특정 분야를 넘어서는 역량을 쌓지 못하는 사람들에 의해 만들어지지 않는다. 재무 전략, 업무 계획, 인사, 갈등 해결, 사무실 관리, 자금 조달, 고객 지원, 대금 회수, 비즈니스 인텔리전스 등 창업자들이 초기에는 거의 고려하지 않는 수십 가지 기능에 능통해야 한다. 당신은 스타트업 세계에서 애정 어린 말로 "그럭저럭 헤쳐 나가기(muddling through)"라고 부르는 과정을 통해 이 각각의 기능을 배우게 될 것이다. 나는 좀 더 정확한 설명인 "실패와 학습, 반복이라는 고통스럽고 지루한 과정 속으로 걸어 들어가는 것"을 선호한다.

본질적으로 당신은 다음과 같은 과정을 겪는다.

1. 팀이 목표를 효과적 혹은 효율적으로 달성하는 것을 방해하는 특정 고통점(pain point)을 짜증스러울 정도로 늦게 깨닫는다. (예: 결과 측정 프레임워크가 없고 효과적인 테스트를 구축하는 전문성도 없어 웹사이트 A/B 테스트를 실행하지 못한다.)

2. 해당 고통을 극복하기 위해 다양한 기법을 시도한다. (해당 실무에 숙련된 인력 채용, 직접 연구하고 배우기, 다른 팀원에게 학습 위임하

기, 기술이나 데이터 확보, 엄격한 새 프로세스 도입 등.)

3. 시도한 것 대부분이 실패했음을 확인하고, 다음 단계에 이를 때까지 수많은 과정을 반복한다.

4. 적어도 부분적으로는 돌파구를 찾아내고 약간의 성공을 거두며 희열을 느낀다.

5. 해결책이 불러온 새롭고 짜증스러운 부작용과 의도치 않은 결과들을 발견한다.

6. 절반의 경우, 새로운 표준이 될 정도로 적당히 작동하는 부분적인 실행과 타협안에 안주한다. 나머지 절반은 해결책이 문제보다 더 나쁘다는 사실을 깨닫고 단순히 그 고통을 피하거나 무시할 방법을 결정한다. 어쩌면 전략을 재설정하여 해당 문제를 아예 다룰 필요가 없게 만들기도 한다.

Moz의 사례를 하나 들어보겠다. 2004년부터 2012년까지 회사의 프로젝트 계획은 매우 비공식적인 경로를 따랐다. 나는 팀원 한 명이나 몇 명과 앉아서 뭘 할 수 있는지, 뭘 하고 싶은지, 비즈니스에 뭐가 좋을지 얘기하고, 그런 주간/월간 대화를 통해 로드맵을 짰다. 때로는 이메일이나 복도에서 잡담하다가 계획을 바꾸기도 했다. 가끔은 나머지 회사 식구들에게 꽤 그럴싸하게 계획을 알리기도 했다. 회사가 작았을 땐(적어도 4개 팀, 30명 미만일 땐) 이 주먹구구식 방법이 대충 통했다.

하지만 2010년이 되자, Moz의 40여 명의 직원은 각자 무슨 일을 하는지에 대한 정보가 (a) 랜드(나)의 머릿속, (b) 무작위 이메일 스레드, (c) 일부만 쓰는 다양한 프로젝트 추적 시스템 따위에 흩어져 있다는 사실에 좌절했다. 프로젝트가 팀 간 경계를 넘나들며 사람들을 본업에서 끌어내 엉뚱한 시간에 협업하게 만들자 불만은 증폭됐다.

이를 해결하기 위해 분기별 전체 회의를 시도했다. 나나 부서장이 향후 2~3개월 치 모든 프로젝트를 읊어댔다. 고통은 좀 줄었지만, 새로운 고통이 잔뜩 생겼다. 그래서 이번엔 주간 이메일을 시도했다. 각 팀이 금요일마다 진행 중인 프로젝트와 예정된 업무를 보냈다. 이 방식이 정착될 즈음엔 매주 금요일마다 엄청난 양의 전체 메일이 쏟아졌고, 대부분의 직원은 읽지도 않고 무시했다. "아무도 안 읽는 메일"에 대한 불만 때문에, 기술 프로젝트 매니저(TPM) 한 명이 모든 팀의 보고를 취합해 금요일에 하나의 아주 긴 이메일로 보내는 방식으로 통합했다. 끈기와 인내심이 있다면 스크롤을 내려서 누가 뭘 하는지 볼 수 있었다. 이 방식은 기본적으로 딱 한 사람에게만 잘 통했다. 바로 나. 난 이메일을 좋아하고 잘 쓰니까. 종종 그 스레드에 질문하고 답하는 유일한 사람이 나였다.

상상하겠지만, 이 방식은 확장성도 없었고 다른 누구에게도 도움이 안 됐다. 2014년 사라 버드(Sarah Bird)가 Moz의 CEO가 되었을 때(이 애긴 나중에 더 하겠다), 그녀는 새로운 시스템을 도입했다. 큰 방에 포스터 보드를 붙여놓고 2~3일 동안 팀 간 토론을 통해 분기별 계획을 짜는 방식이었다. 며칠 동안 각 팀 대표, 매니저, 임원들이 모여 모든 프로젝트를 논의하고, 순서를 정하고, 우선순위를 놓고 싸웠다. 많은 경우 사라가 최종 결정을 내렸다.

제일 먼저 사라진 건 외부 진행자(Facilitator)였다. 나를 포함해 많은 사람이 그들이 진정성 없고 불필요한 복잡함만 만든다고 느꼈다. 그다음엔 회의가 1.5일로 줄었다. 논의와 협상 요소들이 축소됐기 때문이다. 그리고 마침내, 사라는 이 프로세스가 너무 빡세고 들이는 공에 비해 가치가 없다는 걸 깨닫고 아예 없애버렸다. 그녀는 회사를 기능별 비즈니스 유닛으로 재편하고, 공유 부서를 줄였다. 모든 사람이 남들이 뭘 하는지 다 알 필요가 없는 모델로 바꾼 것이다. 각 팀은 로드맵 결정에 더 많은 자율권을 가졌고, 일을 처리하기 위해 다른 팀에 의존하는 일이 줄었다. 고통은 가라앉았다. 진척 속도는 빨라졌다. 남들이 뭘 하는지 항상 알지 못함에도 불구하고(혹은 그렇기 때문에), Moz 직원들은 덜 좌절하고, 덜 압도당하며, 더 집중하게 되었다. 확장하는 조직에서 일해본 사람이라면 익숙한 얘기일 거다. 성장하도록 설계된 회사를 만들려면 이걸 이해하는 게 필수다. Moz가 제대로 된 제품 기획 프로세스를 찾는 데 6년, 10번 이상의 반복, 그리고 두 명의 CEO가 필요했다. 결국 사라는 회사 구조를 바꿔서 그 문제를 아예 피해버리는 힘들지만 현명한 선택을 했다.

최고의 리더는 언제 나서야 할지, 언제 빠져야 할지 안다

많은 창업가는 주요 비즈니스 기능을 팀 내 다른 사람에게 위임할 수 있다고 믿으며, 종종 그래야 하기도 한다. 하지만 이런 역할을 맡은 초기 팀원들에게는 가이드와 지원, 조언이 필요하고, 때로는 당신이 직접 세부 사항을 파헤쳐야 할 때도 있다. 이는 적합한 사람을 찾지 못했거나 누군가를 내보내야 했기 때문일 수도 있고, 혹은 문제가 사람이나 관리, 프로세스 중 어디에 있는지 판단하기 위해 상황을 더 자세히 파악해야 할 필요가 있기 때문이다.

나는 기술 파트를 맡길 CTO를 여러 명 고용했지만, 그들에게 멘토링을 해줄 만큼 프로세스를 제대로 알지 못했다. 사라도 비슷했지만, 결국 그녀는 마음을 다잡고 직접 그 역할을 파고들기로 했다. 사실 우린 그것 때문에⋯ 엄청 싸웠다. 나는 6년 동안 4명의 엔지니어링 리더를 잃은 마당에 왜 CTO를 안 뽑냐고 화를 냈다. 그녀는 자기가 그 파트를 직접 이해하고 이끌어보기 전까진 외부 사람을 뽑을 확신이 없다고 맞섰다. 1년 넘게 논쟁했지만, 결과적으로 그녀가 완전히 옳았다. 팀과 사람, 필요한 업무, 관계와 갈등에 대한 그녀의 내부 지식은 훌륭한 기술 리더를 찾아내고, 채용하고, 결국 CTO로 승진시키는 데 결정적인 역할을 했다.

사라와 나 둘 다 우리 적성에 안 맞는 업무를 위임했지만(둘 다 기술적 배경이 별로 없다), 그녀가 직접 시간을 투자해 그 업무를 이해하기 전까진 제대로 돌아가지 않았다. 이게 바로 성장하는 조직에서 창업가가 하는 일이다. 문제를 파고들고, 갈등을 풀고, 사람들을 억누르는 사고방식이나 구조에서 해방시키고, 회사가 작동하는 방식의 기둥과 정책을 만들고(수없이 다듬는) 일이다. 당신이 비즈니스에 쏟는 시간은 '사랑하는 일을 하는 것'에서 '비전을 실현하고 그 과정의 장애물을 치우는 것'으로 바뀔 것이다. 당신이 하는 일을 꽃피우게 하려면, 사랑하지 않는 일을 할 각오를 해라. 그러지 않으면 실망과 좌절이 당신의 동기를 죽여버릴 것이다.

하지만 그 현실을 받아들일 수 있다면 CEO 역할을 '해결사'이자 '조력자'로 보게 될 것이다. 다른 사람들이 막힌 곳을 뚫어주고, 혼자서는 절대 이룰 수 없는 규모로 진전이 일어나는 걸 보는 걸 좋아하는 사람이라면 이 일은 엄청난 보람을 주는 직업이 될 수 있다.

Chapter 4.
피벗(Pivot)이라는 함정을 조심해라

“아이디어는 쓰레기다. 실행이 전부다.”

—스콧 애덤스(Scott Adams)*, 2010년

실리콘밸리의 신성한 전당에는 피벗(Pivot, 사업 방향 전환)이 모든 스타트업에게 부여된 기본 권리라는 신화가 떠돌고 있다. 피벗은 과거의 죄를 씻어주고, 당신도 '토트(Tote)'에서 '핀터레스트(Pinterest)'로, '오디오(Odeo)'에서 '트위터(Twitter)'로, 혹은 '글리치(Glitch)'에서 '슬랙(Slack)'으로 거듭나게 해줄 면죄부처럼 여겨진다.

창업 초기의 결정이 멍청했더라도 걱정 마라, 피벗이 너를 구원하리라! 현명한 길을 고르고 평가하느라 몇 달을 보내는 것보다 일단 시작하는 게 중요하다! 길은 알 수 없다! 길은 직접 부딪치고 실패하고⋯ 그리고 당신이 짐작했듯, '피벗'함으로써 발견되는 것이다.

개소리다.

스타트업 역사를 뒤져보면 수만 개의 회사가 놀라운 성공을 거뒀다. 수억, 수십억 달러의 수익을 냈고, 생태계와 산업에 지속적인 영향을 미쳤으며, 고객과 사용자를 기쁘게 했다. 그 덕에 창업팀은 금화가 가득 찬 수영장에서 헤엄치며 보상을 누리고 있다 (참고: 내가 아는 부자의 라이프스타일은 전부 만화 〈욕심쟁이 오리 아저씨(Scrooge McDuck)〉에서 배웠다).

하지만 그 모든 성공한 회사 중 위대한 '피벗' 사례가 얼마나 될까? 하나의 비즈니스 아이디어에서 완전히 다른 것으로 갈아타는 공식적인 정의를 적용해 보면, 내가 아무리 조사를 해봐도

고작 수십 개밖에 나오지 않는다. 슬랙, 플리커, 트위터, 핀터레스트, 페이팔, 그루폰, 인스타그램은 가장 유명한 사례일 뿐만 아니라, (적어도 창업자가 금화 수영장을 가질 만큼 성공한 케이스 중에서는) 거의 유일한 사례들이다.

놀랄 일도 아니다. 피벗은 기분 내킨다고 하는 게 아니다. 비즈니스 모델, 제품, 시장, 혹은 아이디어 전체를 바꾸는 건 상황이 진짜로 '끝장났을 때'나 하는 짓이다. 그 외의 상황에서 피벗을 하는 건 미친 짓이다(멀쩡하면 건드리지 마라). 이걸 바닥부터 다시 만드는 건 지저분하고, 치사하고, 힘들고, 진 빠지는 일이다. 쥐꼬리만큼이라도 진전이 있다면, 버티고 배우고 개선하는 게 정상이다.

이 현실을 감안할 때, 산업, 아이디어, 제품, 타겟 고객을 고를 때 좀 덜 거만하고 좀 더 분석적으로 접근하는 게 남는 장사다. 남들이 허영심에 찌든 논리로 "섹시하지 않다", "수상하다", "재미없다"며 무시하는 분야를 선택하는 게 오히려 돈이 될 수도 있다.

내 경우, Moz는 엄청난 성장을 겪고 있던 분야(구글의 급부상과 함께 검색 엔진 노출의 중요성 증대)와 확장성이 끝내주는 모델(마케터와 SEO 담당자의 업무 효율을 높여주는 소프트웨어)을 골랐다. 그리고 우리는 개선하는 데 에너지를 쏟았다. 마케팅, 소프트웨어 개발, 데이터 수집, 인터페이스 디자인, 구독자 유지 등 비즈니스의 핵심 요소들을 점점 더 능숙하게 다루게 되었다. 우리는 모델이나 시장, 근본을 바꾸는 대신 실행을 개선하는 쪽을 택했다. 2007년부터 2013년까지, 그 선택 덕분에 우리는 매년 100% 성장했고 업계 리더의 지위와 각종 수상, 그리고 고객과 투자자의 사랑을 얻을 수 있었다.

나는 2003년부터 SEO에 대해 글을 쓰기 시작했다. 당시엔 그런 글을 쓰는 사람도 별로 없었고, 남들이 배울 수 있게 정보를 투명하게 공개하는 사람은 더더욱 없었다. 이 바닥엔 검색 엔진 작동 원리나 순위 상승 전술을 너무 많이 공유하면 망한다는 믿음이 팽배했다. 많은 SEO 컨설턴트들은 자신만의 '비법(secret sauce)'이 실제 업무 수행 능력보다 고객에게 더 중요하다고 생각했다.

그 비밀주의는 산업의 비인기성과 결합하여 내 블로그에 독보적인 이점을 제공했다. 열려 있고 투명한 접근 방식 덕분에 돋보일 수 있었다. 글솜씨가 특별했던 것도 아니다. 조언 내용이 남들보다 월등히 뛰어난 것도 아니었다. 하지만 경쟁자들이 비밀유지 계약서(NDA)와 컨설팅 비용 없이는 절대 입도 뻥긋 안 할 때, SEOmoz.org는 그냥 웹 브라우저만 켜면 볼 수 있었다. 그 결과 다른 사이트들이 내 글을 링크했고, 언론이 내 포스팅을 인용했다. 컨설팅 고객들이 제 발로 연락해왔고, 지식에 굶주린 수천 명의 업계 실무자들이 매일 업데이트를 받아보겠다고 등록했다.

구독 비즈니스를 시작한 2007년으로 시계를 빨리 돌려보자. 당시 제공하던 툴들은 딱히 훌륭하지 않았다. 툴들은 자주 고장났고 과부하가 걸렸다. 제공하는 데이터는 기껏해야 평범한 수준이었다. 하지만 디지털 마케팅은 급성장하는 분야였고, SEO는 달아오르고 있었다. 그리고 직접 소프트웨어를 짤 줄 모르는 사람들을 위한 자동화 툴은 거의 전무했기에 Moz는 돋보일 수 있었다.

이 두 경우 모두, 우리는 '형편없는 공급자'였지만 시간이 지나면서 제공하는 가치를 극적으로 개선했다. 2004년 내 글쓰기는 처참했다(Moz.com/blog에서 초기 글을 찾아보면 내 말이 맞다는 걸 알게 될 거다). '고품질'이라고 부를 만한 글을 쓰기까진 적어도 몇 넌이 걸렸다. 마찬가지로 월 39달러짜리 페이팔 구독으로 소프트웨어를 런칭했을 때, 툴 세트는 허접했고 기능은 수준 미달이었으며 사용성은 '끔찍함'보다 아주 약간 나은 수준이었다.

우리가 무엇을 잘했을까? 우리는 좋은 시장을 골랐다. 매력적인 커뮤니케이션 매체를 우연히 발견했다. 좋은 비즈니스 모델을 선택했다. 이 의도치 않게 현명했던 선택들이 수많은 실수와 가파른 학습 곡선을 덮어주었다.

오늘날과 같은 가치를 인정받는 꾸준하고 폭넓은 독자층을 확보하기까지 나는 못해도 1,000개 이상의 블로그 포스팅을 발행했다. 2003년 말부터 2007년 초까지, 나는 일요일부터 목요일까지 주 5일, 매일 한 시간 혹은 몇 시간씩 글을 썼다. 다음 날 아침에는 홍보하고, 댓글 달고, 새 주제를 찾는 데 또 시간을 썼다. 블로그가 '필독' 리스트에 오를 때쯤, 나는 이미 수백 시간을 조사와 집필에 쏟아부은 상태였다. 아마추어로 시작했지만, 오늘날 나는 거대한 팔로워를 거느리고 내 글 하나로 수만 명의 방문과 공감, 그리고 강력한 비즈니스 임팩트를 만들어낼 수 있게 되었다.

Moz의 소프트웨어 쪽도 소름 끼칠 정도로 비슷하다. 초기 툴들은 구독료 값을 거의 못 했다. 하지만 수넌에 걸쳐 우리는 소프트웨어 개발 프로세스, 훌륭한 엔지니어 채용 능력, 유용한 애플리케이션 디자인 능력을 키웠다. 구독자가 수십 명에서 수만 명으로 늘고, 고객 생애 가치(LTV)가 몇백 달러에서 2,000달러 이상으로 늘어나는 동안, 우리는 SaaS(서비스형 소프트웨어) 모델의 모든 측면에서 개선을 이뤄냈다.

우리는 실행력을 찬양하길 좋아한다. 마치 멍청한 아이디어라도 실행만 잘하면 성공할 수 있다는 듯이 말이다. 물론이다. 엄청난 헌신과 기술, 훌륭한 사람들의 노력이 있으면 웬만한 장애물은 넘을 수 있다. 하지만 처음부터 현명하게 선택하는 것－분야, 접근 방식, 타겟 고객, 경제 모델, 마케팅 방법론－은 당신이 직면할 어려움과 그 여정이 얼마나 너그러울지에 지대한 영향을 미친다.

모두가 다시 시작하는 비용을 감당할 수 있는 건 아니다. 모두가 닥치는 대로 가설을 테스트해 볼 특권을 가진 것도 아니다. 부양할 가족이 있다면, 빚이 있다면, 실패의 비용이 '0'이 아니라면, 조심스럽게 발을 떼는 게 훨씬 합리적이다.

전환 비용이 당신을 죽일 수도 있다

피벗에 찬성하는 이 주장의 이상한 점은 다음과 같다. 실행은 당신의 아이디어, 비즈니스 모델, 선택한 산업, 심지어 팀보다 훨씬 더 대체 가능하다.

스타트업이 발전하면 무슨 일이 일어날까? 팀은 업무 퀄리티를 높인다. 고객 서비스 팀은 응답 속도를 개선한다. 제품 기능은 고객 니즈를 따라잡는다. 엔지니어는 더 나은 기술을 내놓는다. 사용자 경험(UX)은 뼈대만 있던 것에서 인상적인 수준으로 발전한다. 마케팅 깔때기(Funnel)는 넓어지고, 전환율은 올라간다. 만약 당신이 실행을 우선순위에 두고 실수로부터 배우고 있다면, 이미 이 과정을 겪고 있는 것이다.

자, 이제 타겟 시장을 A에서 B로 옮기는 게 얼마나 힘든 일인지 상상해봐라. 마케팅 팀이나 영업, 사업 개발 담당자들이 피땀

흘려 얻은 교훈 대부분이 쓰레기가 된다. 고객을 어떻게 모을지, 어떻게 계약할지, 어떻게 충성도를 유지할지 원점에서 다시 시작해야 한다. 젠장.

아이디어나 제품을 바꾼다고? 개념을 검증하고, 고객의 지지를 얻고, 인플루언서와 언론, 심지어 투자자를 끌어모으느라 쏟은 수개월, 수년의 피와 땀을 그냥 갖다 버리는 꼴이다. 새 제품이 이전 것보다 만들기 쉬울 수는 있다. 하지만 공짜는 아니다. 그리고 고객 확보를 포함한 다른 모든 벡터에서 당신을 후퇴시킬 게 뻔하다.

비즈니스 모델을 바꾼다고? 위 두 가지보단 작은 변화일지 몰라도 여전히 막대한 에너지가 든다. 게다가 고객들을(그들이 따라와 준다면) 한 요금 체계에서 다른 체계로 이주시켜야 한다는 뜻이다.

과대광고를 믿지 마라. 실행이 전부는 아니다. 당신은 토끼가 아니라 거북이가 될 수 있다. 올바른 경주와 올바른 경로를 선택한다면, 훨씬 더 재능 있는 팀들을 이길 수 있다. 아무도 선택하지 않은 덜 붐비는 공간에서 끊임없이 개선하고 있다면 말이다.

시장과 아이디어를 고르는 몇 가지 변칙적인 팁

아직 에릭 리스(Eric Ries)의 책 《린 스타트업(The Lean Startup)》을 안 읽었다면 당장 가서 읽어라. 그리고 제이크 냅(Jake Knapp)과 구글 벤처스 팀이 쓴 《스프린트(Sprint)》도 봐라. 첫 번째 책은 시장을 선택하고 검증하는 기초를 다지는 데 도움이 되고, 두 번째 책은 내가 신제품과 기능을 확정할 때 가장 좋아하는 방법을 알려준다.

자, 이제 경쟁자의 UVP(독보적 가치 제안)를 능수능란하게 분석하고, 제품/시장 부적합(Product/Market Misfit)에 대한 비꼬는 농담을 던질 수준이 되었다면, 몇 가지 제안을 더 덧붙이겠다.

만약 당신이 자존심과 야망을 좀 낮추고, 10억 달러짜리 유니콘이 되기 위해 벤처 캐피털(VC)을 쫓아다니지 않아도 된다면, 거대하고 빠르게 성장하는 시장을 파괴하라는 조언 따위는 무시해도 좋다. 대신 당신만의 독특한 지식과 열정이 있는 작은 시장을 쫓는 것도 완전히 쿨한 선택이다(어쩌면 인생이 훨씬 편해질 수도 있다). 그곳에선 지속적인 작은 혁신만으로도 무리에서 돋보일 수 있다. 이런 기회는 수천, 수백만 개나 널려 있다. VC 돈다발이나 하버드 MBA(혹은 스탠퍼드 중퇴생)들이 몰려들지 않는 곳 말이다. 솔직히 까놓고 말해서, 우리 대부분은 우주 정복을 위한 인류의 퀘스트를 수행하는 혁신가가 되진 못할 거다. 하지만 손을 집어넣지 않아도 되는 음식물 분쇄기 청소법 정도는 개발할 수 있지 않겠나.

위대한 아이디어와 제품은 종종 평범한 것에서 태어난다. 핵심은 시간(놀라운 무언가로 발전하고 반복할 수 있는 충분한 시간), 겸손(뭐가 잘못됐는지 보고 실패를 인정하며 나아갈 수 있는 태도), 그리고 생존(수익을 내는 서비스 비즈니스가 여기서 구세주가 될 수 있다)이다.

당신이 타겟하는 시장의 기존 해결책들이 다음 중 두 가지 이상에 해당한다면 성공할 확률은 더 높아진다. (a) 고객들이 기존 제품을 혐오한다, (b) 고객의 니즈 변화에 맞춰 진화할 의지나 능력이 없다, (c) 당신이 허물 수 있는(혹은 시장 역학이나 규제 변화가 허물어주고 있는) 경쟁 우위로 보호받고 있다, (d) 초기 단계라 아직 지배적 사업자가 없다(즉, 성숙하지 않은 시장이다).

이 중 두 개 이상을 찾았다면(에어비앤비 이전의 휴가용 임대 시장이나 킥스타터 이전의 크라우드 펀딩을 생각해 봐라), 당신의 승률은 기하급수적으로 올라간다.

키워드 리서치(사람들이 구글에서 어떤 단어를 얼마나 검색하는지 파악하는 것)는 거의 항상 미개척 기회를 보여준다. 해결책을 찾는 키워드를 넘어, 문제를 나타내는 검색어를 찾아라. "도시 이름 + 택시"의 월간 검색량은 우버가 어느 도시에 런칭할지 알려줬고, "도시 이름 + 최고 맛집" 검색량은 옐프가 확장할 시장을 고르는 데 도움을 줬다.

그렇기는 하지만, 만약 여러 요소를 타협해야 한다면(거의 확실히 그렇게 되겠지만), 당신의 능력이 경쟁 우위와 독보적인 가치 제안을 만들어내지 못하는 분야에 뛰어들기보다는 시장 규모, 경쟁 부재(또는 약한 경쟁), 영업 및 마케팅 전술 순으로 이들을 희생하라고 권하고 싶다. 당신의 능력이 경쟁 우위와 독보적 가치 제안을 만들어낼 수 없는 분야에 뛰어들기 전에 말이다. 그게 제일 중요하다.

Chapter 5

창업자의 멘탈이 쓰레기라면,
회사도 결국 쓰레기가 된다

"코드 작성? 그건 쉬운 일이다. 사용자의 손에 애플리케이션을
쥐여주고 사람들이 실제로 사용하고 싶어 하는 애플리케이션을
만드는 것, 그것이 정말 어려운 일이다."

                 ― 제프 앳우드(Jeff Atwood), 2010년 3월

회사가 창업자의 성향을─좋든 나쁘든─그대로 물려받는다는 건 놀랄 일도 아니다. 여성 혐오자를 CEO로 앉히면 회사도 여성 혐오를 하게 된다(콜록, 우버, 콜록). 자존감 낮은 창업자에게 투자 하면, 그 사람은 사내 정치질이나 하고 남의 공로를 독차지하며 열등감을 해소하려 든다. 스타트업들을 연구하다 보면 이 패턴을 지겹도록 목격하게 된다. 아마존은 제프 베이조스의 물류에 대한 집착뿐만 아니라, 직원 급여와 복지에 대한 짠돌이 기질, 그리고 사람을 번아웃시키는 성향까지 고스란히 물려받았다. 크레이그 리스트(Craigslist)는 창업자 크레이그 뉴마크의 기계치(Luddite) 에 가까운 감각과 혁신, 포용성에 대한 열망을 동시에 반영한다. 슬랙(Slack)은 스튜어트 버터필드의 시각적 디자인과 사용자 경 험(UX)에 대한 집착, 그리고 수많은 기능 속에 숨겨진 유쾌한 이 스터에그들을 담고 있다.

이 주제와 관련해 내가 가장 좋아하는 사례는 제시카 마 (Jessica Mah)의 스타트업, '인디네로(inDinero)'다.

2008년, 제시카는 UC 버클리 컴퓨터공학과에 입학했다. 코 딩에 열정이 있었지만, 몇 년 지나지 않아 자신이 반에서 하위권 이라는 사실을 깨달았다. 훌륭한 엔지니어가 될 기술이나 지능 이 부족해서가 아니라, 그녀의 표현을 빌리자면 "인내심이 부족 해서"였다. 그녀는 동기들이 구글이나 페이스북에서 억대 연봉 (과 두둑한 스톡옵션)을 제안받는 모습을 질투 어린 시선으로 지켜 봤다. 결국 그녀는 자신이 가진 기술─글쓰기, 언론의 관심 끌기, 말로 사람들에게 영감을 주는 것─을 활용하기로 마음먹고 블로 그를 시작했다. 소프트웨어 개발, 팀 빌딩, 스타트업 문화에 대해 썼다.

실리콘밸리에서 가장 유명한 스타트업 액셀러레이터인 '와이콤비네이터(Y Combinator)'의 설립자이자 수많은 창업 덕후(Entreprenerds, 뭐? 나도 이런 괴상한 합성어 좀 만들면 안 되나?)들의 반인반신(Demigod)인 폴 그레이엄(Paul Graham)이 그녀의 초기 독자 중 한 명이었다. 그는 그녀의 글을 발견하고 프로그램 지원을 권유했다.

제시카는 이렇게 회상했다. "졸업식 바로 다음 날 마운틴뷰로 가서 YC 프로그램을 시작했어요. 전 저 자신과 주변 사람들에게 높은 기준을 가지고 있지만, 학교 공부에는 집중하지 않았죠. 누가 이래라저래라 하는 게 딱 질색이거든요. 자유와 유연성을 중요하게 생각해서 인디네로를 창업했어요."

그 후 6년 동안 인디네로는 2명에서 200명으로 성장했고, 엔젤 투자로 2,000만 달러를 모았으며(제시카는 벤처 모델을 혐오하여 VC 투자 제안을 수차례 거절했다), B2B 스타트업 세계의 미디어 총아가 되었다.

나는 그녀에게 인디네로를 키우면서 가장 힘들었던 점이 뭐냐고 물었다. 그녀의 대답은 즉각적이었다. "사람 관리요. 멘토링 같은 거. 진짜 싫어요. 그럴 인내심이 없거든요."

"직원이 10명일 때, 우린 망할 거라고 생각했어요. 코칭하고 피드백 주고, 사람들이 실수할 때까지 참아주는 게 너무 싫었거든요. 회사가 커지면서 저는 제 직속 부하를 2명만 남기고 다 없애버렸어요. 관리는 최소한으로만 하죠. 그러니까 아주 잘 돌아가더라고요."

인디네로의 또 다른 고충은 마케팅이었다. 제시카는 훌륭한 작가이자 전도사였지만, 검색, 소셜, 콘텐츠 같은 웹 마케팅 채널과는 영 맞지 않았다. 하지만 그녀는 반골 기질과 엄청난 대인 관계 기술을 활용해 강력한 PR 머신을 구축했다. 인디네로는 수십 개의 매체에 소개됐고, 제시카 본인도 수백 번의 인터뷰를 했다(나는 전국구 테크 잡지나 금융 잡지 표지에 그녀가 나올 때마다 신나서 춤을 춘다). 기사 하나하나가 인디네로가 쫓는 고객들에게 비즈니스를 노출하는 기회가 되었다.

제시카는 초기에 많은 창업자가 겪는 것처럼 고전했다. 그녀의 기술과 성향, 그리고 비즈니스가 필요로 하는 것 사이에 거대한 구멍이 있었기 때문이다. 하지만 수차례 망할 뻔한 위기(공동 창업자와 함께 개인 통장 잔고가 바닥날 때까지 털어 넣어야 했던 순간을 포함해)를 넘기고, 인디네로는 살아남아 번창했다. 어떻게? 제시카가 자신의 강점, 약점, 기벽, 동기를 파악하고, 자신의 특성에 맞춰(혹은 피해서) 스타트업을 구조화했기 때문이다.

인디네로가 겪은 위기, 그리고 수많은 스타트업이 실제로 겪는 붕괴는 창업자가 자기 자신을 이해하지 못하고 회사가 그 특성을 어떻게 물려받는지 모르기 때문에 발생한다. 창업자가 자신의 스타트업이라는 자식에게 물려주는 DNA를 파악하고 균형을 맞출(혹은 우회할) 수 있다면, 강점은 살리고 여정을 끝장내는 함정은 피할 수 있다.

창업자의 영향력은 지독하게 크다

Moz는 언제나 마케팅 중심이었다. 우리에게 쉬운 건 수백만 명의 방문자를 웹사이트로 끌어모으는 일이다. 우리가 해결하려는 문제에 관심 있고 SEO에 대한 답을 찾는 사람들 말이다. 마케팅은 우리에게 문제가 된 적이 없다. 우리에게 진짜 풀기 힘든 난제는 항상 제품 그 자체와 그 기반이 되는 기술이었다.

우리는 창업 이래 고품질 소프트웨어를 개발하는 데 어려움을 겪었다. 아마 이 책이 출판될 때쯤이면 상황이 바뀌었을지도 모른다(아니면 거대 펭귄이 지구를 정복했거나. 솔직히 말해 어느 쪽이든 지금보다 나을 것이다). 분명 수년 동안 진전을 이루었지만, 자금력이 훨씬 떨어지고 경험과 지명도도 낮으며 평판도 좋지 않은 경쟁자들을 따돌릴 만큼 빠르거나 품질이 충분히 좋았던 적은 없었다. 우리 고객이 되고 싶어 안달 난 전문 SEO들이 내게 와서 "Moz가 제발 이 기능 좀 만들거나 개선해 줬으면 좋겠어요. 다른 놈들한테 돈 쓰기 싫단 말이에요"라고 호소할 정도였다. 브랜드 충성도가 이렇게 높은데, 개발자 몇 명 더 뽑아서 고객이 좋아하는 소프트웨어 만드는 게 뭐 그리 어렵겠나 싶었다.

거의 모든 창업자가 어느 정도는 이렇게 믿는다. "내 약점을 보완해 줄 적임자를 고용하면, 나는 내 강점에 집중할 수 있다."

(장면 전환: 어두운 방에 홀로 앉아 있는 나. 눈은 충혈됐고, 위스키잔을 응시하며 슬프게 고개를 젓는다.) "그게 그렇게 쉬웠다면 얼마나 좋았겠어…"라고 속삭인다.

어, 미안. 이런 얘기 하다 보면 청승 떨기 쉽다.

한 사람의 약점을 다른 사람의 강점이 커버해 주는 균형 잡힌 팀이 엄청난 성공을 거둘 수 있다는 건 사실이다. 하지만 잘 알려지지 않은 사실, 그리고 보통 수년간 운영해 보고 나서야 드러나는 사실은 이것이다. 창업자의 속성은 조직에 거의 영구적으로 박제되는 반면, 직원들의 속성은 시간이 지나면서 변한다. 부분적으로는 창업자가 훨씬 오래 남아 더 오랫동안 영향력을 행사하기 때문이다. 스타트업 직원의 평균 근속 연수는 고작 2년 정도다.

하지만 팀을 유지한다 해도, 창업자의 편향, 그들이 만든 비즈니스 구조, 채용 방식, 위임 방식, 자원 배분, 열정, 그리고 맹점(Blind spots)에서 비롯된 지울 수 없는 각인이 남는다.

나는 모든 규모, 산업, 구성의 회사에서 이 패턴이 반복되는 걸 본다. 창업자(와 CEO)는 조직의 성격과 문화뿐만 아니라, 수년 혹은 수십 년간 조직의 궤적을 지배하는 근본적인 강점과 약점을 결정한다. 리처드 브랜슨을 쏙 빼닮은 '버진(Virgin)' 브랜드를 보라. 그의 강점(리스크 감수, 강력한 브랜드 마케팅, 청년 문화 선호, 고객 경험 중시)뿐만 아니라 약점(단기적 사고 경향, 근본적인 기술 혁신보다는 겉치장에 치중, 불안정한 재무 기반)까지 그대로 가지고 있다.

그러니 Moz의 창업자인 나와 엄마(질리언)가 정규 프로그래밍이나 소프트웨어 개발 경험이 전무했다는 건 놀랄 일도 아니다. 우리는 마케팅 배경 덕분에 소프트웨어 세계에 발을 들였고, 글쓰기와 사업 개발 능력에 의존했으며, 초기에 훌륭한 사람들을 잘 뽑은 덕분에 혁신적인 소프트웨어를 만들 수 있었다.

이걸 완벽하게 보여주는 이야기가 하나 있다.

"절대 날 떠나지 마"는 직원한테 할 소리가 아니다

제럴딘의 고등학교 동창 중에 벤 헨드릭슨(Ben Hendrickson)이라는 친구가 있었다. 벤은 특이한 녀석이다. 키는 193cm인데 몸무게는 72kg 정도다. 직업적 태도는 '천재 프로그래머'와 '건망증 심한 교수님'을 반반 섞어 놓은 것 같다.

2007년, 우리가 첫 투자를 받은 직후, 제럴딘이 나를 벤에게 소개해 줬다. 사무실 근처 그리스 식당에서 아브골레모노 수프와 텁텁한 커피를 마시며, 나는 구글을 흉내 낸 웹 인덱스를 만들겠다는 나의 허무맹랑한 꿈을 설명했다. 내가 이 계획을 말한 다른 모든 사람은 불가능하다고, 적어도 구글이 가진 수억 달러 없이는 안 된다고 무시했다. 하지만 벤은 고개를 기울이고 불편할 정도로 몇 분간 허공을 응시하더니, 굵은 바리톤 목소리로 대답했다. "내가 할 수 있을 것 같은데."

그는 혼자 시작했다. 먼저 위키피디아 전체를 크롤링하고 인덱싱했다. 2008년 초, 프로토타입이 작동하는 걸 확인하자 그와 나는 두 번째 엔지니어인 닉 거너(Nick Gerner)를 채용했다. 닉의 아내와 구글에서 같이 일했던 친구, 바네사 폭스(구글 웹마스터 도구 창시자)를 통해 소개받았다. 우리는 바네사와 인도 요리를 먹으며 계획을 설명했고, 그녀는 그게 왜 안 되는지, 왜 미친 짓인지 설명해 줬다. 굴하지 않고 우리 셋은 Moz 사무실 뒷방 어둠 속에 틀어박혀 6개월 동안 "카홀(Carhole)"이라는 코드명의 프로젝트에 매달렸다. (애니메이션 〈심슨 가족〉에서 모가 호머에게 '차고(garage)'라고 부르는 건 잘난 체하는 거니 '카홀'이라고 부르라고 했던 에피소드에서 따왔다. 구글 인덱스의 덜 화려한 버전이지만 성능은 똑같은 걸 만들겠다는 우리 목표에 딱 맞았다.) 나는 제품 구조와 디자인을 맡았고, 벤과 닉은 크롤링, 인덱싱, 인프라 구축이라는 생고생을 도맡았다.

우리는 월급, 호스팅, 운영비로 투자금을 펑펑 태우고 있었다. 매출도 늘고 있었지만 비용이 훨씬 빨리 늘었다. 카홀 프로젝트(출시 때는 '링크스케이프', 나중엔 '모즈스케이프'로 개명)는 우리의 비장의 무기였다. 우리는 고객들이 웹상의 링크 정보를 간절히 원한다는 걸 알았다. 구글이 몇 년 전 그 정보를 차단했기 때문이다. 우리는 이 정보를 다시 마케터들에게 제공하면 유료 구독이

폭발할 거라고 배팅했다.

2008년 10월 7일. 나는 뉴욕에서 일어났다. 검색 마케팅 컨퍼런스(SMX East)에서 우리 프로젝트를 런칭할 생각에 들떠 있었다. 호텔 식당으로 내려가니 사람들이 바의 TV 앞에 모여 있었다. 다들 초조해하거나 완전히 멘붕에 빠져 있었다. 리먼 브라더스 파산의 여파가 닥친 것이다. 미국과 유럽의 은행들은 주택 시장의 신용 부도 스와프(CDS) 리스크에 눈을 뜨고 있었다. 주식 시장은 곤두박질쳤다. 내 메일함엔 우리 제품 런칭을 취재하기로 했던 기자들이 더 중요한 이슈(금융 위기) 때문에 인터뷰를 취소한다는 메일이 와 있었다. 나는 무슨 일이 벌어질지 두려워하며 컨퍼런스 센터로 걸어갔다.

컨퍼런스는 정신없었지만, 적어도 SEO라는 우리만의 작은 세상에서 런칭은 대박이었다. 가입자가 급증했다. 매출이 늘었다. 그해 12월, 우리는 투자받은 이후 처음으로 흑자를 냈다. 벤과 닉은 대학 때 프로토타입을 만들어 우리에게 팔았던 채스 윌리엄스(Chas Williams)를 세 번째 멤버로 영입했다.

스타트업의 꿈이 이루어진 것 같았다. 불가능하다고 했던 기술을 만들기 위해 돈을 모았고, 제시간에 예산 내에서 완성했고, 런칭했고, 고객들이 진짜로 사용했다. 우리는 첫 번째 연말 파티를 열었다. 웃긴 모자를 쓰고 멋진 옷(사실, 번들거리는 셔츠에 핏 안 맞는 재킷이었지만… 우린 어렸으니까)을 입었다. 샴페인을 마셨다. 투자자들을 초대했고, 그들이 진짜로 와서 축하해 줬다!

그 후 2년 동안 제품은 더 좋아졌고 매출은 빠르게 늘었다. 하지만 2011년, 닉이 회사를 떠났다. 1년 뒤, 벤은 구글로부터 거절할 수 없는 제안을 받고 떠났다. 채스도 얼마 안 있어 나갔다. 우리는 링크 인덱스 프로젝트를 관리할 다른 엔지니어들을 고용했지만, 찔끔찔끔 개선될 뿐이었고 인덱스의 크기와 최신성을 유지하는 데 엄청난 문제를 겪었다. 이후 5년 동안, 우리는 미친 듯한 노력과 돈, 엔지니어링 시간을 쏟아부었지만 실패했다. 이 프로젝트 하나에만 10명 넘는 사람을 고용했다. 일부는 남았고, 일부는 떠났다. 그동안 소프트웨어의 다른 부분은 개선됐지만, 우리의 핵심인 링크 데이터는 정체됐다.

그사이 두 경쟁자가 시장을 지배하기 시작했다. 하나는 우크라이나와 싱가포르에 기반을 둔 비밀스러운 조직 '아레프스(Ahrefs)', 다른 하나는 구글을 대체하겠다는 야망을 가진 러시아 엔지니어가 세운 영국 회사 '마제스틱(Majestic)'이었다. 수년간 업계 1위였던 Moz는 링크 데이터 분야에서 낙동강 오리알 신세가 됐다.

도대체 무슨 일이 벌어진 거야? 우리가 개척자였는데 이제는 밀려나다니? 불가능한 걸 해냈는데 유지를 못 한다고? 우사인 볼트가 마라톤을 안 뛰는 이유가 이건가?

나는 이 실패 때문에 수년간 고뇌했다. 밤마다 침대에서, 컴퓨터 앞에서 도대체 뭐가 잘못됐는지, 내가 뭘 잘못했는지 자책했다. 분기마다 실망스러운 결과가 나올 때면 엔지니어들과 회의실에 틀어박혀 원인을 분석하려 애썼다. 하지만 난 소프트웨어 엔지니어가 아니잖아. 뭐가 잘못됐는지 제대로 평가조차 할 수 없었다. 마치 의사 면허도 없는 사람이 병명을 진단하려는 꼴이었다. 그것도 머리 세 개 달린 외계인을 상대로 말이다.

회고, 분석, 비교, 경쟁 정보 수집, 분노, 슬픔, 좌절. 그리고 그 중 최악은… 무력감이었다.

제프 앳우드는 코드 짜는 게 "쉬운 파트"라고 했다. 당신에게 나 쉬웠겠지, 제프. 나한테는 그게 Moz에서 가장 머리가 터질 것 같이 어려운 부분이었다. 나한테는 마케팅하고, 타겟 청중에게 다가가고, 제품을 쥐여 주는 게 쉬운 파트였다. 그건 내가 할 줄 아는 언어니까. 우리가 제공하는 제품으로 그들을 감동시키는 것? 그건 악몽이었다.

벤, 닉, 채스를 만난 것은 행운이었다. 남들이 불가능하다고 했던 제품을 만들어낸 그들의 성공은 내게 잘못된 자신감을 심어주었다. 나는 내 강점에 집중하고 모즈의 약점은 채용으로 보완할 수 있다고 생각했다. 하지만 그건 통하지 않았다. 여러 명의 CTO와 다양한 규모 및 구성의 수많은 엔지니어링 팀을 거치면서도, 우리는 벤과 그의 팀이 링크 문제에서 보여주었던 마법을 다시 재현할 수 없었다. 적어도 그들을 다시 데려오기 전까지는 말이다.

2016년, 벤이 Moz를 떠난 지 5년 뒤, 그는 채스와 함께 '이디나(Idina)'라는 스타트업을 차렸다. 나는 그가 회사를 팔 수 있도록 몇 군데 다리를 놔줬고, 그 후 아침을 같이 먹었다. 알고 보니 벤은 나와 정반대의 문제를 겪고 있었다. 기술은 끝내주는데 마케팅과 고객 확보가 전무했다.

우리는 잠재적 인수 제안과 이디나의 기술에 대해 이야기했다. 벤이 데이터 처리 시스템을 설명하는 걸 듣고, 나는 Moz가 입찰해야 하는 거 아니냐고 소리 내어 말했다. 벤은 내 뒤편 허공을 응시하며 어색한 침묵 끝에 대답했다. "음, 링크 확장 문제(Link scaling problem) 해결했어?" "해결했으면 소원이 없게." "그럼, 맞아. Moz가 우릴 사는 게 낫겠네." "그거… 내가 다른 입찰자들 소개해 주기 전에 말해줬으면 좋았잖아."

3개월 뒤, 창의적인(그리고 돈이 되는) 인수 구조를 통해 밴드는 재결합했다. 벤, 채스, 그리고 이디나의 인프라는 Moz의 일부가 되었다. 1년 뒤, 우리는 다시금 링크 데이터 분야의 리더가 되었고, 경쟁자와 맞먹는 인덱스와 행복한 고객들을 갖게 되었다.

만약 내가 엔지니어 출신이라 빅데이터 소프트웨어 설계가 내 강점이었다면 Moz가 계속 리더 자리를 지켰을까? 확신할 수 없다. 벤과 채스가 경험 많은 마케터였다면 그들의 스타트업이 성공했을까? 그것도 모른다. 하지만 나는 안다. 이건 우리만의 이야기가 아니다. 거의 모든 스타트업이 겪는 보편적인 이야기다.

미식축구를 해본 적이 없다면 드래프트 순위를 정하기란 어렵다

모든 창업자는 회사를 만들 때 가장 어려운 부분에 대해 각자 다른 의견을 가지고 있다. 쉬운 부분에 대해서도 마찬가지다. 재능 있는 소프트웨어 엔지니어 출신 창업자 둘에게 물어보면 채용, 관리, 마케팅이 제일 어렵다고 할 거다. 옆집 마케터 출신 창업자에게 물어보면 정반대 대답이 나온다.

기묘한 진실은, 그 "가장 어려운 부분"과 "가장 쉬운 부분"은 과제의 난이도보다는 창업자의 강점과 약점을 더 많이 보여준다는 것이다. 우리는 모두 자기가 겪는 문제와 경험이 가장 보편적이고, 모든 창업자가 겪는 고난이라고 믿는다. 심리학에서 말하는 '가용성 편향(Availability Heuristic Bias)' 때문이다. 용어가 좀 거창해 보이지만, 개념은 간단하다. 우리의 경험이 인식을 지배한다. 정치 성향이 다른 사람에게 통계적 사실을 들이밀며 설득하려 해본 적 있다면 이 원칙의 힘을 알 거다. (식당에서 개판 같은 서비스를 받고 나왔는데 엘프 리뷰 238개가 전부 별 다섯 개일 때의 기분을 생각해 봐라.)

"약점은 훌륭한 인재를 채용해서 보완하라"는 통념이 완전히 틀린 건 아니다. 하지만 이 조언을 따를 땐 반드시 다음 세 가지 경고를 명심해야 한다.

1   어떤 분야에 대한 깊은 지식과 이해가 없으면, 그 분야의 인맥도 없을 것이고, 누가 진짜 실력자인지 구분하기도 힘들며, 훌륭한 인재를 설득해서 데려오기도 어렵다. 심지어 자기가 뭘 모르는지도 모를 수 있다(Unknown unknowns, 내 말 맞지?).

2   창업자의 약점은 종종 회사의 DNA에 박제되어 일종의 '부채'를 만든다. 발전을 위해선 반드시 해결해야 할 비효율적인 관행이나 시스템 말이다. 당신에게 엔지니어링 기술이 없다면, 기능 추가나 확장을 하기 전에 핵심 시스템을 뜯어고쳐야 하는 '기술 부채(Technical Debt)'로 나타난다. 사람 관리 기술이 없다면? 대인 관계 갈등을 파헤치고, 누군가를 해고하고 다시 뽑고, 신뢰를 쌓는 프로세스를 만드느라 몇 달을 허비해야 하는 '조직 부채(Organizational Debt)'가 된다.

3   약점을 보완하기 위해 누군가(혹은 몇몇)에게 의존한다면, 그들이 떠나는 순간 상처가 다시 벌어질 위험이 생긴다. 시니어 리더 한 명이 조직을 지탱하는 접착제 역할을 하는 작고 경험 없는 팀일수록 이 위험은 더 크다. (물론 그 리더가 훌륭한 사람과 프로세스를 통해 일관된 품질을 만들어놨다면 조직이 커질수록 위험은 줄어든다.)

약점을 보완하는 유일한 방법이 공동 창업자를 찾거나 채용하는 것만은 아니다. 어떤 약점이 회사를 망하게 할까 봐 확신(혹은 엄청난 공포)이 든다면, 그 속성에 투자할 수도 있다. 하지만 먼저, 그 약점이 존재한다는 걸 알아야 한다. 이 진단 과정은 충분히 할 수 있는 일이지만, 자기 인식이 있거나 시간을 들여 진단하는 창업가는 드물다. 나도 수없이 당했다. 그러니 내 조언은, 아주 계획적이고 의도적으로 자신의 강점과 약점을 검사하라는 것이다. 그 결과는 놀랍도록 당신 회사의 강약점과 일치할 것이다.

조직의 주요 기능을 나열해라. 그리고 각 기능에 대해 당신의 적성을 다음 척도로 평가해 봐라.

- 레벨 1: 이론적 지식(혹은 그 이하) – 친구가 그 분야에서 일해서 주워들었거나, 관심 있어서 책 좀 읽어서 이론적으로는 안다. 하지만 직접 일해 본 적 없고(봉사활동 따위는 안 쳐준다), 그 일을 하는 사람을 관리해 본 적도 없고, 정식 교육도 안 받았다.

- 레벨 2: 관리적 지식 – 이 일을 하는 직원을 관리해 봤고, 몇 가지 프로젝트를 성공시켰다. 회고를 주재했고, 대화를 들었고, 어려운 결정에 참여했고, 결과를 검토했다. 하지만 직접 할 수는 없다. 적어도 확신이나 자신감을 가지고는 못한다. 남들이 된다고 하면 되는 줄 알고, 왜 됐는지 안 됐는지 설명해 주면 믿어야 한다. 헛소리를 해도 걸러낼 능력이 부족하다.

- 레벨 3: 실무 적용 지식 + 업무 경험 – 직접 해봤고, 팀과 함께 일해 봤다. 남들이 실무를 다 하고 당신은 관리만 하는 위치로 올라갔다 해도, 함정이나 잠재적 문제, 잘못된 가정이나 실수를 짚어낼 수 있다. 정규 교육을 받았을 수도 있지만, 핵심은 '직접 해본 경험(Hands-on experience)'이다.

- 레벨 4: 깊은 전문성 + 교육 능력 – 직접 해봤을 뿐만 아니라 사람들

을 관리했고, 수년 동안 일관되게 고품질의 결과를 냈으며, 남들에게 가르칠 수도 있다.

소프트웨어 엔지니어링을 예로 들어보자. 수많은 예비 창업자가 "XYZ를 만들고 싶은데 기술이 없어요…"라고 징징대는 분야니까. 만약 나처럼 당신이 레벨 1이나 2라면, 이걸 강점으로 만드는 방법은 간단하다.

1   프로세스를 배워서 직접 한다.
2   이미 이 강점을 가진 공동 창업자와 시작한다.
3   이 분야의 훌륭한 인재를 채용하고, 유지하고, 집중시키고, 관리하는 데 필요한 지식에 투자한다.

내가 본 거의 모든 조언은 마지막 3번을 무시하고 1, 2번만 강조한다. 하지만 나는 사라 버드(Sarah Bird)가 CEO가 된 후, 레벨 1 하위권에서 레벨 2 상위권으로 올라가면서, 내 재임 기간 내내 회사의 고질적 약점이었던 엔지니어링을(초기 링크 인덱스 같은 일시적 성공을 제외하면) 취임 18개월 만에 핵심 강점으로 바꾸는 걸 목격했다.

어떻게 했을까? 사라에게 직접 들어보자.

"Moz에 오기 전, 내 소프트웨어 엔지니어링 경험이라곤 아주 오래 전 들었던 '컴퓨터 과학 개론' 수업 하나가 전부였다. 기술적 깊이가 부족하다 보니 엔지니어링 리더와 팀을 관리하는 데 불안감을 느꼈다. 개발이 잘 안 돌아간다는 건 알겠는데, 도대체 왜 안 되는지 알 수가 없었다. CTO를 잘못 뽑아서? 엔지니어가 별로라서? 문제가 너무 어려워서? 자원이 부족해서? 아니면 엉뚱한 자원을 써서? 인프라와 기술 부채 투자가 부족해서? '왜'를 이해하려고 머리를 싸매다 보면 핑핑 돌 지경이었다.

기술 인력과 팀을 더 잘 이끌기 위해 내가 한 일들은 다음과 같다.

1 건너뛰기 회의(Skip levels, 직속 상사를 건너뛰고 팀원과 직접 만나는 회의)에서 질문해라. 단순히 문제를 파악하는 걸 넘어 구체적인 해결책으로 들어가라. 예를 들어, "이전 직장에서 좋았던 개발 관행 중 여기 없는 게 뭐죠?"라고 물으면 베스트 프랙티스를 발굴할 수 있다.

2 전략과 이유를 명확하게 설명할 수 있는 엔지니어를 발견하면 힘을 실어줘라. 그녀가 변화를 만들다가 마찰을 빚더라도 챔피언이 되어줘라. 전략이 실패하더라도 노력을 칭찬해라.

3 엔지니어링 문화와 베스트 프랙티스에 대해 닥치는 대로 읽어라. 스포티파이, 넷플릭스, 에어비앤비 같은 회사의 개발 블로그를 봐라. 좋은 책과 강연이 널렸다. 나는 에드먼드 라우(Edmond Lau)와 제즈 험블(Jez Humble) 같은 사람들을 팔로우한다. 슬로건을 넘어 고성과 팀이 어떤 회의, 습관, 플랫폼을 쓰는지 파고들어라.

4 디자인 리뷰나 일대일 미팅에서 들은 기술 용어와 관행을 받아 적어라. 그리고 자리로 돌아가 미친 듯이 구글링해라. 엔지니어들은 특정 기술이 "훨씬 낫다"며 소위 '종교 전쟁'을 벌이는 걸로 유명하다. 옹호론을 넘어 맹목적인 신앙으로 넘어가는 순간을 포착하는 법을 배워라. 모든 정보는 한 숟갈의 소금을 쳐서(비판적으로) 받아들여

라. 찬성파, 반대파, 그리고 그 기술을 쓰는 기업들을 알아야 한다. "완벽한 해결책"이란 건 없다. 있다고 하는 놈은 사기꾼이다. 모든 건 트레이드오프(Trade-off)다.

5   가르치는 성향을 가진 기술 리더를 채용해라. CTO가 당신을 더 나은 CEO로 만들게 하는 최고의 방법은 가르치길 좋아하는 CTO를 뽑는 것이다. 당신은 변화를 주도하고 당신과 팀을 교육할 사람을 찾는다고 명확히 해라. 세부 사항으로부터 당신을 "보호"하려는 CTO를 경계해라. 복잡한 걸 쉽게 설명하는 건 직무 필수 요건이다.

6   결국 기술 팀을 이끄는 건 호기심과 용기다. 겸손해야 하고, 질문해야 하고, 많이 읽어야 한다. 점진적 변화가 안 통하면 기술 리더십을 교체할 용기가 필요하다. 긍정적인 모멘텀이 보일 때까지 계속 바꾸고 시도해라. 그리고 잘 돌아가면, 팀의 길에서 비켜줘라." – 사라 버드, Moz CEO

이게 바로 개인적으로든 조직적으로든 자신의 약점을 아는 힘이다. 약점에 투자해라. 과감하게 투자해라(Double down). 그러면 회사 전체가 혜택을 본다.

뿌리가 튼튼하면 키가 클 수밖에 없다

다행히도 창업자가 약점만 달고 오는 건 아니다. 창업자의 강점과 열정은 종종 조직의 강점이 된다. 똑똑한 조직이라면 비즈니스 모델, 팀 구조, 제품, 영업/마케팅 채널을 이 강점에 맞춰 설계하고 약점을 최소화해야 한다(무시하라는 게 아니다).

우리는 Moz에서 의도치 않게 그렇게 했지만 결과는 대성공이었다. 우리는 수십만 명의 마케터 커뮤니티, 월 수백만 방문자, 그리고 업계에서 신뢰받는 목소리를 만들었다. 깔때기(Funnel) 최상단에 이런 강점이 있는데, 소수의 기업 고객만 상대하는 엔터프라이즈 모델을 쓰는 건 멍청한 짓이다. 대신 우리는 진입 장벽이 낮은 셀프서비스 모델을 써서 매달 수천 명의 무료 체험 사용자를 끌어들였다.

Moz는 커뮤니티와 트래픽이라는 강점을 가치 교환을 극대화하는 비즈니스와 정렬시켰다. 기억해라. 우리는 잠재 고객의 극소수(한 달에 기껏해야 6명)만 상대하던 컨설팅 회사로 시작했다. 무료 체험이 가능한 소프트웨어 구독 모델로의 전환은 총이익률과 성장 잠재력을 엄청나게 개선했고, 우리의 강점과 구조를 연결해 줬다.

'너 자신을 알라'는 성경 구절 티셔츠 문구가 아니다

창업자로서, 팀으로서, 비즈니스로서 강점에 올인하거나 약점과 싸우기 위해 반드시 필요한 전제 조건이 있다. 자기 인식이다. 비극적이게도, 우리 대부분은 자신의 강점과 약점을 잘 모른다. 나 같은 경우, 이 자기 인식 부족 때문에 구레나룻을 기르고, 벨파스트 호텔 방에서 유튜브 영상 딱 하나 보고 스틱 운전을 시도했고, 프로그래밍 경험도 없이 소프트웨어 회사를 차렸다.

아일랜드의 구불구불한 도로에서 죽을 뻔하거나 빚더미에 앉지 않고 약점을 알아내는 방법이 있을까? 여기 가장 유용한 방법 몇 가지를 적어둔다. 그 빌어먹을 구레나룻을 기르기 전에 알았더라면 좋았을 텐데.

- 창업자라면 과거 경력에서의 성공과 실패, 비즈니스 운영 요소 중 친숙하고 편안한 것들의 목록을 만들어라. 당신의 약점은 그 목록에 없는 항목일 확률이 높다.

- 성공과 실패를 계속 기록해라. 팀원들과 공유하는 문서에 대박 났거나 쪽박 찬 프로젝트를 기록해라. 당장은 쓸모없어 보여도, 시간이 지나면 유용한 패턴을 발견할 수 있다.

- 문제가 생겼을 때, 당신(혹은 창업자)이 직접 개입해서 해결하는가? 당신이 개입했을 때 문제가 해결되고 입지가 강화되는가? "예"라면 강점이다. "아니요"라면 약점이다.

- 비즈니스의 기능 영역을 나열하고(실제 팀 구분은 무시하고), 어느 팀/역할이 이직률이 높고 낮은지, 채용이 쉬운지 어려운지 기록해라. 채용과 유지율은 강약점과 강력한 상관관계가 있다.

- 아직 초기 단계라면 전략 계획을 봐라. 어떤 부분은 확신에 차서 전술 로드맵이 쫙 짜여 있을 거다. 어떤 부분은 "희망 사항"이나 "대충 이렇게 되겠지"라며 뭉뚱그려져 있을 거다. 바로 그 뭉뚱그려진 부분이 당신 발목을 잡을 놈이다.

- 물어봐라. 팀원, 투자자, 친구, 가족, 고객, 전 직장 상사와 동료에게 물어봐라. 우리는 오만함이나 거짓 겸손 때문에 자신을 제대로 못 본다. 한 사람이 어떤 속성을 장점이나 단점이라고 하면, 고려해 봐라. 여러 사람이 똑같은 말을 한다면? 그게 정답이다. 그리고 기억해라. 당신이 수용적인 태도를 보일수록 사람들은 더 솔직해진다.

이 방법들이 전부는 아니고 모든 리스크를 찾아내진 못할 거다. 경계와 지속적인 성찰은 필수적이지만 어렵다. 회사가 커지면 초

기의 강점이 약점으로 돌변할 수도 있고, 수년간의 실패와 학습
을 통해 약점이 강점으로 바뀔 수도 있다.

Chapter 6.

엉뚱한 이유로, 혹은
엉뚱한 놈들에게 투자받지 마라

"최고의 창업가들은… 인재와 투자자들이 여정에 합류하도록
설득할 수 있는 놀라운 이야기를 할 줄 안다."

—알레한드로 크레마데스(Alejandro Cremades), 2016년

세계에서 가장 존경받고 성공한 기업가 반열에 오를 확률을 평균 이상으로 높이고 싶다면? 십중팔구 투자자에게 손을 벌려야 할 것이다(당신이 원래부터 부자거나, 아빠 성이 '럼프'로 끝나는 게 아니라면 말이다). 자금 조달은 화려하다. 언론이 당신을 띄워주고, 친구들은 축하를 보낸다. 경쟁자들은 두려움에 떨고, 사무실과 복지는 좋아지며 연봉도 오른다. 짐작하건대 비즈니스의 다른 모든 부분(고객 성장, 채용, 마케팅)도 탄력을 받을 것이다. 게다가 새 친구들도 생긴다. 언젠가 성 패트릭 데이에 술집에서 "오늘 술값 내가 쏜다!"라고 외치려는 걸 아내가 뜯어말린 적이 있다. 방금 이메일로 투자 제안을 받았다는 게 이유였다. 명심해라. 돈은 아직 통장에 꽂히지도 않았는데, 나는 이미 그 생각에(그리고 모스크바 뮬 두 잔에) 잔뜩 취해 있었다.

하지만 당신의 비즈니스가 투자자의 모델과 100% 일치하는 게 아니라면, 기관 투자자에게 돈을 받는 건 끔찍하고, 무익하며, 아주 나쁜 아이디어인 이유가 수두룩하다.

우리는 2007년 이그니션 파트너스(Ignition Partners)의 미셸 골드버그와 큐리어스 오피스(Curious Office)의 켈리 스미스로부터 첫 라운드인 110만 달러를 투자받았다. 그 후 Moz는 두 번의 후속 라운드를 통해 2,800만 달러를 더 유치했다. 나는 또 다른 벤처 투자를 받은 샌프란시스코의 스타트업 '민티드(Minted)'의 이사회 멤버로 몇 년간 활동하는 특권도 누렸다. 불행히도, 2009년부터 2012년까지 6개월마다 성과 없는 펀딩 시도에 매달린 적도 있다. 그리고 수많은 시간을 다른 벤처 투자를 받은 CEO들, 창업자들과 보내며 그들의 이야기를 들었다. 내 경험이 누군가보단 얕을지 몰라도, 이 바닥 생리를 알기엔 충분하다.

벤처 캐피털(VC)은 Moz를 바꿨다. 나를 바꿨다. 더 낮고, 더 집중하고, 더 야망 있는 기업가로 만들었다. VC 투자를 받은 스타트업 CEO로서 보낸 첫 2년 동안 배운 게, 그전 7년 동안 엄마랑 아등바등하며 가족 사업을 할 때 배운 것보다 많았다. Moz가 받은 돈과 이사회에 합류한 파트너들의 도움은 놀라운 선물이었다. 그들 없이는 여기까지 오지도 못했을 거고 이 책도 못 썼을 거다. 하지만 만약 미래에 다시 사업을 한다면 또 투자를 받을 거냐고 묻는다면? 내 대답은 지난 몇 년 사이 "그럼, 당연하지"에서 "으… 제발 아니길"로 바뀌었다.

왜냐고? 두 가지 이유 때문이다. 확률, 그리고 대가.

사실, 피로 계약서에 서명하는 건 아니다

창업자들은 보통(나도 그랬고) 투자자가 돈을 넣으면 목표가 일치한다고 생각한다. '우린 같은 팀이야. 모두가 회사의 성공을 응원하고, 그걸 위해 열심히 일할 준비가 돼 있어.' 미안하지만, 현실이라는 망치로 당신의 그 '창업자 망상'을 좀 깨부숴야겠다.

솔직히 말해, 투자자들은 나쁜 놈들이 아니다(뭐, 개중엔 있다. 칼드벡, 당신 얘기야. KPCB, 너네도 포함이고). 그들이 당신을 100% 지지하고 도울 수 있는 건 다 하겠다고 큰소리칠 때, 거짓말하는 건 아니다. 진짜다. 처음에는. 하지만 시간이 지나면 그들의 인센티브는 당신의 성과가 그들의 나머지 투자 포트폴리오와 비교해 어떤지에 따라 달라진다. 바로 이때 불일치가 발생한다. 당신과 당신의 회사, 특히 리더십 팀이 이에 대비돼 있지 않다면, 현실은 가혹하게 뒤통수를 칠 것이다.

기관 투자자든 엔젤 투자자든 개별 회사에 대한 성공 확률은 낮다. 그래서 여러 곳에 베팅한다. 극소수의 회사만 돈을 벌어다 주고, 나머지는 돈을 날리거나, 본전치기하거나, "시장 수익률을 상회할(S&P 500의 연간 8~10% 복리 성장을 이길)" 만큼의 수익을 못 낸다. 현실적으로 평균적인 벤처 펀드의 수익 분포는 이렇다.

- 투자 10건 중 5건은 망한다.
- 3건은 미미한 수익을 낸다.
- 마지막 2건이 수익의 대부분을 만들어낸다.

스타트업 투자는 파레토 법칙을 따른다. 상위 20%의 투자가 펀드 전체 수익의 80%를 책임진다. 만약 펀딩 과정에 들어가거나 심지어 성공적으로 마친 뒤에도, 이제 평등한 파트너십, 이해관계가 일치하는 파트너십, 그들의 성공이 곧 나의 성공인 파트너십을 맺었다고 생각한다면, 당신은 개 같은 경험을 하게 될 것이다. 책 중간에 결말을 스포일러하고 싶진 않지만, 믿어라. 이런 일은 비일비재하다(못 참겠으면 챕터 17로 넘기든가).

　나는 투자자들이 돈을 넣기 전에 창업자들에게 이렇게 솔직히 말해줬으면 좋겠다.

"난 수십, 수백 개의 스타트업에 투자해. 10개 중 8개는 돈 한 푼 못 벌어다 주지만, 그게 어떤 놈일지 모르니까 일단 많이 뿌려두는 거야."

"네가 그 대박 터뜨릴 놈처럼 보이면, 나랑 내 파트너들은 너한테 온갖 관심을 쏟아부을 거야. 넌 중요하고, 힘 있고, 존경받는 사람처럼 느껴질 거야. 마치 절친이자 심복, 어쩌면 내가 낳지 않은 자식처럼."

"반대로 네가 꽝(dud)처럼 보이면, 우리의 관심은 식을 거야. 나랑 미팅 잡거나 뭐 부탁하는 게 '함께하는 미션'이 아니라 '귀찮은 잡일'처럼 느껴지기 시작할걸."

"성장하는 회사를 지키거나 휘청거리는 스타트업을 살리기 위해 우리가 가진 가장 큰 무기 중 하나는 CEO 교체야. 잘되면 그럴 일 없겠지만, 안 되면(특히 오랫동안 안 되면) 그럴 확률이 확 올라가."

"네가 수익 내고, 부자 되고, 행복하고, 일과 삶의 균형이 잡힌 튼튼하고 안정적인 회사를 짓는 게 꿈이라면, 우린 절대적으로 잘못된 선택이야."

"네가 미친 듯이 일하고, 무자비하게 집중하고, 팀원들에게도 똑같은 걸 요구하면서, 확률은 개판이라도 10억 달러짜리 유니콘이 되는 희귀한 '문샷(moonshot)'을 쫓는 것 말고는 상상할 수 없다면? 축하해. 우리랑 딱 맞네."

"개인의 행복과 성공적인 벤처 자금 조달은 거의 상관관계가 없어."

벤처 모델에 대해 너무 부정적으로 말하려는 건 아니다. 내가 좀 까칠하게 구는 건, 테크 미디어와 스타트업 문화가 현실을 너무 거지같이 포장해 놓았기 때문이다. 트위터든, 행사장이든, 카페든, VC들도 솔직하게 말 안 한다. 대부분은 실패 확률을 축소하고, 자기 가치를 과대포장하며, 당신 회사에 진짜 꽂혔다면 당신을 세계 정복할 천재라고 치켜세울 것이다. 아주 잠깐 동안 그들은 최고의 낙관론자가 된다. 그리고 아주 잠깐 동안, 당신도 그 뽕에 취하게 된다.

VC들은 이겨도 진다

전미벤처캐피털협회(NVCA) 통계에 따르면, 잠재력 높은 미국 스타트업의 30~40%는 투자금을 전액 날리는 의미에서 완전히 실패한다. 하지만 '기대 투자 수익률(ROI) 달성'을 성공의 기준으로 잡으면, 무려 95%가 실패로 간주된다. 이는 창업자나 직원에게도 의미 있는 보상을 못 준다는 뜻이기도 하다. 회사를 차리고, 투자받고, 돈을 굴리는 데 들어간 수많은 시간과 스트레스, 노력을 생각하면 이 실패율은 믿기 힘들 정도다. 이건 니콜라스 케이지 주연의 영화만 만들기로 계약하는 꼴이나 다름없다. 누가 이런 끔찍한 확률의 고통스러운 여정에 제 발로 걸어 들어가겠나? 그리고 왜 수십억 달러가 거기로 흘러들어 갈까? (참고로 〈고스트 라이더〉 봤나? 보지 마라.)

이 딜레마를 이해하려면 벤처 세계 자체를 이해해야 한다. VC들은 어디서 돈을 가져오고, 목표가 뭐고, 펀드는 어떻게 굴러가는지 말이다. 공급업체, 파트너, 계약자, 잠재 고객의 동기와 속성을 이해하는 게 중요하듯, 기관 투자자가 어떻게 움직이는지 아는 것도 중요하다. 사실 더 중요하다. 일단 벤처 자금을 받으면, 회사가 끝날 때까지(혹은 당신이 투자자의 기대 수익을 맞춰주는 상위

5%가 되지 않는 한) 묶여버리니까.

벤처 캐피털은 보통 네 곳에서 자금을 조달한다. 매우 부유한 개인이나 가문의 거액 기부금, 대기업 연금 펀드, 자산 규모가 큰 대학 기금, 그리고 사악한 억만장자 흑막들이다. (엄밀히 말해 억만장자가 꼭 사악할 필요는 없지만, 사악하지 않다면 단지 첫 번째 범주에 속하게 될 뿐이다.) 이 자금원들을 합쳐 유한책임조합원, 즉 'LP(Limited Partners)'라고 부른다. 스타트업이 VC로부터 자금을 조달하듯, VC는 LP로부터 자금을 조달한다. 벤처 캐피털리스트들은 LP 투자 위원회에 자신들의 스타트업 투자 접근 방식과 팀의 판단력 및 경험, 그리고 펀드의 조력이 우수한 투자 수익률(ROI)을 기록할 것이라고 설득한다.

최고의 VC들은 좋은 투자자이자 좋은 사람들이다. 하지만 그들도 인간이고, 자기 투자자들에게 한 약속에 묶여 있다. 인센티브는 중요하다. 그들의 인센티브에 공감하지 못하면, 그들의 (대체로 논리적인) 행동을 이해하기 힘들 것이다. 그들의 목표는 주식, 채권, 기타 투자 상품에 돈을 넣었을 때보다 더 높은 수익률을 내는 것이다. 목표는 연간 12% 성장인데, 10년짜리 펀드 수명 동안 펀드 규모의 3배를 돌려줘야 한다는 뜻이다(예 : 1억 달러 펀드면 3억 달러). 시장을 이기는 건 어렵다. 진짜, 진짜, 진짜 어렵다. 벤처 투자 회사의 5%만이 실제로 성공한다. 10%는 2~3배, 35%는 1~2배를 돌려주고, 하위 50%는 원금도 못 건진다. 다행히도 목표 달성 못 한 95%의 회사 직원들에겐, 투자를 하고 그 회사들이 망하거나 팔리거나 상장하는 데 시간이 오래 걸리기 때문에 펀드의 성공 여부를 판단하는 데 15년 이상 걸리기도 한다.

상위 5%의 성공한 VC들이 수익을 내는 유일한 방법은 극소수의 회사에서 터지는 '엄청난 대박(Enormous outcomes)'이다. 펀드가 투자한 수십, 수백 개 회사 중 한두 개가 거의 모든 수익을 만들어낸다. 스타트업 세계를 유심히 본 사람이라면 직관적으로 이해할 거다. 구글, 페이스북, 스냅챗, 이베이 하나가 나올 때마다 우리 대부분이 이름을 들어본 적도 없고 앞으로도 듣지 못할 수천 개의 스타트업이 존재한다.

Moz와 우리 투자자들은 왜 "엄청난 대박"만이 모델에 부합하는지 보여주는 좋은 예시다. 2004년, 이그니션 파트너스는 LP들로부터 3억 달러를 모았다. LP들은 향후 10년 동안 이그니션이 적어도 투자금의 3배, 즉 9억 달러를 돌려주길 기대한다. 2007년 11월, 이그니션은 그 3억 달러 중 100만 달러를 Moz에 투자했다. 이 딜로 Moz의 기업 가치는 710만 달러가 됐고, 이그니션은 지분 14%를 가져갔다. 2011년에 Moz가 4,000만 달러에 팔렸다고 가정해 보자(이건 챕터 9에서 내 과거 결정을 후회하며 더 자세히 다루겠지만, 아주 현실성 없는 시나리오는 아니다). 수익은 대충 이렇다.

당사자	투자 금액	소유 지분 (%)	$4,000만 달러 인수 시 수익
랜드	해당 없음	32.3%	$12,920,000
질리언	해당 없음	32.3%	$12,920,000
Moz 직원	해당 없음	20%	$8,000,000
이그니션 파트너스	$1,000,000	14%	$5,600,000
큐리어스 오피스	$100,000	1.4%	$560,000

이 시나리오에서 기술적으로 이그니션 파트너스는 모델의 예측치를 초과 달성했다. 투자금의 5.6배를 회수했고, LP들이 필요로

하거나 예상한 것보다 더 빨리 돌려줬다. 하지만 이그니션에게 이건 쓸모없는 수익(useless return)이다. 말도 안 되는 소리 같겠지만 사실이다. 이 예시대로라면, 파트너들은 목표를 달성하기 위해 이런 성공적인 결과를 보장하는 회사 300곳에 투자해야 한다. 펀드가 그 절반이라도 투자하는 건 불가능하며, 앞서 말했듯이 성공률은 상위 몇 개 회사에 극단적으로 쏠려 있다. 냉정한 수학적, 금전적 분석의 눈으로 보면, 이그니션의 12명 파트너 중 한 명이 쓴 100만 달러와(더 중요하게는) 시간(딜 소싱, 투자, 이사회 참석, 지원)을 차라리 다른 스타트업에 쓰는 게 더 낫다.

계속 읽어봐라. 이게 너드들이 하는 '007 영화 속 고액 도박판'처럼 들리지 않는다면 내 손에 장을 지진다. 우리가 벤처 캐피털 파트너십을 시작했다고 치자. 이름은 "스콜피오 벤처스(Scorpio Ventures)". 은근히 사악해 보이는 게 딱 좋다. 우리는 LP들을 설득해 우리가 투자 천재라고 믿게 만들고 4억 달러짜리 첫 펀드를 조성한다. 테슬라를 몰고 힙스터 에스프레소 바에서 창업자들을 만나고 사물인터넷(IoT) 시장 논문 좀 쓰면서 몇 달 보내다가, 맘에 쏙 드는 회사를 발견했다. 바로 '글로벡스 코퍼레이션(Globex Corporation)'. 창업자들과 협상해서 투자 전 기업 가치(Pre-money) 4,500만 달러에 합의하고 시리즈 A로 1,500만 달러를 쏜다. 2년 동안 그들이 잡초처럼 자라는 걸 지켜보며 우리 인맥과 지혜, 시간을 쏟아붓는다. 9번째 이사회에서 그들은 업계 거물 'C. M. 번즈(C. M. Burns Inc.)'로부터 무려 4억 5천만 달러에 인수 제안을 받았다고 발표한다. 창업자들은 뽕에 취했다! 고작 2년 만에 회사 가치가 10배가 됐으니까. 하지만 스콜피오 벤처스 팀은 기분이 잡친다. 왜?

4억 5천만 달러에 팔면 우리 몫은 1억 1,200만 달러다. 원금의 거의 10배니까 엄청나 보이지만, 4억 달러 펀드의 3배 수익 약속(12억 달러)을 지키려면 한참 멀었다. 스타트업의 수학은 이제 우리에게 불리하게 작용한다. 글로벡스는 우리 포트폴리오에서 가장 유망한 투자처였으며, 그들이 제외되면 필요한 수익의 나머지 90퍼센트 이상을 채울 확률이 현저히 낮아지기 때문이다. 우리는 4년만 더 있으면 글로벡스의 가치가 지금보다 5배에서 10배는 더 커질 수 있다고 주장하며, 창업자들에게 회사의 매각을 반대하고 싶은 유혹을 느낄지도 모른다. 창업자의 가족과 친구들(그리고 스톡옵션 가진 직원들의 가족들)은 확실한 대박을 놔두고 불확실한 미래에 베팅하는 건 미친 짓이라고 할 거다. 1억 달러 벌었는데, 몇 억 더 버는 게 무슨 의미가 있냐고. 하지만 우리 입장에서 매각을 승인하는 건(우리의 투자 조건에는 거부권이 있으니까 우리 맘이다) 똑같이 멍청한 짓이다. 매각 승인 소식을 들으면, 벤처 수학을 이해하는 우리 가족과 친구들은 이렇게 말할 자격이 있다. "스콜피오, 니네 완전 미쳤구나!"

벤처 투자를 고려하는 사람이라면 적어도 이 결정적인 교훈 하나는 챙겨가야 한다. 당신의 비즈니스가 '수많은 실패 속 소수의 미친 대박을 찾는' 벤처 모델과 일치하지 않는다면, 이 길은 당신 길이 아니다. 확률에 익숙해지거나, 주사위를 던지지 마라. 벤처 비즈니스는 아웃라이어(Outliers)를 위한 게임이다.

투자를 받고 싶거나 투자를 계획 중인 스타트업에 합류한다면, 이 확률과 리스크 모델을 이해해야 한다. 안 그러면 불리하게 조작된 게임의 호구(unwitting pawn)가 될 뿐이다. VC 돈은 받았는데, 10번 중 9번은 회사를 죽일 수도 있지만 유니콘이 될 수도 있는 고위험 도박을 할 의지가 없다면? 당신은 벤처 모델과 어긋난 거다. 그 불일치는 해고, 회사 상실, 혹은 이사회와의 지저분한 교착 상태를 의미할 수 있다.

일치(Alignment)란 당신과 회사가 끝장을 보겠다는 뜻이다. 극도로 희박한 수억, 수십억 달러짜리 결과만을 "성공"이라고 인정한다는 뜻이다. 수백만 달러를 벌어 당신과 초기 멤버들을 부자로 만들어줄 수 있는 초기 제안들을 거절하고, 미래의 희박한 확률에 베팅한다는 뜻이다. 참고로 이 여정은 점점 길어지고 있다. NVCA 데이터에 따르면 투자 후 회수(인수나 IPO)까지 평균 기간은 2001년 3.1년에서 2014년 6.8년으로 급격히 늘었다. 이건 투자자나 창업자에게 수익을 못 준 경우까지 포함한 거다. 에퀴티젠(EquityZen)이 IPO 한(즉, 확실히 수익을 낸) 스타트업만 분석했더니, 창업부터 상장까지 평균 11년이 걸렸다.

스타트업 세계에서는 투자를 유치하더라도 '하룻밤 사이의 성공'이 하룻밤 사이에 이뤄지지는 않는다.*

---

* 이 챕터는 벤처 캐피털에 초점을 맞췄지만, 야망 있는 창업가들을 위한 대안들도 있다. 책의 맺음말(Afterword)에서 리소스와 함께 좀 더 다뤘다.

Chapter 7.

그래, 생판 남한테 수십억 달러만 달라고
구걸해 보기로 마음먹었나 보군

벤처 투자를 유치한 스타트업으로서 Moz의 첫 7년은 꽤 달콤했다. 회사는 매년 100%씩 성장했고, 투자자와 인수자들이 매출의 몇 배수로 가치를 매겨주는 모델로 운영되었기에 관심이 쏟아졌다. 내 메일함은 지금 생각해도 믿기지 않는 초대장들로 채워지곤 했다. 셰릴 샌드버그(Sheryl Sandberg)의 집에서 열린 저녁 식사(그녀의 작고한 남편이자 엄청나게 친절했던 데이브 골드버그의 초대 덕분이었다), 반기문 유엔 사무총장과의 저녁 파티(우리 초기 투자사인 이그니션 파트너스의 파트너 중 한 사람의 집에서 열렸다) 같은 것들 말이다. 실리콘밸리에 가면 내가 우상으로 여기던 사람들과 회사들이 커피나 술 한잔하자, 저녁 먹자, 사무실을 구경시켜주겠다며 줄을 섰다. 나는 내가 중요한 사람이 된 것 같았다. 모두가 나를 원하는 듯했다.

하지만 몇 년 뒤 성장률이 20%로, 다시 10%로 떨어지고, 대규모 펀딩을 받은 지 한참이 지나자 동료 벤처 스타트업들의 직업적, 사회적 인정은 시들해졌다. 투자자들의 달력에서 절대 빠져선 안 될 가장 중요한 행사였던 우리 이사회 회의는 세 번이나 일정이 변경되더니, 급기야 대면 회의 대신 화상 통화로 대체되었다. IT 전문 매체들은 우리에 대한 기사를 더는 쓰지 않았다. 잠재적 투자자들의 이메일도 끊겼다. 물론 우리 제품은 더 좋아졌고, 회사는 여전히 성장하고 있었으며, 엄밀히 따지면 수익성은 더 좋아졌다. 하지만 스타트업 문화는 딱 하나만 본다. 성장(Growth). 가능한 한 빠르게, 어떤 대가를 치르더라도.

아직 내가 벤처 캐피털에 대해 겁을 덜 줬다면 걱정 마라. 더 최악인 상황이 남았으니까. 이제부터 가슴 찢어지게 아프고, 추잡하고, 불공평하며, "왜 나만 빼고 다들 투자를 잘 받는 거야"라는 자괴감이 드는 자금 조달 과정으로 뛰어들 차례니까. 농담이다! 농담이야! (뭐, 반쯤은 진담이지만.)

어떤 창업가들에게 자금 조달은 회사를 만드는 재미 중 하나다. 그들은 비판적 피드백에 노출되는 것, 얻기 힘든 소개를 받아내는 사교적 측면, 수백, 수천만 달러가 오가는 회의에 참석하는 위신, 그리고 마침내 딜을 성사시켰을 때 쏟아지는 언론의 찬사와 축하를 즐긴다. 나는 아니다. 난 '직접 영업(Direct Sales)'이라는 개념 자체를 혐오한다. 내 좋은 작업물과 유기적인 마케팅으로 상대방의 관심과 흥미를 얻어내는 게 아니라, 나를 후원해달라거나 사달라고 누군가를 '설득'해야 하는 그 짓거리가 끔찍이 싫다. 내가 SEO를 사랑하는 건 어쩌면 당연한 일 아닌가?

하지만 당신이 자금 조달을 좋아하든 싫어하든, 그 과정은 끔찍하게 힘들고 성공 확률은 암울하다. 내 목표는 내 경험을 투명하게 공개하고 이 폐쇄적이고 난해한 세계가 어떻게 돌아가는지 지도를 제공해서, 당신의 성공 확률을 조금이라도 높이는 것이다.

2009년, Moz는 빠르게 성장하고 있었고 흑자를 내고 있었다. 적어도 당시 내 생각엔, 그 성장을 가속하고 SEO 소프트웨어 시장을 지배하려면 추가 펀딩이 필요했다. 4월부터 10월까지, 나는 수십 군데의 벤처 캐피털(VC) 회사들과 이야기했다. 대부분은 캘리포니아 멘로 파크(Menlo Park)의 101번 고속도로와 I-280을 잇는 동맥, 그 유명한 샌드 힐 로드(Sand Hill Road) 근처에 있었다. 세계에서 가장 유명한 VC들이 둥지를 튼 낮은 오피스 빌딩들이 밀집해 있는 곳이다. 나는 봄의 대부분을 이 잠재적 투자자들을 소개받는 데 썼다. 주로 Moz를 잘 알거나 팬인 다른 CEO들을 통해서였다(수년간 내가 그들의 SEO 문제를 도와줬더니, 그들도 내게 친절을 베풀어줬다).

당시 나는 스물아홉 살이었고, 마치 배트케이브에 몰래 잠입한 악당이라도 된 것처럼 엄청난 가면 증후군(Impostor syndrome)을 겪고 있었다. 처음 몇 번의 미팅에서는 너무 떨어서 무슨 일이 있었는지 기억도 안 난다(아마 다행일 거다. 그 투자자들한테선 연락이 없었으니까). 하지만 네다섯 번쯤 만나니 요령이 생겼다.

시작은 이메일 소개다. 해당 VC가 투자한 포트폴리오 회사의 현직 혹은 전직 CEO가 직접 보내주는 게 최고다. 아래 이메일(가장 전형적인 형태다)은 마이크 캐시디(Mike Cassidy)가 보내준 것이다. 그의 회사 '루바(Ruba)'는 나중에 구글에 인수됐는데, 그가 나를 그해 여름에 만나게 될 그레이록 캐피털(Greylock Capital)의 파트너 제임스 슬라벳(James Slavet)에게 연결해줬다.

제목 : SEOmoz 소개　　　　**보낸 사람 :** 마이크 캐시디 | mike@ruba.com

일시 : 2009년 6월 12일　　　**받는 사람 :** 제임스, 랜드

제임스, 며칠 전 SEOmoz의 CEO인 랜드 피쉬킨과 저녁을 먹었습니다. 아주 흥미로운 비즈니스를 하는 멋진 친구더군요. 몇몇 VC들이 접근해왔지만, 랜드는 자신과 케미(chemistry)가 맞는 곳을 찾고 있습니다. 당신 생각이 나더군요. 서로 관심이 있다면 두 분이 이야기 나눠보시길 바랍니다.

잘 지내시길! 마이크 :)

이런 연결 이메일이 오면 보통 나와 투자자 사이에 소개 전화가 이어진다. 통화가 잘 풀리면 그들은 내가 언제 "밸리(Valley, 실리콘

밸리)"에 오냐고 묻는다. 2009년 펀딩 시도 때 나는 그 밸리에 적어도 네 번은 따로 갔고, 한 번 갈 때마다 며칠에 걸쳐 4개 이상의 미팅을 소화했다. 나는 집에서 아내가 영화 속 캐릭터들에게 훈수 두는 소리를 들으며 홈메이드 쿠키를 먹고 〈다이 하드〉 시리즈나 보는 게 제일 편한 사람이다. 저곳은 내 세상이 아니었다.

주차장에 들어서면서부터 기가 죽었다. 나는 깡통 렌터카를 타고 있는데, 주위엔 '억' 소리 나는 번쩍번쩍한 차들이 즐비했다. 로비는 언제나 '절제되어 있지만 묘하게 공포스러운' 분위기였다. 가구는 사치스러워 보이진 않았지만 분명히 겁나 비싼 것들이었다. 벽에 걸린 회사 이름과 창업자 이름들은 화려하진 않았지만, 이곳을 거쳐 간 수십억 달러의 부(富)를 방문객에게 과시하려는 의도가 다분했다. 건물들이 내게 항상 이렇게 묻는 듯했다. "너 따위가 감히 여길 들어와?" 백인(그리고 소수의 아시아인) 남자들만 득실대고, 커피 테이블 위 잡지나 벽에 걸린 성공 신화도 죄다 그들뿐인 이곳에서, 여성 창업자나 유색인종 창업자가 느낄 위압감은 가늠조차 안 된다.

보통 내가 만나기로 한 파트너는 10분에서 20분 정도 늦게 나타났다. 나는 로비에서 쿨하고 침착하고 자신감 있어 보이려고 애쓰며, 그들의 약력, 과거 투자한 회사, 최근 딜, 그들이 쓴 글을 적은 노트를 다시 확인하곤 했다. 미팅은 항상 1시간이었는데, 늦게 시작한 시간만큼 까먹고 들어갔다. 20분 늦게 시작하면 40분만 하는 식이다. 어쩌면 그 자체가 나쁜 신호였을지도 모른다… 더 흥미로운 딜이었다면 시간을 넘겨서라도 했을 테니까.

하지만 가장 흥미로운 부분은 미팅 끝자락이나, 진심으로 관심 있어 보이는 투자자들의 후속 이메일에서 나왔다. 그들은 내게(혹은 내가 먼저 요청해서) 자기들이 투자한 포트폴리오 CEO 들에게 전화를 걸어, 자신들이 파트너로서 얼마나 가치 있고 지원을 잘해주는지 물어보라고 했다. 모든 VC는 자기들이 투자한 CEO들로부터 훌륭한 평판을 듣고 있다고 믿는다(불행히도 내가 만난 50명 중 진짜 그랬던 건 딱 두 명뿐이었다). 나는 매번 성실하게 확인 전화를 돌렸고, 십여 개 벤처 회사의 지원을 받는 CEO들을 적어도 두세 명씩 인터뷰했다. 그들 중 다수는 좋은 말을 해줬지만, 항상 칭찬 일색인 건 아니었다. 심지어 나와 처음 통화하는 사이인데도, 많은 CEO가 자신의 투자자에 대해 놀랍도록 냉정하거나 대놓고 부정적인 피드백을 솔직하게 털어놨다. 파트너의 자신감과 창업자/CEO의 솔직함 사이의 이 괴리감은 아주 귀중하고 신선했다.

만약 당신이 벤처 펀딩을 받으려 한다면, 반드시 똑같이 해라(평판 조회). 그리고 펀딩을 받게 되거나 이미 받은 사람이라면, 제발 동료 창업자들을 최우선으로 생각하는 이 전통을 이어가 줘라. 그래야 지뢰밭 같은 스타트업 투자 게임이 조금 덜 위험해지고, 조금 더 동지애로 채워질 테니까.

이런 창업자 간의 친밀감이나 VC들의 평판만이 이 게임을(대체로) 공정하게 만드는 건 아니다. '딜 소싱(Deal flow)'이 또 다른 이유다. 영화 〈소셜 네트워크〉에서 제시 아이젠버그가 연기한 마크 저커버그는 페이스북에 투자하고 싶어 하는 투자자들 면전에서 친구 숀 파커를 언급하며 그들을 모욕하고 걸어 나간다. 실제로 페이스북 창업자가 VC 회사 세쿼이아(Sequoia, 나도 Moz를 위해 두 번 피칭했는데 유머 감각 없기로는 명불허전이다)와의 미팅에 늦게 나타난 건 사실이다. 파자마 차림으로 "우리한테 투자하지 말아야 할 10가지 이유”를 발표했고, 세쿼이아가 다른 회사(Plaxo) 이사회에서 쫓아낸 숀 파커를 언급했다.

이건 극단적인 예시지만 실제 현상을 보여준다. VC들은 자신들의 행동에 따라 평판을 얻고, 창업자나 임원이 투자자에게 부당한 대우를 받았다고 느끼면 소문은 삽시간에 퍼진다. 부당한 대우를 받은 창업자와 그 친구들은 다른 스타트업을 그 투자자에게 소개해주지 않을 것이다. 만약 여러 VC가 탐내는 핫한 딜이 뜨면, 창업자들은 평판과 네트워크의 추천을 바탕으로 투자자를 고른다. 따라서 투자자들은 중요하고 가치 있는 딜을 따내기 위해서라도 창업자와 포트폴리오 회사를 잘 대우해야 할 강력한 인센티브가 있다.

파운드리 그룹(Foundry Group)의 투자자 브래드 펠드(Brad Feld)와의 경험은 이보다 더 이례적일 수 없었다. 2012년, 나는 월요일에 브래드와 통화했고, 그는 바로 그 주 주말에 볼더(Boulder)로 와서 전체 파트너들에게 피칭하라고 초대했다(내 COO도 함께). 우리는 파운드리의 파트너 4명과 거의 하루 종일 함께 보냈다. 브래드는 우리에게 저녁을 샀다. 주문하자마자 그는 우리에게 투자하고 싶다고 말했다. 그리고 식사 후에도 90분 동안 파운드리가 Moz와 어떻게 함께할지 이야기했다. 나는 브래드가 우리를 가지고 논다거나, 최대한의 존중과 우정 이외의 다른 것으로 대한다는 느낌을 단 한 번도 받지 못했다. 그는 그날도, 그날 저녁도, 그리고 그 이후로도 쭉 ‘진국(mensch)’이었다.

특히 한 대화가 뇌리에 박혀 있다. 나는 브래드에게 만약 2~3년 뒤에 Moz 창업자들과 직원들에게는 좋아 보이지만 파운드리가 추구하는 투자 수익률에는 못 미치는 인수 제안이 들어오면 어떻게 반응할 거냐고 물었다. 내 기억이 완벽하진 않지만, 브래드는 대충 이렇게 말했다.

"지난 15년 동안 수많은 기업가와 일했어요. 첫 회사가 잘될 때도 있고 안 될 때도 있죠. 하지만 난 인내심이 강해요. 나는 같이 일하고 싶은 사람이라서 투자하는 거고, 그들과 다시 일할 수 있기를 바랍니다. 그래서 그들이 원하는 걸 할 기회가 생긴다면 우린 절대 막지 않아요. 내 관계는 수십 년, 여러 회사, 파산과 엑시트를 넘나듭니다. 마치 결혼 같은 거죠. 부유할 때나 가난할 때나 함께하고 싶습니다."

나는 그의 제안에 '예스'라고 답할 때만큼 확신에 찼던 적이 없다.

공짜 펀딩 라운드란 없다

예비 창업자들이 자주 묻는 질문이 있다. "VC들이 우리 회사를 얼마나 통제하게 되나요?" 답은 복잡하다. 투자자와 창업자의 관계는 대체로 긍정적이다. (고성장 회사라면 당연히 있어야 할) 논쟁적인 이슈들은 항상 있지만, 회사가 잘나갈 때는 당신과 투자자 사이도 좋다. 하지만 상황이 나빠지고 회사가 심각한 위기에 처한 것 같으면, 이사회가 가진 가장 큰 권한 중 하나가 발동된다. 바로 CEO 교체다. 때로는 CEO/창업자의 동의가 있어야만 가능하지만, 어떤 경우에는 우선주 주주(즉, 투자자)들이 당신이나 공동 창업자를 본인 의사와 상관없이 회사에서 쫓아낼 수 있다. 펀딩 계약서에 서명할 때 사소해 보였던 조항 하나가 이사회 및 회사와의 관계에 심각한 영향을 미칠 수 있다.

나는 수년 동안 투자자와 이사회에게 회사를 "빼앗긴" 수십 명의 창업자와 이야기해봤다. 개중에는 회사를 위해 현명한 결정이었던 경우도 있었다. 어떤 경우에는 회사의 전망을 더 망치는 악의적인 움직임이었을 수도 있다. 하지만 창업자로서 당신의 동기와 투자자의 동기가 어떻게 정렬되는지(또는 어긋나는지) 명심하는 게 중요하다. 모두가 회사의 생존, 성장, 성공을 원한다 해도, 최선의 결과를 위해 무엇이 필요한지에 대한 믿음은 다를 수 있다. 통계적으로는 당신이 유리하다. 창업자가 이끄는 스타트업이 그렇지 않은 경우보다 훨씬 더 나은 성과를 내는 경향이 있다. 하지만 리더 자리에서, 혹은 회사 전체에서 쫓겨나는 건 창업자가 직면해야 할 현실적인 가능성이다.

투자자와 계약할 때, 당신은 중요치 않아 보이지만 묘하게 무서운 수많은 조항에 동의하게 된다. 여기에 세 가지 강력한 조언을 하겠다.

1 브래드 펠드의 훌륭하고, 투명하며, 놀랍게도 읽는 재미까지 있는 책 『벤처 딜(Venture Deals)』을 읽지 않고서는 투자자를 만나거나 돈을 모으려 하지 마라.

2 투자자에게 텀 시트(Term sheet, 투자 조건 명세서)의 각 항목을 설명해달라고 해라. 그런 다음 당신의 변호사(그래, 변호사 필요하다. 법정 드라마 많이 본 사촌 형은 안 쳐준다)와, (만약 있다면) 눈치 빠른 창업자 친구에게 똑같은 항목을 설명해달라고 해라. 설명이 서로 다르면 뭔가 있는 거다.

3 100% 신뢰할 수 없고, (단순히 포트폴리오 수익률이 아니라) 당신의 이익을 진심으로 생각한다고 믿지 않는 사람과는 절대 아무것도 하지 마라.

마지막 조언이 제일 어려워 보일 거다. 하지만 창업 생태계의 상호 연결성과, 동료 창업자(일면식도 없는 사이라도)의 이익을 투자자보다 우선시하는 스타트업 사람들 덕분에 평판은 빨리 전해진다. 당신 회사가 벤처나 엔젤 투자에 적합하다면, 같은 분야나 지역의 다른 창업자들에게 연락해보는 게 놀랍도록 효과적이다. 나는 다른 기업가들이 내 이메일이나 전화를 기꺼이 받아주고, 소개해 주고, 가감 없는 의견을 주는 것에 매번 놀랐다. 이 동지애를 활용해라. 그리고 당신이 펀딩에 성공하거나 성공하게 되면, 다음 세대에게 베풀어라(Pay it forward).

마지막으로, 좀 색다른 팁 하나: 가능하다면 네트워크를 쌓기 전에 전문성을 쌓고, 회사를 만들기 전에 네트워크를 쌓아라. 하나가 다음 단계로 우아하게 이어진다. 스타트업 구축이나 기술의 특정 측면에서 깊은 경험과 기술을 가지고 있어서, 당신과의 1시간 통화가 다른 기업가나 스타트업 팀에게 매우 가치 있게 여겨진다면, 당신은 강력한 네트워크를 구축할 확실하고 매력적인 경로를 가진 셈이다. 소수의 사람과 회사의 문제 해결을 도와줘라(컨설턴트로서든, 팀원으로서든, 아니면 그냥 돕는 걸 좋아하는 외부인으로서든). 그러면 자금 조달 과정에서 당신을 도와줄 네트워크가 저절로 생긴다. 그 네트워크가 자금 조달 과정을 '거의 불가능'에서 '해볼 만한 것'으로 바꿔준다.

그래, 스타트업 자금 조달의 세계가 자기들끼리의 너드 낙원에서 문 걸어 잠그고 노는 폐쇄적인 생태계라는 건 짜증 나는 일이다. 하지만 당신은 그 문지기들과 친구가 될 수 있다. 일단 친구가 되면, 그 안의 거주자들은 놀라울 정도로 상냥할 수 있다.

Chapter 8

상위 5% 스타트업을 만들어도
넌 부자가 못 될 수도 있다

경제적 관점에서 스타트업은 직장 생활 전체를 몇 년으로 압축하는
방법이라고 볼 수 있다. 40년 동안 낮은 강도로 일하는 대신,
4년 동안 가능한 한 전력을 다해 일하는 것이다.

– 폴 그레이엄, 2004년 5월

한 달에 한 번꼴로 기업가들에게서 메일이 날아온다. 투자를 유치 중인데 자기 회사를 한번 검토해 줄 수 있냐는 내용이다. 내 답장은 몇 년째 토씨 하나 안 틀리고 똑같다.

"안타깝지만 투자할 수 없습니다. 돈이 없거든요. 언젠가 Moz가 상장하거나 매각되어 현금이 생기길 바라지만, 지금 제 전 재산은 비상장 주식뿐입니다. 행운을 빕니다!"

이 글을 쓰는 지금, 아내와 내 통장에는 딱 2년 치 생활비 정도의 잔고가 있다. 아내는 아직도 2004년에 산 2003년식 중고 기아 스펙트라를 몰고 다닌다. 난? 차도 없다. 매일 걸어서 출퇴근한다. 시애틀에 사니 우산을 쓰는 날이 더 많다. 우리 아파트는 지은 지 몇 년 안 됐고 도심에 있어 편하긴 하지만, 딱 둘이 살기 적당한 크기다. 물론 운 좋게 가족들에게 금전적 도움을 준 적은 있지만, Moz 같은 비상장 회사의 주식을 아무리 많이 들고 있어 봤자, 사람들이 상상하는 그런 '잭팟'과는 거리가 멀다.

동정표를 얻자고 하는 소리가 아니다. 내 연봉은 22만 달러다. 이 정도면 엄청난 자유를 누릴 수 있고, 가족을 도울 수 있고, 가끔 (주로 여행에) 돈지랄도 할 수 있고, 시애틀의 미친 월세도 감당할 수 있다. 내가 굳이 이 구질구질한 이야기를 꺼내는 이유는 하나다. 스타트업 문화가 수많은 사람에게 '수백만 달러짜리 벤처를 창업하면 대박이 터진다'는 '뽕'을 주입했기 때문이다. 이런 세뇌는 실리콘밸리의 골드러시 정신과 전 세계 테크 스타트업 바닥에 깊숙이 박혀 있다. 하지만 통계적으로 말하자면, 그건 개소리다.

성공한 창업자도 (빨리) 부자가 되는 건 아니다

대부분의 스타트업이 망한다는 얘기는 이미 했다. 하지만 망했을 때 손해 보는 건 투자자뿐만이 아니다. 창업자와 초기 멤버들은 더 큰 타격을 입는다. 그들은 벤처 초기의 가장 위험한 시기에 시장 평균보다 훨씬 낮은 연봉을 받으며 일하기 때문이다. 21세기 경제가 으레 그렇듯, 스타트업의 부는 최상위 포식자 몇 명에게 기형적으로 몰린다.

반대로 테크 업계의 떠오르는 강자나 이미 자리를 잡은 거물(MS, Google, Amazon, Facebook)에 취직하면, 짧은 기간 안에 꽤 큰 돈을 만질 확률이 훨씬 높다. 아래는 2001년부터 2015년까지 시애틀의 평균 테크 연봉과 같은 기간 내 Moz 수입을 비교한 차트다. (이 차트에는 내 주식 가치는 빠져 있다. 언젠가 그 주식이 현금화 가능한 자산이 되길 빌 뿐이다.)

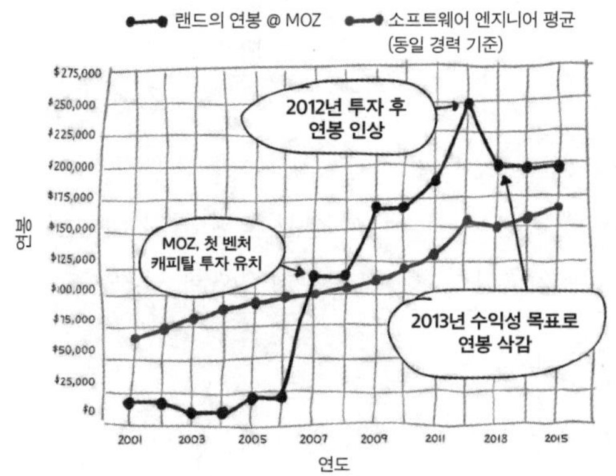

하지만 수많은 예비 창업자와 스타트업 직원들은 도대체 왜, 어떨 때는 회사 지분이 창업자를 떼부자로 만들어주고, 어떨 때는 쪽박을 차게 하는지 헷갈려 한다.

지극히 전통적인 스타트업 시나리오를 가정해 보자. 투자자와 이사회가 있고, 그들에게 투자금을 돌려주기 위한 재무적 엑싯(Exit, 투자 회수)을 목표로 하는 그런 회사 말이다. 처음엔 당신과 공동 창업자가 지분 100%를 갖는다. 하지만 투자를 받는 순간, 주식은 몇 가지로 쪼개진다.

- 보통주 (Common stock): 당신과 공동 창업자가 가진 것.
- 우선주 (Preferred stock): 투자자가 가진 것. (보통 회사가 팔릴 때 돈을 먼저 챙겨가거나 이사회 의석을 차지하는 등의 특권이 붙는다.)
- 스톡옵션 (Stock options): 직원들이 가진 것. (옵션을 받을 당시의 가격으로 주식을 살 수 있는 권리다. 주로 입사하거나 승진할 때 받는다.)

일이 잘 풀리면 회사 가치는 오르고, 주식 가치도 따라 오를 것이다. 하지만 현실적으로 당신(혹은 옵션을 행사한 직원)의 주식은 사려는 사람이 있을 때만 팔 수 있다. 그리고 사려는 사람은, 빌어먹게도 드물다.

다락방에 엄청 비싸다고 전해지는 그림이 하나 있다고 치자. 경매에 내놨는데 아무도 입찰하지 않는다. 그림의 가치는 그대로일지 몰라도, 그걸 원하고, 값을 치를 의향이 있고, 실제로 돈이 있는 구매자를 찾기 전까지는 현금화할 수 없다. 스타트업 주식도 똑같다. 서류상으론 엄청난 가치가 있을지 몰라도, 당장 밀린 카드값을 내거나 집 살 보증금으로는 못 쓴다.

비상장 회사, 특히 스타트업은 위험천만한 투자처다. 90% 에 달하는 실패율 때문에 대부분의 투자자는 얼씬도 안 한다. 정부 규제도 한몫한다. 미국에서는 이런 스타트업에 투자하려면 '적격 투자자(accredited investor)'여야 한다. 즉, 집값을 뺀 순자산이 100만 달러가 넘거나, 지난 2년 동안 연 소득이 20만 달러(부부 합산 30만 달러) 이상이어야 한다는 소리다.

위험과 규제를 뚫고 누군가 당신의 주식을 사려고 해도, 비상장 주식의 본질적인 특성이 발목을 잡는다. 나스닥이나 뉴욕증권거래소에 상장된 주식은 정해진 가격, 과거 데이터, 법으로 강제된 온갖 정보가 공개되어 있다. 비상장 회사는? 그런 거 없다. 가격은 파는 놈과 사는 놈이 합의하면 그게 값이다. 구매자가 회사의 실적이나 재무 상태를 열람할 법적 권리도 딱히 없다. 정보 공개 권한을 계약에 넣을 수도 있지만, 그러려면 이사회의 승인이 필요하고, 안 그래도 인력난에 시달리는 재무팀이 온갖 복잡한 보고서를 만들어내야 한다.

여러 가지 이유로, 투자자들은 창업자가 비상장 주식을 파는 걸 극도로 싫어한다. 역사적으로 그들은 창업자가 늘 '배가 고파야(hungry)' 한다고 믿어왔다. 그래야 거대한 엑싯(매각이나 상장)을 향해 미친 듯이 달릴 테니까. 그전까지 주식 가치는 묶여 있어야 한다는 논리다. 창업자가 이미 돈방석에 앉으면 회사 성장에 목숨 걸지 않을 것이고, 거액의 돈을 만지느라 한눈을 팔 거라는 전제가 깔려 있다.

당신의 개인적인 성공—평판, 재취업 가능성, 현금 유동성—은 회사의 성공과 인질극처럼 묶여 있다. 회사가 가라앉으면 당신도 가라앉는다. 회사가 성공하면? 당신도 성공할 '수도' 있다. 당신이 주식을 얼마나 갖고 있는지, 그리고 그걸 사줄 호구를 찾았는지에 따라서 말이다.

가끔 회사가 미친 듯이 성장해서 투자자들이 줄을 서는데, 신규 투자자에게 줄 우선주 물량이 모자랄 때가 있다. 이럴 때 아주 예외적으로 투자자가 창업자의 구주(혹은 더 드물게는 초기 직원의 주식)를 직접 사주기도 한다. 하지만 이러한 희귀한 사례는 여러 요인이 맞물려야 가능한데, 인기가 높은 고성장 기업이어야 하고 투자자의 주식 매수 수요가 공급보다 많아야 하며, 이러한 거래에서도 신규 주주들이 이사회 참관권이나 평소 이사들에게만 제공되는 분기별 정보 업데이트 같은 특정 권리를 요구하는 경우가 많으므로 이사회와 기존 투자자의 동의도 있어야 한다.

그럼 회사가 수백만 달러를 벌어들이고 성장 중이라면, 창업자이자 CEO인 당신이 스스로 연봉이나 보너스를 올려서 챙길 수 있을까? 결론부터 말하자면, 답은 '아니요'다. 적어도 이사회의 동의 없이는 불가능하다. CEO의 연봉은 이사회가 정한다. 직원들의 급여와 스톡옵션도 마찬가지다. 거의 모든 스타트업에서 보상은 시장 평균에 맞춰 결정된다. 더 엿 같은 건, 당신이 주식을 많이 들고 있을수록(그게 현금화도 안 되는 종이 쪼가리라 해도) 그게 '총보상'에 포함되어, 현금 연봉은 더 낮게 책정된다는 거다.

(처남에게 이 사실을 설명하느라 몇 시간을 썼지만 소용없었다. 그는 계속 2~3백만 달러만 빌려달라고 한다. 미안한데 에드, 우린 진짜 그 돈이 없어.)

투자자들은 자기네 포트폴리오 회사들의 연봉 데이터를 꽉 쥐고 있고, 외부 데이터까지 사들여 비교한다. 이 통계를 들이밀

며 회사 보상 범위를 정하라고 압박한다. 양쪽 다 일리는 있다. 열
정과 스톡옵션이라는 '꿈'을 담보로 짠물 경영을 할 수도 있고, 대
기업이나 다른 스타트업과 경쟁하기 위해 업계 최고 수준의 연봉
을 줄 수도 있다. 하지만 CEO나 창업자가 이 범위를 벗어난 고액
연봉을 요구한다? 이사회와 전쟁을 치를 각오를 해야 할 거다.

스타트업 룰렛에서 이기려면 수많은 '7'과 엄청난 시간이 필요하다

본질적으로 창업이나 초기 멤버 합류는 위험을 감수하는 행위다.
더 높은 연봉과 빵빵한 복지를 보장하는 대기업 자리를 걷어차
고, 시장가보다 낮은 월급과 형편없는 복지를 선택하는 것이다.
그 대가로 쥐는 건 '희망'뿐이다. 회사가 살아남아 대박을 터트리
면, 연봉도 오르고 복지도 좋아지고, 운이 억세게 좋으면 주식 대
박이 나서 다른 직장에서 벌었을 돈과의 차이를 메꾸고도 남을
거라는 그 희망 말이다.

이건 도박이다. 하지만 우리는 항상 저커버그나 앤드리슨 같
은 '대박 난 놈'들의 이야기만 듣기 때문에 이 사실을 망각한다.

또한, 스타트업이 엑싯하는 데 엄청나게 오랜 시간이 걸린다
는 사실도 잊는다. 대중 매체가 떠드는 것보다 훨씬 길다. Moz는
2004년에 시작했다. 13년이 지난 지금도 잘 돌아가고 있지만, 이
제 '초기 단계'를 지나 '중기 단계'로 넘어갔음에도 여전히 급성장
이 필요하고, 투자자나 직원들에게 돈을 돌려주지도 못했다. 여러
면에서 Moz는 운 좋은 아웃라이어(outlier, 예외적 사례)다. 대부분
의 창업 시도는 완전히 실패로 끝난다. 하지만 우리는 "4년만 갈
아 넣으면 백만장자가 된다"는 생각이 얼마나 멍청한지 보여주는
아주 좋은 예다.

이런저런 이유로, 겉보기엔 엄청나게 성공한 것 같은 스타트업(투자를 왕창 받고, 쑥쑥 크고, 매출도 잘 나오는)의 창업자도, 재정적으로는 평범한 회사의 중간 관리자보다 쪼들릴 수 있다. 벤처 캐피털리스트이자 블로거인 마크 서스터(Mark Suster)는 창업자들이 직원들에게 스톡옵션을 설명할 때 이렇게 말하라고 조언한다.

"스톡옵션을 드립니다. 언젠가 큰돈이 되길 바랍니다. 하지만 이건 '케이크 위의 장식(icing on the cake)'으로 생각하세요. 대박이 나면 좋겠죠. 하지만 기대는 하지 마세요. 이걸 인생의 동기부여나 결정적인 이유로 삼지 마십시오."

이 조언은 창업자 본인에게도 똑같이 적용되어야 한다. 주식의 '가치'에 눈이 멀어, 비상장 주식은 팔기 더럽게 어렵고, 투자자 지분만큼 대접받지도 못하며, 매각 기회가 온다 해도 내 통제 밖의 요인들에 좌우된다는 현실을 잊으면 안 된다.

나는 스타트업에 가려고 연봉을 깎았다가 결국 주식이 휴지 조각이 된 사람들을 숱하게 봤다. (내 친구, 동료, 심지어 내 아내에게도 일어난 일이다.)

그럼 창업을 하지 말라는 건가? 초기 기업에 가지 말라는 건가? 아니다. 단지 단기적인 부를 좇아서 하지 말라는 거다. 커리어 전체를 몇 년으로 압축해 갈아 넣으면 그 보상으로 떼돈을 벌 수 있다는 생각은 미친 짓이고, 통계적으로도 말도 안 되는 소리다. 스타트업이 복권보다는 확률이 높지만, 카지노에서 '빨간색에 올인'하는 것보다는 확률이 훨씬 낮다. "창업자는 부자가 된다"는 신화는 수천 명의 사람을 어쩌면 잘못된 이유로, 그리고 거의 확실하게는 잘못된 기대를 품은 채 스타트업의 세계로 끌어들였다.

창업을 하거나 위험한 초기 벤처에 합류해야 할 논리적이고 멋진 이유는 따로 있다. 가장 큰 이유는 자율성이다. 무엇을 만들지, 어떻게 일할지, 누구를 채용할지, 조직을 어떻게 굴릴지 스스로 정할 수 있는 자유 말이다. 또한 세상과 공유하고 싶은 아이디어, 제품, 미션이 있을 수도 있다. 엄청난 스트레스와 책임이 따르지만, 성공했을 때의 보람은 짜릿하다.

설령 실패한다 해도, 많은 경우 그 경험 자체가 보상이다.

스타트업의 가장 큰 장점 중 하나는 커리어 성장 속도를 미친 듯이 앞당겨 준다는 것이다. 도전적이지 않은 업무나 연봉 상승이 막힌 자리에서 답답함을 느꼈다면, 스타트업에서의 몇 년은(설사 회사가 망하더라도) 그 현실을 뒤바꿀 수 있다. 초기 기업은 스스로 동기를 부여하고, 미션에 몰입하며, 짧은 시간 안에 엄청난 양의 일을 해치울 수 있는 사람(죽어라 일하든, 효율적으로 일하든)을 필요로 한다. 전략적 비전, 실행력, 리더십을 증명해 보이면, 당신은 현대 경제에서 아주 희귀하고 탐나는 인재가 된다. 수많은 초기 기업이 소규모로 인수(흔히 인재 영입을 위한 인수를 뜻하는 '애크하이어(acquihire)'라고 한다)되는 이유도 바로 이처럼 검증된 인재를 확보하기 위해서다.

Moz도 이런 목적으로 6번의 인수를 진행했다. 그중 하나는 갓 대학을 졸업한 청년이었는데, 학교 다닐 때 여가 시간에 만든 제품이 우리 팀에 엄청난 가치가 있음을 몸소 입증했다. 우리는 18,000달러라는 소소한 인수 금액을 지불했고, 그를 채용하면서 일반 지원자보다 훨씬 높은 연봉과 스톡옵션, 영향력을 부여했다. 또 다른 건은 성공적인 컨설팅 회사를 운영하던 SEO 전문가 듀오였는데, 그들이 보유한 기술을 우리 제품 및 엔지니어링 팀에 수혈하고 싶었다. 우리는 이들을 데려오기 위해 33만 달러(스톡옵션과 근속 보상금 별도)를 지불했다. 사업체에 대한 적정한 인수 대가를 지불한 것 외에도 훌륭한 연봉과 복지를 제공했다.

스타트업은 당신의 몸값을 뻥튀기할 수 있는 훌륭한 수단이 될 수 있다. 기술 레벨을 올리기에도 좋다. 그리고 아주 희박한 확률로 당신을 엄청난 부자로 만들어 줄 수도 있다.

하지만 제발 그저 돈에 눈이 멀어 뛰어들지는 마라. 대체로 스타트업은 비교적 보상이 형편없는 '열정 노동'일 뿐이다.

Chapter 9.

확장 가능한 마케팅 :
플라이휠이 그로스 해킹보다 낫다

"그로스 해커는 마케터와 개발자의 하이브리드로, '내 제품의 고객을 어떻게 확보할까?'라는 전통적인 질문을 살피고 A/B 테스트, 랜딩 페이지, 바이럴 계수, 이메일 도달률, 오픈 그래프로 답하는 사람이다. 그 위에 정량적 측정, 스프레드시트를 통한 시나리오 모델링, 수많은 데이터베이스 쿼리를 강조하는 다이렉트 마케팅 기법을 얹는다."

 – 앤드류 첸, "그로스 해커는 새로운 마케팅 부사장이다", 2012년

2009년 초, 대침체의 여파 속에서도 놀랍게도 Moz의 상황은 아주 좋았다. 링크 인덱스 도구를 성공적으로 런칭했고, 팀은 그 기세를 몰아 맹렬하게 일하고 있었다. 하지만 비용이 문제였다. 자원이 넉넉하다면 데이터를 확충하고 경쟁자들의 압박을 방어할 수 있었겠지만, 자금이 부족하니 자본력을 앞세운 카피캣(모방 기업)이 시장을 단숨에 집어삼킬까 두려웠다.

나는 확장을 위해 벤처 캐피털(VC) 투자를 한 번 더 받고 싶었다. 당시 VC 투자 환경은 2008년 금융 위기 이후 절벽으로 곤두박질친 최악의 상황이었지만, 투자자들에게도 자금을 운용할 곳은 필요할 거라 믿었다. 게다가 Moz는 2년 연속 구독자와 매출이 성장 중인 알짜배기였으니까. 2009년 상반기, 나는 시애틀에서 베이 에어리어(Bay Area)를 뻔질나게 드나들며 비행기, 호텔, 렌터카에 수천 달러를 뿌렸다. 40명이 넘는 파트너들에게 피칭을 했지만 결과는? 아무런 소득도 없었다.

그래서 우리는 매출을 끌어올리기 위해 요즘은 너도나도 한다는 '그로스 해킹(Growth Hack)' 모델로 눈을 돌렸다. 이메일 마케팅 캠페인 형태의 그 해킹은 엄청난 수의 신규 고객과 매출을 가져다주었다. 하지만 시간이 지난 지금, 나는 차라리 그 일을 벌이지 않았더라면 좋았을 거라고 생각한다. 적어도 우리가 했던 방식으로는 말이다.

해킹 좀 한다고 뭐 문제라도 생기겠어?

우리의 해킹은 영국에서 온 천재 마케터 듀오, '전환율 전문가 그룹(Conversion Rate Experts)'의 벤 제슨과 칼 블랭크스 박사의 도움으로 시작됐다. 이들의 특기는 제품을 팔기 위해 급조된 형편없는 웹페이지를 뜯어고쳐서, 방문자가 고객으로 전환되는 비율을 비약적으로 끌어올리는 것이었다. 이른바 '전환율 최적화(CRO, Conversion Rate Optimization)'라고 불리는 이 작업은 웹 마케터의 도구 상자에서 아주 강력하고 의미 있는 무기다. 이유는 명확하다. 전환율을 개선하면 고객 확보와 매출 성장에 막대한 영향을 미치기 때문이다. (예를 들어, 오늘 100명이 방문해서 1명이 샀는데, 내일 2명이 사게 만들거나 아니면 1.1명이라도 사게 만든다면 대박인 것이다.)

벤, 칼, 그리고 그들의 유능한 직원인 스티븐 파블로비치(나중에 Conversion.com을 창업하고 내 직원 중 한 명과 결혼했다. 긴 얘기지만, 결혼식은 멋졌다)는 Moz와 함께 세 가지 작업을 진행했다. 홈페이지 업데이트, 소프트웨어 구독 판매 페이지 개편, 그리고 프로모션 이메일 캠페인이었다. 그들의 프로세스는 단순해 보이지만 기발하고 효과적이다. 부디 이 방식을 꼭 참고해 보길 바란다.

- 1단계: 벤, 칼, 스티븐은 우리에게 세 가지 유형의 사용자 연락처를 요구했다.
  - 돈 내고 쓰는 구독자
  - 써 보다가 떠난 구독자
  - Moz 커뮤니티 회원이지만(블로그 댓글도 달고 토론도 하지만) 돈은 안 쓰는 사람들
- 2단계: 그들은 각 그룹의 수십 명과 전화 인터뷰(일부는 컨퍼런스 등에서 대면 인터뷰)를 진행하며 이런 질문을 던졌다.
  - 직업이 뭡니까? 직함은요? 무슨 일을 합니까?
  - 처음에 왜 Moz에 가입했나요? 가입을 망설이게 한 요인은 뭐

였고, 어떻게 극복했나요?

- ○ (장기 고객에게) Moz를 어디에 씁니까? 무엇이 도움이 됩니까?
- ○ (떠난 고객에게) Moz에게 바랐는데 얻지 못한 게 뭔가요? 왜 취소했나요? 무엇이 있었다면 계속 썼을까요?
- ○ (무료 회원에게) 왜 결제 안 합니까? 무엇이 있으면 써 보시겠습니까?

- 3단계: 그들은 답변을 바탕으로 우리 제품의 '진짜 타깃 고객'을 찾아내고 그들에게 맞춘 메시지를 다듬었다. 우리 경우에는 검색 순위와 트래픽에 사활을 거는 전문 웹 마케터들이었다. 그들은 컨설턴트(독립 혹은 에이전시 소속)거나 인하우스 마케터(단일 브랜드에서 풀타임으로 일하는)였다.

- 4단계: 그들은 Moz를 자주 방문하지만 결제는 안 하는 사람들이 가진 '반대 이유(objections)' 리스트를 뽑았다. 동시에 구독자들이 제품을 사랑하는 이유, 그들이 자신의 망설임을 극복한 과정에 대한 설명, 그리고 인터뷰에 기반한 긴 추천사 목록을 정리했다.

- 5단계: 스티븐은 우리와 함께 새로운 랜딩 페이지를 디자인했다. 이 페이지는 타깃 고객과 성향은 비슷하지만 아직 지갑을 열지 않은 그룹이 가장 흔하게 제기하는 거부 사유들을 해결하는 데 집중했다. 새로운 페이지는 기존 버전보다 8배 가까이 길어졌다.

- 6단계: 마지막으로, 우리는 우리 소프트웨어를 한 번도 이용해 본 적 없는 커뮤니티 회원 전원에게 보낼 프로모션 제안을 함께 만들었다. 이 리스트에 포함된 이메일 주소는 거의 12만 개에 달했다.

새로운 랜딩 페이지는 첫 번째로 거둔 큰 승리였다. 이전 버전과 비교했을 때 방문자를 구매자로 전환하는 비율이 거의 두 배나 뛰었다. 경이로운 개선이었다. 나는 지금도 이들의 '거부 사유 수집 및 대응' 방법론을 강력하게 신뢰한다. 모든 마케터가 자기 랜딩 페이지에 꼭 시도해 봐야 할 작업이다.

하지만 일반적인 전환율 최적화 관행은 '그로스 해킹'의 범주에 들어가지 않는다. 반면, 우리의 이메일 캠페인은 명백히 그로스 해킹에 해당했다. 2009년 당시에 보낸 이메일 원문은 다음과 같다.

[이름] 님, 안녕하세요.

올해 SEOmoz 블로그에서 함께해 주셔서 감사합니다. 팬이 되어 주셔서 정말 기쁘네요. 감사의 표시로, 2009년 당신의 SEO 실적에 (제 겸손한 의견으로는) 엄청난 긍정적 충격을 줄 선물을 드립니다. 단돈 1달러로 SEOmoz Pro 멤버십 한 달 이용권을 드립니다.

아주 사소한 조건이 하나 있습니다. 저희가 직원과 1:1 Q&A를 제공하다 보니 할인된 가격으로 모실 수 있는 인원에 제한이 있습니다. 122,451명의 회원에게 이 메일을 보내지만, 선착순 5,000명에게만 유효합니다. 미루지 마세요. 2월 9일 월요일에 블로그에도 이 '생애 단 한 번뿐인 1달러 행사'를 홍보할 겁니다. 통제 불가능할 정도로 군중이 몰려오기 전에 지금 당장 행동하세요. 1달러로 첫 달 Pro 멤버십을 받으려면 [링크]로 가서 프로모션 코드 SUCCESS09를 입력하세요. 코드는 2월 13일(다음 주 금요일)에 만료되지만, 자리가 한정돼 있다는 걸 기억하세요.

만약 이 특별한 1달러 제안을 거절하신다면… 왜 관심이 없는지 짧게 답장해 주시면 감사하겠습니다. (제 감정이 상할까 봐 걱정 마세요. 아내가 그러는데 상처받는 게 "인격 수양에 좋다"더군요.)

번창하는 2009년 되세요! 랜드 올림

P.S. 혹시 놓쳤을까 봐 링크 다시 드립니다. :) 1달러로 Pro 멤버십을 받으려면 [링크]를 방문하세요. (코드는 SUCCESS09!)

전형적인 '그로스 해킹' 포맷이다. 희소성 편향(scarcity bias)을 이용해 수량을 제한하고, 평소 가격(월 79달러)보다 말도 안 되게 깎은 파격적인 할인가를 제시하고, 유효 기간을 걸어 시간제한을 뒀다. 이메일이 마치 TV 홈쇼핑의 "마감 임박" 광고처럼 들린다면 우연이 아니다. 똑같은 전술이 적용된 거니까.

2월 4일 수요일, 우리는 "단돈 1달러로 SEOmoz Pro를 써보세요"라는 제목으로 122,451통의 이메일을 발송했다. 회신 주소는? 내 개인 이메일이었다. (그 결과, 나와 아내 제럴딘은 7시간 동안 2,000개가 넘는 답장에 수동으로 답장하는 지옥의 마라톤을 뛰어야 했다. 불쌍한 내 아내는 회사를 위해 갈아 넣은 수많은 시간에 대해 한 푼도 보상받지 못했다. 미안해, 여보!)

이건 도달률을 높이고 제안을 더 진정성 있게 보이게 하려는 의도적인 전략이었다. 하지만 처음 24시간 동안 수천 통의 답장이 쏟아졌고, 대부분 똑같은 질문이었다. "첫 달 지나면 의무적으로 결제해야 하나요?" 결국 우리는 급하게 "1달러 제안 이메일에 실수가 있었습니다"라는 제목의 후속 메일을 보내야 했다. 의무 기간은 없으며, 첫 달 1달러만 내면 나중에 추가로 낼 돈은 없다고 해명했다.

그 후속 이메일은 첫 번째보다 반응이 더 뜨거웠고, 엄청난 방문자와 가입자를 끌어모았다. 결과적으로 두 통의 이메일과 다음 주 블로그 포스팅으로 우리가 목표했던 5,000명의 신규 구독자를 거의 다 채웠고, Moz의 유료 회원은 두 배 이상 늘었다. 추산하건대, 이 이메일 오퍼와 그로 인한 가입으로 약 100만 달러의 추가 매출을 올렸다.

왜 그로스 해킹을 '해킹(야매)'이라고 부르는지 깨달은 건 나중의 일이었다.

'해킹(야매)'이라고 부르는 데는 다 이유가 있다

이메일 오퍼는 우리 제품을 더 좋게 만든 것도 아니고, 구독 모델을 더 끈끈하게 만든 것도 아니며, 사람들이 일을 더 잘하게 도운 것도 아니었다. 그저 단기적인 관심만 끌어올렸을 뿐이고, 그 대가로 복잡하고 장기적인 문제들을 잔뜩 떠안겼다. 그중 몇 가지는 이렇다.

- 낮은 유지율: 1달러 오퍼로 가입한 구독자들은 프로모션이 아닌 일반 오퍼로 가입한 사람들보다 유지율이 훨씬 낮았다. 프로모션이 끝난 후 몇 년 동안이나, 이 5,000명의 잔재가 우리의 이탈률(SaaS 비즈니스에서 가장 중요한 지표) 통계를 귀신처럼 따라다니며 망쳐놨다.
- 할인 중독: 우리 팀은 이 이메일 캠페인이 가져온 매출과 성장에 지나치게 매료됐다. 우리는 몇 년 동안 공격적인 할인과 한정 판매 전술로 그 대박을 재현하려고 애썼지만, 성과는 그저 그랬다. 돌이켜보면, 다음번 '대박 해킹'을 찾는 중독 때문에 정작 집중해야 할 장기적인 제품 및 마케팅 투자를 등한시했다.
- 브랜드 가치 하락: 대규모 할인 프로모션은, 특히 아주 많은 대중에게 제공될 때 할인과 특별 오퍼가 브랜드 정체성의 일부라는 인상

을 준다. 이는 잠재 고객들에게 정가에 구독하기보다 다음 프로모션이 시작될 때까지 기다려야 한다고 학습시키는 결과를 초래했다. 실제로 SEO 커뮤니티의 상당수가 잦은 오퍼(연 2~3회) 때문에 Moz를 그렇게 바라보게 됐다. 세일할 것 같아서 브랜드 제품을 정가 주고 사기 망설여 본 적이 있지 않은가? 바로 그 심리다.

반면, 구독 제품의 랜딩 페이지에 쏟은 전환율 최적화(CRO) 노력은 지속적인 성공을 거두었으며, 장기적으로 긍정적인 수익을 안겨주는 투자가 되었다. 올바른 타깃을 찾고, 그들의 거부 사유를 파악한 뒤, 랜딩 페이지의 정보를 통해 그 반대 논거를 해소하고 가입 절차를 매끄럽게 만드는 CRO 노력은 단순한 '꼼수'가 아니다. 이는 우리 마케팅을 구동하는 근본적인 플라이휠(Flywheel)을 개선하는 작업이다.

나도 그로스 해킹을 쫓고 싶은 유혹을 뼈저리게 이해한다. 스타트업 마케팅 블로그나 프레젠테이션을 보면 기가 막힌 전술 하나가 신생 기업의 성장 곡선을 확 바꾸어 업계 리더로 만들었다는 무용담이 넘쳐나니까. 이쪽 바닥을 좀 파 봤다면 똑같은 이야기들을 들어봤을 것이다.

- 에어비앤비(Airbnb)의 해킹은 크레이그리스트(Craigslist)의 임대 정보를 긁어다가 집주인들에게 연락해서 에어비앤비에도 올리라고 꼬드기는 것이었다. (일부 증언에 따르면 허락도 안 받고 올렸다고 한다.) 기술적으로는 크레이그리스트의 약관(ToS) 위반이지만, 이제는 스타트업 그로스 해커들 사이에서 전설로 통한다. 그들은 이 이야기를 하며 "성장이라는 오믈렛을 만들려면 약관 위반이라

는 달걀 좀 깨뜨려도 된다"라고 주장한다.

- 드롭박스(Dropbox)의 해킹은 친구를 추천하면 추천한 사람과 받은 사람 모두에게 계정 혜택(용량)을 더 주는 '양방향 추천 시스템'이었다. 수년 동안 이 '해킹'은 마케팅 행사 무대와 웹상의 블로그 포스트에서 다뤄졌다. 이 전술을 끝도 없이 베껴 쓴 다른 기업들은 드롭박스만큼의 효과를 보지 못해 좌절만 맛봤다. 드롭박스 창업자 드류 휴스턴은 2010년 "스타트업 교훈" 발표에서 "한 시장 유형에서 통한 마케팅 전술이 다른 시장에서는 처참하게 실패할 수 있다"고 현명하게 지적했다. 드롭박스 스스로도 다른 스타트업의 그로스 해킹을 따라 했다가 실패한 경험이 많았다.

- 핫메일(Hotmail)의 해킹은 웹 분야 초기 사례 중 하나인데, 수년 뒤에야 그로스 해킹이라고 불리기 시작했다. 90년대 후반이나 2000년대 초반 웹 사용자라면 기억할 것이다. 핫메일 무료 서비스는 모든 이메일 하단에 "이 메일은 핫메일 무료 서비스로 발송되었습니다"라는 문구와 함께, 메일을 받은 사람이 가입하도록 유도하는 초대 링크를 달았다. 웹과 이메일의 폭발적인 성장 덕분에, 다른 이메일 서비스들이 월 사용료나 연회비를 받던 시절 수백만 명이 이 메시지를 보고 가입했다.

- 옐프(Yelp)는 2006년 전체 트래픽과 브랜딩에 엄청난 이득을 준 해킹을 시작했다. 바로 '웹사이트 배지' 전략이다. 옐프는 평점 4~5점짜리 식당 주인들에게 웹사이트에 붙여 긍정적인 리뷰를 자랑할 수 있는 시각적 '배지'를 보내줬다. 이 배지는 옐프 페이지로 링크되어 트래픽을 보냈을 뿐 아니라, 검색 엔진이 링크를 좋아한다는 점을 이용해 식당 이름, 카테고리, 도시명 검색에서 옐프의 순위를 높여줬다. 트립어드바이저나 시티서치도 시도했던 전략

이지만, 옐프만큼 효과적으로 해낸 곳은 없었다. 옐프는 수년 동안 이 배지가 만들어준 SEO 효과의 파도를 탔다.*

이런 이야기들은 예외적인 게 아니다. 페이팔(PayPal)의 5달러 가입 추천금, 우버(Uber)가 도시별로 실행한 수많은 해킹 사례(추천 전단 살포, 금요일 밤 술집과 식당 화장실에 포스터 무단 부착, 경쟁사에 가짜 호출을 보내 수익을 깎아먹고 응답 속도를 늦추는 사악하기 짝이 없는 수법 등), 초창기 페이스북의 대학 중심 전술 등등. 창업자, 투자자, 전문가들은 이런 사례를 들며 올바르고 혁신적인 '해킹'을 찾는 것이 고전적인 마케팅 관행을 대체하여 신생 기업이 초고속 성장을 달성할 수 있는 방법이라고 주장한다.

대부분의 성공 신화가 그렇듯, 진실은 과장과 단순화라는 거대한 산속에 아주 작은 알맹이로 숨어 있다.

어떤 그로스 해킹은 통한다. 하지만 대부분은 안 통한다. 위에서 설명한 회사들조차 시도한 개별 성장 전술의 대다수는 실패했다. 슬프게도 그런 실패는 언론의 조명이나 관심을 받지 못한다. 진짜 교훈은 이것이어야 한다. 이 회사들은 혁신적인 마케팅 전술 수십 가지를 시도했고, 이를 강력하고 지속적으로 개선되는 제품 및 수많은 전통적인 마케팅 모범 사례와 결합했다. 그리고 그 조합 안에서 몇 가지 특정 전술이 특히 효과를 발휘했던 것이

---

* 내가 이 해킹을 유난히 잘 아는 것처럼 들린다면, 그건 내 아이디어였기 때문이다. 이상하지? 당시 나는 옐프의 SEO 컨설턴트로 일했는데, 옐프 사이트로 연결되는 링크가 심어진 배지가 구글 순위를 올리는 좋은 방법이라 생각해서 제안했고, 그들이 승인해서 실행했다. 옐프 측에서 이 프로젝트를 담당했던 미셸 브로데릭에게도 공을 돌린다.

다. 그럼에도 불구하고, 언론의 헤드라인을 장식하고 테크 스타트업 하위 문화 속에 살아남는 것은 늘 '반짝이는 아이디어' 중심의 그로스 해킹 서사다.

하지만 회사의 흥망성쇠와 설립 및 성장의 과정에서 겪는 온갖 고난을 지켜보며 배운 게 있다면, 단순한 설명 너머에 있는 더 깊고 복잡한 진실을 들여다봐야 한다는 점이다. 이번 경우도 마찬가지다. 스타트업의 브랜드, 도달 범위, 전환율, 유지율, 참여도, 그리고 전파력(바이럴)을 키우는 과정에 '한 방의 위대한 해킹'을 찾는 노력이 포함될 수는 있다. 하지만 그러기 위해서는 당신이 해결하려는 문제에 대한 더 폭넓은 이해가 선행되어야 한다.

대안: 지속 가능한 마케팅 플라이휠

위대한 기업은 거의 예외 없이 적절한 청중의 관심을 얻고 그들을 회사의 문앞(물리적이든 가상이든)까지 데려오는, 강력하고 지속적인 마케팅 프로세스를 동력 삼아 굴러간다.

나는 이러한 마케팅 프로세스의 복잡성을 '플라이휠(Fly-wheel)'이라는 비유로 설명하길 좋아한다. 이 용어는 산업혁명 시절의 기계장치에서 따온 것인데, 불규칙한 에너지원으로부터 발생하는 회전 에너지를 관성 형태로 저장하는 장치를 말한다. 이렇게 저장된 에너지는 일정한 출력이 필요한 시스템에 동력을 전달하는 데 쓰인다. 이제 Moz의 마케팅 플라이휠이 어떻게 작동하는지 예로 들어보겠다.

우리의 플라이휠은 SEO 관련 청중이 다양한 채널(검색 엔진, 소셜 미디어, 입소문, 컨퍼런스 및 행사, 이메일 구독, 다른 웹사이트의 링크 등)을 통해 찾아오는 콘텐츠에 의해 동력을 얻는다. 콘텐츠를 만들고, 다양한 채널로 퍼뜨리고(증폭), 그 증폭을 통해 새로운 청중에게 도달하고, 그들을 다시 우리 웹사이트로 데려오는 과정은 매달 수백만 명의 방문자와 수천 건의 신규 소프트웨어 무료 체험을 만들어내는 강력하고 지속적인 시스템이다. 하지만 플라이휠처럼, 처음 돌리기 시작할 때는 엄청난 에너지가 들었다. 관성이 붙어 매끄럽게 돌아가기 시작한 뒤에야 적은 마찰로도 기능하게 된 것이다.

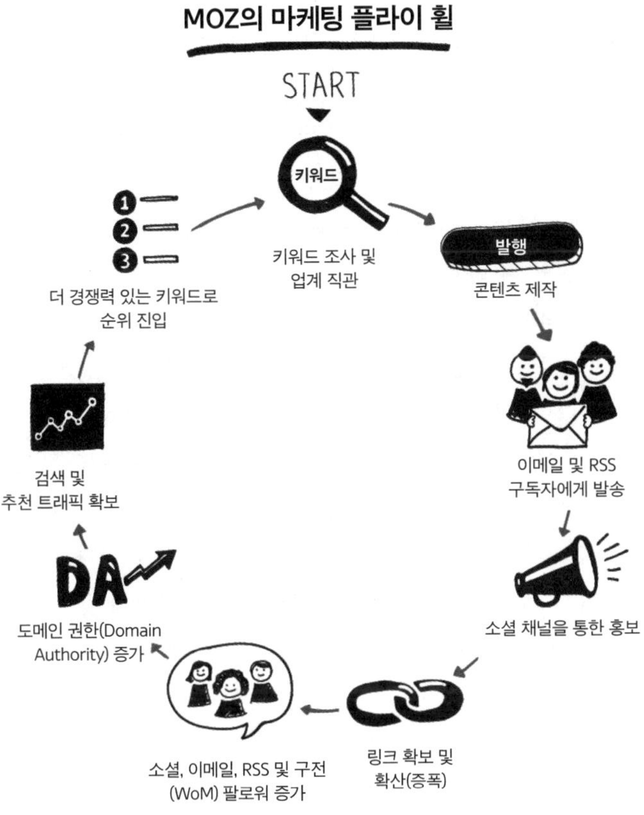

Moz 초창기 5년 동안 나는 일주일에 4~5일 밤을 새워가며 블로그를 썼다. 클라이언트 업무, 온라인 포럼 참여, 다른 SEO 전문가들과의 대화, 검색 엔진 세계에서 나오는 뉴스 등에서 얻은 직관과 경험을 온갖 형태의 콘텐츠로 바꿨다. 글, 일러스트, PPT 프레젠테이션, 화이트보드 앞에서 찍은 라이브 영상, 웨비나, 통계 설문조사, 인터랙티브 퀴즈 등을 만들어 웹사이트에 올렸다. 처음 2년은 내가 만든 게 조회수 몇십 회만 나와도 운이 좋은 거였다. 2006년 'SEO 초보자 가이드'가 터지고 나서야 그 궤적은 개선되었고, 새로운 콘텐츠로 수백 명, 그다음엔 수천 명, 그 이상에게 정기적으로 도달할 수 있었다.

효과는 누적되었다. 우리가 만든 것에 노출되는 사람이 많을수록 증폭될 기회도 늘었다. 링크와 공유 형태의 증폭은 더 나은 검색 엔진 순위로 이어졌고, 이는 더 많은 트래픽과 노출, 그리고 일반적으로 더 '자격 있는' 방문자를 데려왔다. (검색 사용자는 특정 정답이나 리소스를 적극적으로 찾는 사람들이니, 소셜이나 뉴스, RSS, 이메일에서 흥미로운 걸 우연히 본 사람보다 참여율이 높은 건 당연하다.) 이 플라이휠은 수년 동안 우리 마케팅 노력에 동력을 제공했다. 검색 엔진 최적화와 웹 마케팅 주제에 관심 있는 수많은 방문자를 웹사이트로 불러모으고, 우리는 콘텐츠를 통해 그들에게 지식을 전달하며 Moz 브랜드 신뢰를 구축하기를 바란다. 나중에 그들이 SEO 업무를 도울 소프트웨어와 도구를 찾게 될 때, 우리는 그들이 우리 고객이 되어주기를 바라며 실제로도 종종 그렇게 된다.

사실, 몇 년 전 우리가 방문자와 전환 깔때기(funnel)를 분석하다가 Moz의 마케팅과 고객에 대한 흥미로운 통계를 발견했다.

좀 지난 숫자라 지금은 변했을 수 있지만, 그 특성은 여전하다.

당신이 "SEO 도구" 같은 검색어를 구글에 쳐서 Moz에 처음 방문했고, 즉시 소프트웨어 무료 체험을 신청했다고 치자. 당신이 Moz 고객으로 남을 기간은 4개월 미만일 확률이 높다. (전체 글로벌 평균은 약 9개월이다.) 하지만 만약 당신이 무료 체험을 신청하기 전 3개월 동안 Moz를 12번 이상 방문했다면? 당신은 14개월 이상 유료 구독자로 남을 확률이 높다. 믿기지 않겠지만 사실이다.

결국 우리의 가장 충성도 높은 우수 고객은 우리 웹사이트에서 꽤 많은 시간을 보내고, 커뮤니티에 참여하고, 교육 자료를 소비하고, 무료 도구를 테스트해 본 사람들이었다. 그러니 사실 우리 제품이나 전환을 너무 심하게, 혹은 너무 빨리(특히 신규 방문자에게) 홍보하지 않는 게 Moz에게 이득이다. 많은 마케터가 홍보하는 고전적인 깔때기 최적화에는 방문자를 최대한 빨리 유료 고객으로 전환해야 하며 놓친 기회는 마케팅 프로세스의 결함이라고 보는 묘한 사상이 있다. 우리 지표는 정반대를 보여준다. 고객 성장과 유지에 최고의 장기적 임팩트를 원한다면, 인내심이 필요하다. 청중이 준비되고 우리와 관계를 맺을 때까지 기다린 뒤에야 구독 쪽으로 슬쩍 밀어줘야 한다.

나는 이것이 우리의 가치, 콘텐츠, 유료 구독 사이에 아름답고 공생적인 관계를 형성한다고 생각한다. 우리는 사람들이 마케팅을 더 잘하도록 돕고 싶다. 그들이 먼저 배우고, 우리 제품이 그들에게 맞을 때만 가입하길 원한다. 그리고 우리 비즈니스는 실제로 장기적이고, 이탈률이 낮으며, 참여도가 높은 고객들로부터 가장 번창한다. 이런 고객은 단순히 방문자의 전환 경로가 아니라 그들의 직업적, 교육적 여정에 깊이 투자할 때 얻을 수 있다.

> 팁: 어떤 형태든 구독이나 반복 매출 모델을 가지고 있다면, 유입 경로별, 그리고 '전환 전 방문 횟수'별로 LTV(고객 생애 가치─고객이 회사와 관계를 맺는 동안 지출하는 총매출)를 측정하라. 만약 통계가 Moz처럼 나온다면, 비슷하게 천천히 은근하게 꼬시는(slow-burn) 전환 프로세스를 채택하는 게 좋을 것이다.

마케팅 플라이휠의 힘은 우리에게 명확하다. 하지만 이게 Moz한테만 통하는 건 아니다. 가장 성공한 스타트업 거의 모든 곳이 적절한 청중으로부터 인지도와 트래픽을 가져오고, 그들이 적절한 타이밍에 구매나 가입으로 전환되도록 돕는 명확하게 식별 가능한 마케팅 플라이휠을 가지고 있다.

- 달러 쉐이브 클럽(Dollar Shave Club)은 유명한 LA 스타트업으로, 일반 남성용 면도날을 월 몇 달러(유니레버에 인수되기 전엔 1달러였다)에 제공한다. 그들은 고루하고 비싼 면도기 회사들을 비판하는 유머러스한 온라인 비디오를 기반으로 깔때기를 구축했다. 그 비디오들은 퍼뜨리기 딱 좋은 청중(주로 젊고, 인터넷을 많이 하고, 소셜 미디어에 능한 남성들) 사이에서 엄청난 바이럴 조회 수를 기록했다. 비디오는 뉴스에 보도됐고, 그 뉴스 자체가 공유됐으며, 이 모든 게 합쳐져 엄청난 트래픽을 만들었다. 달러 쉐이브 클럽은 여기에 리마케팅과 리타겟팅 광고를 샀다(물론 구글의 주요 검색어에서 상위 랭킹도 많이 차지했다).
- 질로우(Zillow)는 주택 가격 계산기와 '제스티메이트(Zestimate,

주택 가치를 추정하는 질로우의 특허 공식)'의 초기 강점, 그리고 필연적으로 따라온 트래픽, 공유, 링크, 이야깃거리, 논란을 바탕으로 놀라운 플라이휠을 구축했다. 처음엔 방문자들이 집을 사러 온 게 아니었다. 하지만 일단 그들이 질로우를 주거용 부동산 데이터와 연관 짓기 시작하고, 질로우가 참여도, 콘텐츠, 링크를 활용해 검색 결과 상위를 차지하게 되자, 결과는 필연적이었다.

- WP 엔진(WP Engine)은 안정성으로 유명한 인기 워드프레스 호스팅 업체다. 그들은 바이럴 트래픽 때문에 서버가 터져서 오프라인이 될 지경인 워드프레스 사이트들을 지원하고 그 경험을 공유하는 것에서 출발했다. 그들은 브랜드와 기술을 "레딧 허그 오브 데스(Reddit Hug of Death)"—즉, 짧은 시간 동안 엄청난 방문자가 몰려 서버가 다운되는 현상—와 같은 인터넷 현상과 연관시키며, 이런 트래픽 폭증을 경험한 사이트 소유자들, 그리고 이들에게 영향을 미치는 기술 친화적인 온라인 커뮤니티를 주요 타깃으로 삼았다. 그 결과, WP Engine은 초기부터 열성적인 팬층(cult following)을 형성했고, 이것이 시간이 지나면서 더 넓은 인지도와 트래픽 증가로 이어졌다.

플라이휠을 구축하는 게 중요하지만, 플라이휠에 투자하는 것과 그로스 해킹을 실험하는 것 사이에는 교집합이 있다. 내 경험상 해킹을 활용하기 가장 좋은 타이밍은 플라이휠이 마찰을 빚고 있는 영역에 그 해킹이 완벽하게 들어맞을 때다.

초기에 Moz의 플라이휠이 가장 고전했던 부분(마찰)은 우리 콘텐츠에 링크를 걸어줄 가능성이 있는 블로거, 기자, 웹사이트 운영자, 인플루언서들의 눈에 띄는 것이었다. 2005년에 내가 쓴 글에 몇몇 웹사이트가 링크를 걸어줬을 때, 책상 위에서 벌떡 일어나 환호하고 퇴근길에 싸구려 샴페인을 샀던 기억이 생생하다. 바보같이 들릴지 몰라도, 그 시절 나에게 링크란 상대적인 무명 신세에서 벗어나 컨설팅 고객이 될 수도 있는 아주 관련성 높은 방문자를 얻는 길이었다. 우리 플라이휠의 마찰 지점은 어떻게 우리에게 링크를 걸어줄 사람들 앞에 나타나서, 그들이 링크를 생성하도록 설득하느냐였다.

해결책은 해킹, 즉 올바른 해킹을 찾는 것이었다. 검색 기술 및 마케팅 분야의 웹사이트 운영자, 블로거, 작가들에게 주목받을 수 있는 해킹 말이다. 우리는 "검색 엔진 랭킹 팩터(Search Engine Ranking Factors)"라는 콘텐츠에서 그 해킹을 발견했다.

솔직히 말해서, 구글의 유명한 알고리즘이 사이트와 페이지 순위를 매길 때 사용하는 요소를 나열하려고 시도한 웹사이트는 우리가 처음도 아니었고 유일하지도 않았다. 그러나 우리는 '영향력 있는 전문가 커뮤니티'를 직접 참여시켜 그 작업을 한 첫 번째 사례였다. 우리의 접근 방식은 가능한 모든 순위 결정 요인을 정리한 뒤, 그것을 설문조사 형태로 구성하고, 업계에서 인정받는 SEO 전문가들에게 설문에 참여해 의견을 제공해달라고 요청하는 것이었다. 이후 결과를 모아 인용문을 정리하고, 각 요인의 수치적 평가를 평균 내어 상대적 중요도순으로 배열했다. 100명 이상의 참여자가 자신만의 웹사이트와 팔로워를 보유한 전문가들이었고, 나는 모든 참여자에게 개별 이메일을 보내 감사 인사를 전하면서, 이 결과물을 세상에 널리 알려달라고 부탁했다.

이 그로스 해킹은 고가치의 콘텐츠(랭킹 팩터 문서 자체)와, 우리의 가장 큰 도전 과제인 링크 획득 및 증폭을 극복하도록 도와줄 긴 조력자 리스트를 만들어냈다. 각 인플루언서가 기여했기 때문에, 그들은 콘텐츠 공유를 도울 성향이 강했다. 인지도 가뭄은 끝났고, 몇 달 만에 응답자들이 글을 쓰는 거의 모든 웹사이트가 우리를 인용했다. 그뿐만 아니라, 그 링크들은 우리가 바라던 효과를 냈다. Moz(당시는 SEOmoz.org 도메인 사용)는 "SEO ranking factors", "Google ranking factors", "search engine ranking factors" 및 관련 키워드 검색에서 1위를 차지했고, 이는 매달 수천 건의 검색 유입을 만들어냈다.

우리는 플라이휠을 파악했다. 마찰 지점을 찾았다. 그리고 그 마찰을 줄이고 바퀴가 더 빨리 돌게 하기 위해 그로스 해킹을 적용했다. 오늘날 콘텐츠 제작에 인플루언서를 포함하는 이 전술(종종 "라운드업(roundups)"이라 불림)은 콘텐츠 마케팅의 기본이 되었다. 지금 시점엔 너무 많이 소비되어 진부해졌다고 말하고 싶다. 하지만 100가지의 새롭고 창의적인 기회가 기다리고 있다.

장기적으로 작동하고, 마찰 없이 확장되며, 비즈니스가 커질수록 저절로 굴러가는 마케팅 프로세스를 구축하는 방법을 고민할 때, 플라이휠 비유를 떠올려라. 각자의 플라이휠은 다를 것이며, 당신의 플라이휠은 경쟁자와 상당히 차별화되어야 하고, 당신만의 특별한 기술을 활용하도록 구축되어야 하며, 당신의 특정 청중을 타겟팅해야 한다.

당신이 사용하는 '해킹'이나 마케팅 전술은 이 깔때기를 대체하는 게 아니라 돕는 도구가 되어야 한다. 랜딩 페이지든, 추천 프로그램이든, 소셜 네트워크를 통해 확장 가능한 방식으로 적절한 고객에게 도달하는 방법이든 기막힌 아이디어가 있다면, 당신이 만들고 있는 깔때기 내부에서 그걸 어떻게 테스트하고, 추적하고, 적용할지 확실히 해라. 그로스 해킹 하나만으로는 모든 마케팅 문제를 해결할 수 없지만, 올바른 해킹은 이미 윙윙거리며 돌아가는 마케팅 플라이휠에 엄청난 가치를 더해줄 수 있다.

Chapter 10.

진짜 '핵심 가치'는 돈 버는 데 하등 도움이 안 된다 (적어도 당장은 말이다)

"보통 경영진이 결정하는 기업 가치는 당시의 비즈니스 상황에 맞춰 채택된 것일 뿐, 근본적인 철학적 신념이나 도덕, 윤리에 뿌리를 두고 있지 않다. 이런 관점에서 기업 가치는 종종 '직원들을 결집시키기 위한' 전략으로 선택되며, 그 본질은 기만적이다."

– 레이 윌리엄스, 2010

내 친구 롭 오스비는 Moz가 매년 수백만 달러를 더 벌어들일 수 있는 기막힌 아이디어를 낸 적이 있다. 그런데 내가 왜 "미친 소리, 절대 안 해"라고 했을까? 궁금하다면 계속 읽어보라.

Moz 같은 SaaS(Software as a Service) 비즈니스에서 이탈률(Churn)은 아마도 가장 중요하고, 가장 많이 연구되는 숫자일 것이다. 이 수치는 매달(혹은 매년) 고객의 몇 퍼센트가 계정을 해지하는지를 보여준다. 이탈률이 높으면 떠나는 고객을 메꾸기 위해 엄청난 수의 신규 고객을 유치해야 한다. 반면 이탈률이 낮으면 성장이 훨씬 쉽고 빠르다. 특히 투자자들은 우리 같은 SaaS 기업을 평가할 때 이탈률이 낮은 곳에 훨씬 높은 점수를 준다.

2011년, 우리의 월 이탈률은 약 8.5%였고 구독자는 1만 명 정도였다. 즉, 매출을 현상 유지만 하려 해도 매달 850명의 신규 구독자를 찾아내야 했다는 소리다. 성장하고 싶다면? 훨씬 더 많이 필요했다.

사실 우리는 매달 850명보다 훨씬 많은 신규 고객을 유치하고 있었고, 덕분에 높은 이탈률에도 불구하고 빠르게 성장할 수 있었다. 하지만 우리는 이렇게 짧게 치고 빠지는 고객 관계가 가져올 필연적인 결과가 두려웠다. 평균적으로 사람들은 약 11개월 동안 Moz를 구독했다. 조사에 따르면 영어권 국가에 잠재적인 Moz 고객이 100만 명 정도 있다고 추산됐는데, 매달 수천 명씩 가입하고 나가는 상황이 몇 년만 지속되면 그 잠재 고객 풀을 다 써버리고 회사의 미래가 끝장날 수도 있다는 건 상상하기 어렵지 않았다.

우리는 구독을 더 끈끈하게 만들고, 고객이 수년 동안 머물고 싶게끔 가치를 제공해야 했다. 바로 그때 롭이 등장했다.

"왜 웹사이트에서 클릭 한 번으로 취소할 수 있게 해 둔 거야?" 그가 물었다. "취소를 더 어렵게 만들자는 거야?" 내가 되물었다. "취소하려면 전화를 걸게 만들면," 롭이 설명했다. "장담하건대 그 귀찮음(friction)만으로도 월 이탈률이 개선될 거야. 게다가 취소하려는 사람들과 통화하면서 그들이 누구인지, 왜 떠나는지 훨씬 잘 이해할 수 있잖아. 꽤 많은 사람을 붙잡을 수도 있고, 나중에 다시 돌아오게 할 수도 있어. 더 싼 요금제로 바꾸거나 다른 제품을 사게 유도할 수도 있고."

나도 롭의 추측을 뒷받침하는 통계를 본 적이 있어서 그렇다고 말했다. "네 말이 맞아. 전화로만 취소할 수 있게 만들면 이탈률에 확실히 영향을 줄 거야. 하지만 우린 온라인으로 가입해 놓고 취소할 때 전화하라는 서비스를 극도로 혐오해. 그건 일부러 어렵게 만든 거잖아. 그건 공감(Empathy)이 결여된 거고, 즉 TAGFEE가 아니란 소리야." "일리 있네," 롭이 대답했다. "하지만 너 지금 길바닥에 엄청난 돈을 버리고 있는 거야." "글쎄," 내가 대답했다. "우린 항상 말하잖아. 돈과 맞바꿀 수 있다면 그건 핵심 가치가 아니라고."

그래, 좋은데 그게 TAGFEE인가?

가치(Values)는 단기적으로 돈을 벌어다 주지 않는다. 하지만 장기적으로는 어떤 기업에게든 값을 매길 수 없을 만큼 귀중하다. 가치를 지키는 건 쉽지 않다. 가치는 힘든 결정을 강요한다. 단기적인 성장을 방해하기도 한다. 가치가 없었다면 갈 수 있었을 길을 막아버리기도 한다. 핵심 가치를 세우고 고수하는 건 내재적으로나 외재적으로나 큰 이점이 있다. 하지만 그 효과는 보통 아주 오랜 시간이 지나야 나타나는데, 당장 생존해서 수익을 내거나 투자를 받아야 하는 스타트업에게는 미치도록 답답한 일이다. 이 긴장감은 견디기 힘들다. 하지만 내 경험과 '가치 준수와 성과 간의 상관관계'를 볼 때, 그럴만한 가치가 있다. 게다가 가치를 지키면 적어도 거울을 볼 때 자기 자신을 경멸하지 않을 수는 있다.

Moz에는 TAGFEE라는 약자로 불리는 6가지 핵심 가치가 있다. 투명성(Transparency), 진정성(Authenticity), 관대함(Generosity), 재미(Fun), 공감(Empathy), 그리고 예외성(The Exception)이다. 이것들은 비즈니스의 성공이나 성장보다 우리가 더 우선순위에 두는 신념들이다. TAGFEE는 우리가 어떤 행동을 해야 할지 말아야 할지, 누군가를 채용하거나 해고할지, 어떤 프로세스나 정책을 만들지를 결정하는 리트머스 시험지 역할을 한다. 우리는 웹사이트에 올리는 콘텐츠, 커뮤니티와 소통하는 방식, 제품을 만드는 방식, 내부적인 행동 등을 논의할 때 매일같이 이것을 기준으로 삼는다.

TAGFEE는 2007년, Moz의 첫 투자자인 미셸 골드버그가 짐 콜린스의 고전 〈좋은 기업을 넘어 위대한 기업으로(Good to Great)〉를 내게 줬을 때 시작됐다. 콜린스는 오랫동안 위대한 재무적 성과와 성장을 이룬 기업들과 그렇지 못한 기업들을 비교 분석했다. 그 연구에서 그는 위대한 기업들과 높은 상관관계를 보이는 7가지 특징을 찾아냈다. 그중 하나인 "사람이 먼저… 그 다음이 할 일(First Who… Then What)"은 위대한 조직이 근본적인 핵심 가치를 공유하는 사람들로 구성되어 있으며, 크고 작은 결정을 내릴 때 이 가치를 등대 삼아 나아간다는 내용이다.

기업가로서, CEO로서, 실무자로서, 그리고 스타트업과 비즈니스 문화를 공부하는 학생으로서 내가 겪은 모든 경험은 이 개

넘을 강화해 준다. 핵심 가치를 공유하고 그 가치가 세상에 기여하는 가장 중요한 부분이라고 믿는 사람들이 모여야 놀라운 일을 해낼 잠재력이 생긴다. 반대로 조직 구성원들이 같은 가치로 정렬되지 않으면, 모든 목표와 프로젝트, 노력은 밑바닥부터 흔들린다. 어떤 형태의 성공이든, 팀원들이 개인적 신념의 가장 깊은 곳에서부터 동일한 가치를 향한 흔들리지 않는 헌신을 공유하고, 그 가치가 조직에 시사하는 바에 동의하는 정도에 따라 성공의 난도는 엄청나게 높아지거나 낮아진다.

다음 인용구가 이 상황을 잘 설명해준다. "우리 신조에 담긴 핵심 가치가 경쟁 우위가 될 수도 있겠지만, 그래서 우리가 그걸 지키는 건 아니다. 우리는 그 가치가 우리가 지향하는 바를 정의하기 때문에 지키는 것이며, 어떤 상황에서 그것이 경쟁 열위가 된다 해도 우리는 그것을 고수할 것이다." − 랄프 라르센, 존슨앤드존슨 전 CEO

소프트웨어 회사로서 초기 시절의 Moz는 이 아이디어를 꽉 붙잡았다. 그리고 나는 우리가 핵심 가치를 받아들이고 구현했을 때 항상 최고의 모습을 보였고, 거기서 벗어났을 때 최악의 모습을 보였다고 믿는다.

TAGFEE를 만든 건 제럴딘이다. 놀라울 수도 있겠지만, 그녀는 원래 카피라이터였다. (지금은 〈All Over the Place〉라는 책을 쓴 작가다. 혹시 모르니 두 권 정도 사둬라.) 우리가 Moz의 핵심 가치를 정의하려고 했을 때, 그녀는 적격이었다. 나를 누구보다 잘 알았고, 회사와 당시 11명이었던 직원들을 잘 알았으며, 재능 있는 작가였고, 무엇보다 돈을 많이 요구하지 않았으니까. (초기 스타트업한텐 이게 중요하다.)

Moz의 모든 직원은 각자 타인에게서 존경하고 스스로 지향하는 특성과 자질을 적어내는 과정을 거쳤다. 우리는 어떤 회사가 되고 싶은지, 무엇을 옹호하고 싶은지, 개인적으로나 직업적으로 과거에 무엇을 후회했는지 함께 이야기했다. 이 노트들과 토론 내용은 제럴딘에게 넘어갔고, 그녀는 이것들을 문서로 정리했다. 우리는 그걸 공유하고, 수정하고, 코멘트를 달아 다시 그녀에게 보냈고, 최종 버전이 나왔다. 그 시작은 이렇다.

Moz의 행동 강령

이 문서는 우리가 회사로서 수행하는 모든 업무에 적용하는 규칙과 우리가 지향하는 이상을 담고 있다. 우리는 이것을 우리가 누구인지, 왜 존재하는지, 그리고 소프트웨어부터 웹사이트 콘텐츠, 직장 내 행동, 외부에서 Moz를 대표하는 활동에 이르기까지 모든 영역에서 달성하고자 하는 바를 보여주는 상징으로 받아들인다.

그리고 6가지 가치는 다음과 같다.

- 투명성 (Transparency): 우리는 우리가 알고, 배우고, 행하는 것을 관심 있는 모든 사람과 공유해야 한다고 믿는다. 우리는 모든 형태의 비밀주의, 모호함, 불투명함을 거부하며, 마케팅과 SEO, 소프트웨어 스타트업, 그리고 Moz라는 세상을 모두에게 개방하고 접근 가능하게 만들고자 노력한다.

- 진정성 (Authenticity): 우리는 일할 때 본래의 모습이 아닌 척하거나 진짜 정체성, 생각, 감정을 숨기는 것을 지양한다. 우리의 인간성과 다양성을 억제하는 가식적인 기업 행세나 비즈니스 업계의

허례허식을 경멸한다. 우리는 Moz를 우리 모두가 온전히 자기 자신으로 존재할 수 있는 곳으로 만들기 위해 항상 노력할 것이다.

- 관용 (Generosity): 우리는 대가를 바라지 않고 베푸는 나눔의 가치를 믿는다. 성장이나 재무적 성공보다 앞서는 우리의 목표는 업계 동료와 사내 동료, 그리고 마케팅 세계를 더 낫고 서로 북돋우며 나눔이 있는 환경으로 만드는 것이다.

- 재미 (Fun): 우리가 하는 일은 힘들고 스트레스가 많을 수 있지만, 우리는 일을 오직 '노동'으로만 생각할 때 비로소 그렇게 변한다고 믿는다. 우리는 우리의 직업과 주변 사람들의 업무를 즐겁고 보람차며 유머가 넘치는 것으로 만드는 것을 목표로 한다.

- 공감 (Empathy): 가장 중요한 가치인 공감은 우리가 타인의 처지가 되어 그들의 관점에서 상황을 바라볼 것을 요구한다. 우리는 모두에게 환영받고 존중받는 제품, 콘텐츠, 상호작용, 환경을 만들기 위해 노력한다. 진정한 공감은 단기적인 친절이라는 가식에 머물지 않고 장기적인 유익을 도모하는 것이라 믿는다. 우리의 목표는 이 공감을 커뮤니티와 청중, 고객에게 최우선으로 적용하고, 그다음은 동료와 우리 자신에게, 마지막으로 주주와 투자자에게 적용하는 것이다.

- 예외성 (The Exception): 남들이 모두 한 가지 방식을 고집할 때, 대안적인 길을 찾는 것에는 내재적인 가치가 있다고 믿는다. Moz는 독특하고 혁신적이며, 기꺼이 '이상한(weird)' 존재가 되기 위해 노력한다. 우리는 대세를 거스르며 규칙의 예외가 되는 방식으로 돋보이기를 희망한다.

이 강령의 원문은 만들어진 지 1년 좀 넘어 내가 올린 블로그 포스트에서 온라인으로 확인할 수 있다.

TAGFEE의 가치가 당신 마음에 들 수도 있다. 하지만 안 들어도 전혀 상관없다. 어떤 두 조직도 똑같은 가치를 가져서는 안 되며, 가치를 임의로 만들어 팀에게 강요해서도 안 된다. Moz의 가치가 우리에게 통했던 건 창업자와 초기 직원들의 신념 깊숙한 곳에서 우러나왔으며, 인간이자 직업인으로서 겪은 경험이 빚어낸 결과이기 때문이다. 모든 사람에게 통하거나 매력적으로 보이도록 설계된 게 아니다. 핵심 가치는 내가 창업자이자 CEO, 그리고 직원으로서 겪어보니 다음 세 가지 강력한 조직적 힘을 제공한다는 점에서 충분히 가치가 있었다.

- **첫째, 팀 간의 공유된 헌신이다.** 수백 명이 모인 회사에서는 긴장과 이견, 때로는 불화가 생기기 마련이다. 하지만 핵심 가치는 우리를 결속시키는 공통된 신념이 있음을 면접 단계에서부터 일깨워 준다. 목표를 달성하는 방법이나 목표 설정 자체에 대해 의견이 갈리더라도, 적어도 우리의 근간은 같다는 사실을 인지하게 된다. 내 처가 식구들은 거의 모든 일로 허구한 날 싸우지만(주로 이탈리아어로 싸워서 나는 서너 단어에 한 번꼴로 알아들을 뿐이다), 정치 얘기만 나오면 대동단결한다. 이는 미국 가족들 사이에서는 보기 드문 일이다. 세상과 사람에 대해 무엇이 옳고 그른지에 관한 합의는 난장판이 된 추수감사절 저녁 식사 자리를 다시 수습할 수 있다. 공유된 가치가 공명하는 회사에서도 마찬가지다.

- **둘째, 의사결정의 청사진이다.** 어려운 결정에 직면했을 때, 방대한 데이터와 직관, 분석이 과정의 일부가 되는 것은 당연하다. 하지만 가치가 가드레일 역할을 해주면 이 과정에 강력한 추진력이 붙는

다. 이 챕터 초반에 언급한 '전화 취소 의무화' 예시처럼, 우리는 회
사를 개선하고 제품과 사람, 성장에 투자하는 방법을 결정할 때 가
치를 활용할 수 있다. 이 과정에 대한 더 많은 예시는 이 챕터 뒷부
분과 책의 다른 곳에서 공유하겠다.

- 셋째, 회고를 위한 평가 기준이다. 대부분의 회사는 지난 결정이나 프
  로젝트, 투자가 유효했는지 되돌아보는 '회고'를 진행하며, 상황에
  따라 ROI나 비용 대비 편익 분석 같은 지표를 사용한다. 여기에 '핵
  심 가치 적합성'을 추가하면 독특한 통찰력을 얻을 수 있고, 가치
  를 강화하며 미래의 투자가 더 성공하도록 도울 수 있다. 일관성과
  헌신은 인간 심리에 강력하게 작용하며, 내부 팀원과 외부 고객,
  그리고 더 넓은 청중이 조직의 가치 수호 의지를 인식할 때 브랜드
  는 실질적인 이득을 얻는다.

우리는 이 가치들이 자명한 진리라고 믿는다

가치 중심 조직들은 초기 단계에서조차 올바른 사람들이 팀에 있
고, 그 사람들이(공유된 미션과 비전과 함께) 공통된 가치를 공유하
는 데서 오는 깨지지 않는 마법이 있음을 증명했다. 너무나 흔한
문제는 창업자와 리더들이 채용과 가치 정렬을 별개로 생각할 때
발생한다.

짐 콜린스는 그의 에세이에서 이를 기막히게 설명한다. "첫
째, 조직의 가치는 '설정'할 수 없고 '발견'할 수 있을 뿐이다. 또한
사람들에게 새로운 핵심 가치를 '설치'할 수도 없다. 핵심 가치는
사람들이 '동의'하는 것이 아니다. 사람들은 이미 그것을 가지고
있어야 한다. 임원들은 종종 묻는다. '어떻게 사람들이 우리 핵심
가치를 공유하게 만들죠?' 못 만든다. 대신, 이미 당신의 핵심 가

치를 공유할 성향이 있는 사람들을 찾는 게 과제다. 그런 사람들을 끌어들이고 유지해야 하며, 그렇지 않은 사람들은 딴 데 가게 놔둬야 한다."

뛰어난 능력이나 실적을 가진 사람을 뽑으면서, 지금은 회사 가치나 문화와 안 맞지만 시간이 지나면 맞출 수 있을 거라고 믿는 것만큼 쉽고 유혹적인 실수는 없다. 나도 내 커리어 내내 이런 오만한 짓을 여러 번 저질렀고, 그때마다 결과는 실망 아니면 재앙이었다.

전문직 세계에서 우리는 능력 위주로 채용하는 데 익숙하다. 대중문화와 오랜 비즈니스 관행은 채용의 목표가 유사한 역할에서 기술과 경험을 증명한 사람을 뽑는 것이라고 우리에게 주입해왔다. 채용 과정에 그걸 포함하는 게 나쁜 건 아니지만, 비범한 결과를 원한다면 그것만 찾아서는 안 된다.

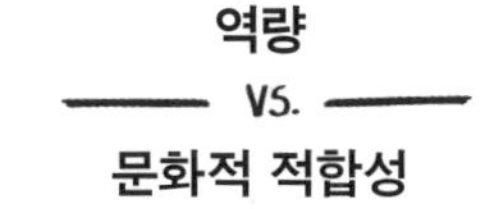

문화적 적합성=공유된 가치, 함께 잘 일하는 능력, 상호 존중 및 신뢰, 팀에 긍정적 에너지 부여
역량 적합성=생산성, 업무 품질, 타고난 지능, 기여도의 ROI(투자 수익률)

대신 핵심 가치와 폭넓은 문화 적합성을 고려하는 채용 프로세스가 필요하다. 당신의 핵심 가치를 믿거나 공유할 성향이 없는 사람을 개조할 수 있다고 오만하게 추정하지 마라. 인터뷰 과정, 온보딩 과정, 기여도를 평가하는 방식에 그 스크리닝을 넣어라. 연봉 인상, 인정, 승진을 결정할 때 그걸 사용해라. 그래야만 팀원들에게 가치가 업무 성과만큼이나 중요하다는 걸 증명할 수 있다.

가치는 끊임없는 경계를 요구한다

직원이 일을 잘하거나 대체하기 힘든 기술을 가졌다는 이유로 가치 불일치나 충돌을 슬쩍 눈감아주는 건 정말 유혹적인 일이다. 하지만 Moz에서 그랬을 때마다 우리는 반드시 역풍을 맞았다. 가끔은 문제가 빨리 터져서 피해가 적었지만, 어떤 때는 가치 충돌이 명백함에도 너무 오래 방치하다가 조직의 사기(morale)를 박살내기도 했다.

마야 안젤루의 조언을 새겨라. "누군가 당신에게 자신의 본모습을 보여주면, 처음부터 그 말을 믿어라."

몇 년 전, Moz는 거대 소프트웨어 기업 출신의 베테랑을 채용했다. 그는 과거 성공적인 제품의 리더십 직책을 맡았다는 빵빵한 추천을 받고 왔다. 하지만 초반부터 그는 팀원들과 마찰을 빚었다. 그는 정치를 잘했고, 매니저나 경영진은 그의 위반 행위가 감당 못 할 수준은 아니라고 생각했다. 불행히도 동료와 부하 직원들, 특히 그의 팀이 아닌 사람들은 Moz의 TAGFEE와 가치 수호에 대한 헌신이 무너지고 있다고 느꼈다. 그들은 우리가 최근 대규모 투자를 받았으니 이런 인간이 "새로운 표준(New

Normal)"이 된 거고, 경영진이 몰라서가 아니라 이제 신경을 안 써서 놔두는 거라고 생각했다. 성과만 내면 계속 데리고 있을 거라고 판단한 거다. 그들의 눈에 Moz는 마법을 잃었고, 리더십은 신뢰를 잃었다. 특히 가치 문제에서 말이다.

그가 떠난 뒤에야 나는 그가 업무적 갈등 외에도 젊은 여성 팀원들에게 성차별적 발언과 농담을 했다는 걸 알았다. 그는 사무실에서 부적절한 주제를 꺼내고, 불쾌한 밈(meme)과 링크를 돌리고, 이미 퇴사한 사람들을 언어 폭력으로 괴롭혔다. 나는 가슴이 무너졌다. 나는 HR 책임자에게 왜 이런 사실을 한 번도 보고하지 않았고 조치도 안 취했냐고 물었다. 그녀의 대답은 충격적이었다. "당신한테 처음 듣는 얘긴데요. 몇 명이 불평하긴 했지만, 이렇게 구체적이진 않았어요."

그의 행동은 보고되지 않았다. 나에게 그 사실을 말해준 몇 명에게 왜 매니저나 HR에 알리지 않았냐고 물었다. 그 대답은 더 가슴 아팠다. "말해봤자 소용없을 것 같아서요." 더 최악은, "다들 알면서도 프로젝트 성과가 좋으니까 신경 안 쓰는 줄 알았어요."

그런 소리를 듣는 건 배에 칼이 꽂히는 기분이었다. 사람과 가치를 소중히 여기는 곳으로 만들려고 내가 그렇게 고생해서 만든 회사가 변해버린 것이다. 우리가 보복적이거나 사악한 사람들을 떼거지로 뽑아서가 아니었다. 몇 명의 사람들(슬프게도 내가 공유한 이 예시 말고도 더 있었다)이 핵심 가치를 반복적으로 어기는 걸 리더십이 눈에 띄게 제재하지 않고 방치했기 때문에, 그런 행동이 '정상'이 되어버린 것이다.

조직에서 가치가 실패하는 세 가지 흔한 방식이 있다.

첫째, 가치가 그저 벽에 걸린 장식품 취급을 받을 때다. 성과가 좋다고(혹은 좋다고 인식된다고) 해서 가치 위반을 눈감아주면, 당신은 진짜 현실을 드러내는 거다. 즉, 가치보다 성과(혹은 정치질)가 더 중요하다는 사실 말이다.

둘째, 실리콘밸리가 스타트업 채용의 필수 요소라고 떠드는 '광적인(cultlike)' 분위기를 만들려고 가치를 만들 때다. "Hustle(무리해서라도 해내라)", "Work hard, play hard", "Get shit done(일단 해내라)", "Always be shipping(항상 출시해라)" 같은 패러디 소재로나 쓰일 법한 가치들을 본 적 있을 거다. 만약 당신이 경쟁 열위가 되더라도 지키고 싶은 가치라면, 그래, 유지해라. 하지만 그저 지원자 꼬시기용 마케팅 문구라면 '가치'라고 부르지 마라. 자신과 직원들에게 솔직해져라. 채용 자료나 내부 은어로는 써도 되지만, 그걸 가치라고 부르며 자신과 남들을 속이려 들지 마라.

진짜 가치는 비용이 든다. 구현하기 어렵다. 많은 사람이(당신이 뽑을 사람은 아니길 바라지만) 동의하지 않을 것이다. 내부든 외부든 사람들은 때때로 가치를 '돈 버는 결정'을 방해하는 장애물로 여길 것이다.

진짜 가치는 돈 버는 것보다 더 중요하게 여기는 진실이다. 갈등이 생길 것이고, 당신은 힘든 결정을 내려야 하며, 왜 그런 선택을 했는지 팀원들에게 보여줘야 한다. 한 번이 아니라 계속해서 보여줘야 조직 내에서 가치가 의미를 갖는다. 왜냐하면 보통은 의미가 없으니까. 사회생활 몇 년만 해봐도 "회사 가치"라는 말에 꽤나 냉소적이 된다. 즉, 당신이 그걸 진지하게 생각한다는 걸 증명하려면 뼈를 깎는 노력을 해야 한다.

돈이 들고 고통스러운 결정을 감수할 생각이 없다면 가치 따위 세우지 마라. 차라리 핵심 가치가 '재무적 성장'과 '금전적 성공'

이라고 해라. 그럼 당신의 솔직함에 감사하는 비슷한 부류의 사람들이 모일 거다. 가치 선언문으로 기대감을 잔뜩 올려놓고 부응하지 못하면, 아무리 연기를 해도 스타트업이 뽑는 똑똑한 인재들을 속일 수 없다. 그들은 진짜 목표(돈이든 뭐든)가 달성되는 한 소위 '가치'라는 건 언제든 짓밟힐 수 있다는 불편한 진실을 알아챈다. 진짜 가치는 힘든 결정을 통해 증명되고, 진짜 고통을 초래했음에도 "옳은 결정이었다"고 인정될 때 강화된다. 직원들이 술자리에서 매출이나 기회를 날린 걸 한탄하며 "음, 회사가 돈보다 X를 진짜 더 믿나 보네"라고 말할 때, 그때가 진짜 핵심 가치가 조직에 자리 잡은 순간이다.

셋째, 가치가 전혀 공개되지 않아 눈치껏 알아내야 할 때다. 이런 환경에서 일하는 건 좌절스럽고 피곤하며, 빨리 적응하지 못하는 사람들을 질리게 한다. 모든 회사에는 불문율과 특이한 점이 있다. 하지만 가치는 명시적이어야 한다. 그건 고용의 운영체제(OS)처럼 작동해서 모든 행동과 결정에 영향을 미치기 때문이다. 비밀스럽고 불문율인 행동 강령을 알아내라고 강요하면, 재능 있는 기여자들을 쫓아내는 꼴이 된다. 더 나쁜 건, 명시적 가치를 통해 얻을 수 있는 채용의 이점을 다 날려버린다는 거다. 당신의 신념을 정의하고, 알리고, 보상하는 수고를 하지 않으면, 채용 과정에서 그런 신념을 공유하는 사람을 찾아낼 방법도 없다.

문화를 공유하고 가치를 공유하는 팀은 거의 항상 그렇지 않은 팀보다 성과가 좋다. 왜냐?

- 유지율(Retention): 무엇을 할지에는 동의하더라도, '어떻게'와 '왜'라는 본질적인 부분에 동의하지 않는 팀원을 붙잡아두기는 어렵

다. 채용으로 팀을 계속 다시 짜는 건 소모적이고 비효율적이다. 사람들은 같은 그룹과 1, 2년은 함께 일했을 때 최고의 성과를 낸다. Namely의 분석에 따르면 미국 스타트업의 평균 근속 기간은 고작 10.8개월이다. 10.8개월! 이걸 늘릴 수 있다면 엄청난 경쟁 우위가 된다.

- 동기부여(Motivation): 좋아하고 신뢰하며 뜻이 맞는 사람들과 일하는 것과, 상대의 전술과 스타일, 윤리 의식을 의심하며 일하는 것의 차이는 천양지차다. 전자는 '선의의 해석(benefit of the doubt, 팀 결속과 생산성의 핵심)'을 이끌어내지만, 후자는 사내 정치질을 조장하고 업무의 질을 떨어뜨린다.

- 응집력(Cohesion): 핵심 가치와 문화라는 연결고리가 있다면, 설령 의견이 다르더라도 로드맵이나 프로젝트에 헌신해달라고 요청하기가 훨씬 수월해진다. 그것이 없다면 설득력 있는 논쟁의 틀이나 의사결정 요소, 고려해 볼 만한 경로에 대한 최소한의 기반 구조조차 없는 셈이다.

동질성은 혁신의 발목을 잡는다

공유된 문화와 가치를 추구할 때 따라오는 치명적인 결함이 하나 있다. 바로 획일성(Uniformity)이다. 스타트업과 초기 벤처는 다양성이 필요하다. 사회학적 의미(즉, 같은 나라 출신의 젊은 백인 남자만 모아놓지 말라는 것)뿐만 아니라, 더 넓은 사고 패턴과 경험의 의미(모두가 똑같이 생각하고 똑같은 경험만 가져오는 것)에서도 그렇다. 다양성 대 공유된 문화. 이 둘은 모순처럼 보일 수 있다. 하지만 아니다. 사실 공유된 문화와 결합된 다양성이야말로 당신이 팀에서 찾아야 할 바로 그것이다. 다양성, 문화, 가치. 이 조합은 복잡하고 어렵게 들린다. 특히 당신의 배경이 다양한 사람이나 가치를 공유하는 사람을 접할 기회가 적었다면 더 그럴 거다. 하지만 이것들이 합쳐질 때 진짜 마법이 일어난다.

큰 걸림돌은 초기 직원들의 다양성이 공유된 문화라는 목표와 충돌하므로 바람직하지 않다는, 아주 하기 쉬운 착각이다. 창업자들에게서 이런 반론을 들으면 피가 거꾸로 솟는다. 이건 문화, 가치, 다양성이 뭔지 근본적으로 잘못 해석한 거다. 창업 팀이나 초기 조직의 다양성을 말할 때, 우리는 다양한 배경, 인종, 나이, 성별, 정체성을 가진 사람들을 채용하는 것을 말한다. 이런 다양한 속성을 가진 사람들은 당신의 문화나 가치와 근본적으로 상충하지 않는다. 유색인종 여성, 장애인 참전 용사, 60대 아시아 남성, 논바이너리 청년 모두 회사가 어떻게 구조화되어야 하고 사람들이 어떻게 협력해야 하는지에 대해 같은 핵심 가치와 신념을 공유할 수 있다.

무작위로 모은 다양한 사람들(혹은 뉴욕 출신 30대 이성애자 백인 남성들)이 반드시 이런 신념을 공유할 거라는 말이 아니다. 내 말은, 이런 신념을 공유하는 다양한 사람들을 채용하는 것이 조직에게 엄청난 이점, 즉 치트키(cheat code)가 된다는 거다. 다양성은 관점, 공감, 창의성을 향상시키기 때문에 엄청나게 바람직하다. 다양한 그룹은 독특한 인생 경험을 가져오고, 결과적으로 획일적인 그룹이 흉내 낼 수 없는 독특한 기여를 한다. 사람들의 의견이 그들의 배경에서 나온 건지 바로 알기는 어렵지만, 6가지 짧은 예시를 들어보겠다.

1 우리가 회사를 키우기 위해 채용을 시작했을 때, 성별 다양성은 큰

차이를 만들었다. 내 어머니가 공동 창업자였고, 사라는 COO였다. 2012년까지 우리 이사회엔 남자보다 여자가 더 많았다. 덕분에 Moz는 시애틀에서 스타트업계 여성들을 환영하고 장려하는 곳으로 보였다. 나는 2009년에 케이트 마츠다이라를 엔지니어링 VP로 채용했다. 그녀는 우리 엔지니어링 관행을 획기적으로 업그레이드한 결정적 인재였다. 남자들만 우글거리는 회사였다면 그녀를 절대 못 데려왔을 거다. 술 친구들만 뽑아서 잠재적 인력의 50% 이상을 배제한다고? 채용이 얼마나 힘든데 그딴 멍청한 짓을 하나.

2   제품 페르소나를 개발할 때, 우리는 역사상 가장 백인스럽고 평범한 이름을 붙였었다. 다행히 생각이 깊고 다양한 배경을 가진 Moz 직원들이 이 관행을 지적했다. 페르소나 이름이 "대졸자 채드(Chad)"라면 대부분은 특정 성별과 배경을 떠올린다. 디자이너는 채드가 작은 글씨를 읽을 수 있다고 가정하고, 엔지니어는 채드가 고급 검색어를 안다고 가정하고, 마케터는 채드가 트위터를 한다고 가정한다. 더 포괄적인 이름과 설명을 사용함으로써, 우리는 우리가 실제로 디자인하는 고객들의 다양성을 더 정확하게 반영하고, 더 접근성 있는 제품을 만들고, 더 사려 깊게 마케팅할 수 있었다.

3   몇 년 전 임원 점심 식사 자리에서 누군가 시애틀 시가 점심 프레젠테이션을 "브라운 백(brown bag)"이라고 부르지 않기로 했다는 애기를 꺼냈다. 나는 이상하다고 생각했는데, 당시 흑인 CTO였던 앤서니가 그 단어가 피부색으로 사람을 분류하는 데 쓰였고, 어릴 때 직접 겪었다고 했다. 우리는 즉시 그 용어를 없애고 "런치 앤 런(lunch and learn)"으로 바꿨다. (미국 태생이 아닌 직원들이 이해하

기도 훨씬 쉬워졌다.)

4 다른 임원 회의에서 우리는 팀 간 협업 그룹을 "부족(tribes)"이라고 불렀는데, 아메리카 원주민 배경을 가진 CMO 아네트가 다른 단어를 쓸 수 없냐고 물었다. 또 한 번 머리를 한 대 맞은 기분이었고, 용어를 바꿨다.

5 사라(현 CEO, 당시 COO)가 임신했을 때, 그녀는 엄마나 예비 엄마들이 편하게 아이를 돌보거나 쉴 수 있는 프라이빗 룸이 없다는 걸 알았다. (화장실 칸은 대안이 될 수 없다.) 그 고통과 인식 덕분에 수유실을 만들 수 있었다. 그녀가 오피스 디자인 팀에 없었다면 우린 그 문제를 인식조차 못 했을 거다.

6 마지막으로, Moz Analytics 첫 버전을 디자인 리뷰할 때, 사라와 여러 여성 팀원들이 디자인 요소(색상, 레이아웃, 폰트 등)에 이의를 제기했다. 그들의 의견을 반영하자 지표가 개선됐다. 색약이 있는 데이비드 밈은 어떤 대비(contrast)가 안 보이는지 알려줬고, 난독증이 있는 시니어 엔지니어 마틴 요크는 오타 자동 수정 기능이 없는 입력 폼을 지적했다. 나이 든 팀원은 줄 간격이 너무 좁아 읽기 힘들다고 했다. 나 혼자서는, 혹은 나랑 배경, 성별, 나이, 능력이 비슷한 놈들끼리는 절대 못 찾아냈을 문제들이다. 다양성은 제품 접근성을 높이고, 참여를 늘리고, 고객 불만을 줄였다.

이것이 초기 스타트업부터 포춘 500대 기업 이사회까지 다양성이 성공과 높은 상관관계를 보이는 이유다.

- 맥킨지 연구 : 성별 다양성이 높은 기업은 그렇지 않은 기업보다 15%, 인종 다양성이 높은 팀은 35% 더 높은 성과를 냈다.

- PE Hub 등 공동 보고서: 성별 균형이 잡힌 투자 팀은 남성 중심 팀보다 3.78배 더 높은 수익을 냈다.
- 퍼스트 라운드 캐피털(First Round Capital): 여성 창업자가 한 명이라도 있는 팀이 남성 팀보다 63% 더 좋은 성과를 냈다.

내가 오늘 새로 창업한다면, 더 좋은 성과와 63%나 상관관계가 높은 기능이 있다면 무슨 짓을 해서라도 넣을 거다. 창업자가 찾아야 할 공유된 속성은 외모나 출신이 아니다. 윤리적 신념과 회사를 운영하는 올바른 방식에 집중해라. 다음과 같은 질문에 겹치는 답을 가진 팀을 원해야 한다.

- 어떤 특성과 행동을 보상하고 인정할 것인가?
- 어떤 것을 지양할 것인가?
- 채용, 승진, 해고의 기준은 무엇인가?
- 무엇이 좋은 사람과 나쁜 사람을 가르는가?
- 해결하기 힘든 갈등을 어떻게 다룰 것인가?
- 선호하는 소통 방식은 무엇이고 왜인가?
- 최고의 성과를 내게 하는 것은 무엇이고, 막는 것은 무엇인가?

테크 기사에서 스타트업이 "문화 적합성"을 본답시고 스타워즈 대 스타트렉 중 뭘 좋아하는지, 어떤 수제 맥주를 좋아하는지 묻는다는 애기를 봤을 거다. 이런 질문은 끔찍하다. "우리랑 같은 동네 출신이고 같은 축구 팀 응원하고 같은 게임 좋아하는 사람"은 조직 성공을 돕는 공유 문화가 아니다. 게다가 의도했든 아니든 경험의 동질성을 가진 사람들에게 편향되게 만든다.

부유한 중산층 출신의 20대 백인 남성은 테크 업계에서 가장 흔한 창업자 유형이다. 나도 여기 속한다. 아버지는 보잉 엔지니어였고 어머니는 디자이너이자 마케터였다. 둘 다 유대계지만 종교생활은 안 했다. 부모님은 꽤 버셨고 검소하셔서 자식 셋 대학 학비를 다 대주셨다. (졸업은 내 여동생만 했지만.) 나는 시애틀 외곽 시골에서 자랐다. 새로운 벤처를 할 때 나 같은 공동 창업자를 찾고 싶은 유혹이 얼마나 큰지 안다. 나는 시애틀에 살고, 중산층에서 자랐고, 30대 중반이고, 애 없고, 게임 좋아하고, 시호크스(Seahawks) 응원하는 백인이나 아시아 남자들을 이미 많이 안다.

이미 알고, 잘 지내고, 관심사와 열정이 같은 친구들과 창업하는 게 뭐가 문제냐고? 더해지는 게 없다(It's not additive). 비슷한 배경과 정체성을 가진 나와 내 친구들이 뭉쳐봤자 시야는 아주 쥐꼬리만큼 넓어질 뿐이다. 아무리 노력해도 우리의 관점은 우리가 누구고, 어디 살았고, 뭘 겪었는지에 의해 색칠된다. 다양성의 이점은 우리에게서 사라진다. 결과적으로 우리가 만드는 무엇이든 더 넓은 집단에 공감하고, 디자인하고, 마케팅하고, 서비스하는 능력은 제한될 것이다. 또한 다양한 초기 직원을 뽑기도 더 어려워질 거고, 이는 장기적으로 채용과 팀 구성에 도미노 효과를 미친다. 왜 그렇게 많은 스타트업이 획일적인지, 왜 전 세계 인구의 아주 얇은 조각만 겪는 문제만 해결하려고 하는지 궁금하다면, 더 볼 것도 없다. 대개 의도적이거나 사악해서가 아니라, 인터뷰 질문 설계, 구인 공고 올리는 곳, 지인 채용 관행 같은 뿌리 깊은 시스템적 요인 때문이다.

Moz 자체도 다양성 문제, 특히 기술 직군에서 엄청나게 고전했다. 우리가 이런 내재적 편향의 희생양이 되었기 때문이다.

우리는 익숙한 경험을 찾았다. 이미 아는 사람들을 통해 초기 직원을 구했다. 채용 풀을 다양하게 만들려는 의도적인 노력을 하지 않았다. 많은 회사처럼 우리도 다양성에 대해 별생각 없다가, 어느 날 보니 끔찍했다. 2012년 Moz 엔지니어의 90% 이상이 20~30대 백인이나 아시아 남성이었다. 여성과 흑인 남성이 CTO를 맡았음에도 불구하고 우리는 테크 업계의 획일적 문화를 보여주는 포스터 그 자체였다.

우리는 다양성뿐만 아니라 공유된 문화와 가치에서도 고전했다. 경험, 기술, 능력만 보고 뽑았지, 그들이 TAGFEE를 지지하는지, Moz의 방식에 동의하는지 확인하는 일관된 절차가 없었다. 우리는 1년 만에 두 문제를 다 해결했다.

첫째, "TAGFEE 스크린"이라는 새로운 절차를 만들었다. 채용하는 팀이 아닌 다른 팀 멤버가 후보자와 시간을 보내며 가치와 문화 정렬을 확인하는 인터뷰다. 예를 들어 빅데이터 팀이 엔지니어를 뽑으면, 고객 지원팀 두 명이 점심을 같이 먹으며 가치 얘기를 한다. 만약 고객 지원팀이 "이 사람 TAGFEE랑 안 맞는데?"라고 하면, 엔지니어링 팀이 기술적으로 완벽하다고 해도 채용을 거부할 수 있다.

둘째, 다양성 관행을 들여다봤다. 놀랍지 않게도 후보자 대부분이 내부 추천으로 들어왔다. 당연히 다양성은 쥐뿔도 없었다. 우리는 의도적으로 변화를 주기 위해 지역 프로그램에 투자하고 지원했다. 육아로 경력이 단절된 부모(주로 엄마)를 위한 리턴십(Returnship), 여성 코딩 교육 프로그램 에이다 개발자 아카데미(Ada Developers Academy), 소외 계층 아이들에게 STEM 교육을 제공하는 TAF 아카데미 등이다. 우리가 놓치고 있던 잠재적 후보자들에게 노출되는 게 목표였다.

결과는 놀라웠다. 시행 2년 후, 엔지니어링 조직의 성비와 배경 다양성이 개선되었고, 유색인종과 여성 엔지니어 수가 3배 이상 늘었다(아직 갈 길은 멀지만). 고객 성공, 재무, 마케팅, 제품, 시설 등 다른 부서도 더 다양해졌다. 우리는 몰랐던 구인 공고 사이트를 찾았고, 다양한 후보자의 지원을 막고 있던 언어를 발견했으며, 더 넓은 지원자 그룹을 끌어올 새로운 네트워크를 찾았다.

팁: 우리는 구인 공고와 회사 소개 페이지에 포괄적이고 편향되지 않은 언어를 쓰기 위해 Textio(https://textio.com/)를) 쓴다. 무료나 저렴한 옵션도 있으니 확인해 봐라.

공유 가치와 문화 측면에서도 비슷한 개선을 보였다. 2011년부터 2013년까지 우리는 너무 빨리 채용했다. 이 시기 입사자들은 직무 만족도가 낮았고 자발적 퇴사율이 높았다. TAGFEE 스크린을 도입하고 인터뷰에서 문화와 가치에 더 집중한 후, 자발적 유지율이 개선됐다. 내 생각엔 신규 입사자의 수준도 높아졌다. 팀들은 그 어느 때보다 더 잘 협력하고, 더 많은 일을 하고, 더 높은 퀄리티의 결과를 내고 있다.

맨땅에서 팀을 꾸리거나 초기 채용 단계에 있다면, 우리의 실수와 데이터에서 배우길 바란다. 어떤 행동이 질책의 대상이 되는지보다, 무엇이 승진과 급여 인상의 근거가 되는지에 대해 당신과 신념을 공유하는 사람을 뽑아라. 당신의 가치에 자연스럽게 이끌리고, 그 가치를 지키기 위해서라면 단기적인 성장이나 금전적 성과를 기꺼이 희생할 준비가 된 조직에서 일하고 싶어 하는 사람을 뽑아라. 하지만 당신과 똑같이 생기고 똑같은 경험으로 세상을 보는 사람만 뽑지는 마라. 다양성을 의도적으로 추구해서 고성능 잠재력과 폭넓은 고객 공감 능력을 키워라. 이 두 요소가 결합될 때 놀라운 팀의 기반이 다져진다.

Chapter 11

고객과 인플루언서의 삶 속으로 들어가는 것, 그것이 유일한 치트키다

"소프트웨어를 만드는 훌륭한 방법은 자기 자신의 문제를 해결하는 것에서부터 시작하는 것이다. 그러면 당신이 곧 타깃 오디언스가 되기에 무엇이 중요하고 무엇이 중요하지 않은지 정확히 파악하게 된다. 이는 획기적인 제품을 내놓는 데 있어 유리한 고지를 선점하게 해준다."

— 제이슨 프라이드(Jason Fried), 2006년 3월

나는 내가 엄청난 아이디어를 가졌다고 생각했다. 그 아이디어가 마케팅 세계를 변화시킬 것이라 믿었다. 모든 기업에 필요한 소프트웨어 세트를 우리가 만들게 될 것이라 확신했다. 그리고 그것이 Moz의 성장과 매출을 로켓처럼 쏘아올릴 것이라 생각했다. 하지만 내 생각은 틀렸다.

2011년, 당시 Moz의 CPO(제품최고책임자)였던 아담 펠드스타인과 나는 "Moz Analytics"라 불리는 프로젝트를 계획하기 위해 마주 앉았다. 이 새로운 제품은 나의 막연한 추측, 아니 하나의 이론에서 시작되었다. 가까운 미래에는 소셜 미디어 마케팅, 검색 엔진 최적화(SEO), 콘텐츠 마케팅, 홍보(PR), 온라인 브랜드 마케팅이라는 개별적인 관행들이 결국 조직 내의 한 사람이나 한 그룹이 수행하는 단일 전술로 통합될 것이라는 이론이었다.

나는 소셜 미디어와 콘텐츠 마케팅이 서로를 어떻게 북돋아 주는지 목격했다. 수많은 PR과 브랜드 구축 노력이 SEO와 결합되고 있다는 글을 쓰고, 컨퍼런스에서 떠들고 다녔다. 몇몇 조직이 이미 이런 관행들을 결합해 부분의 합보다 더 큰 수익을 창출하는 놀라운 플라이휠(Flywheel)을 만드는 것도 보았다. 나는 실무자들이 노력을 최적화하고, 진행 상황을 추적하며, 경쟁사와 비교하기 위해 서로 연동되는 도구들을 필요로 할 것이라 확신했다.

내가 아이디어를 외부에서 검증하려는 생각은 조금도 하지 않았다는 사실이 보이는가? 문단마다 거의 모든 문장이 "나(I)"로 시작하는 것이 보이는가? 곧 닥쳐올 재앙의 그림자가 그려질 것이다.

사라진 전환율의 미스터리

2년 넘게 계획하고 개발한 끝에, 2013년 11월 우리는 마침내 Moz Analytics를 출시했다. 9만 명이 넘는 사람들이 제품 미리보기를 확인했고 출시 알림을 신청했다. 우리 역사상 가장 성공적인 제품 마케팅 캠페인이었고, 커뮤니티의 반응은 가슴이 벅차오를 정도로 대단했다. 매일 우리는 제품에 무엇이 담길지, 업무에 어떻게 도움이 될지에 대한 새로운 추측성 토론들을 찾아볼 수 있었다. 마케팅 전문가를 위한 비즈니스 도구가 아니라 마치 블록버스터 영화를 개봉하는 기분이었다.

하지만 내부적으로 우리는 고전을 면치 못하고 있었다. 출시일은 다섯 번이나 밀렸다. 제품 엔지니어링 리드를 교체해야 했고, 기능들이 잘려 나갔으며, 나중에는 제품의 특정 섹션 전체를 통째로 덜어내야 했다. 우리가 내놓은 버전은 버그투성이에 미완성이었다. 하지만 그보다 최악이었던 건, 그게 고객이 원하던 제품이 아니었다는 사실이다.

그달, 나는 Moz 전 직원을 대상으로 한 프레젠테이션(CEO로서의 내 마지막 발표였다)에서 무엇이 잘못되었으며 현재 우리가 어떤 상황에 처해 있는지 상세히 설명했다. 오른쪽 슬라이드(그림 1)는 그 도입부(setup)였다. 그리고 다음 슬라이드(그림 2)가 결정타였다.

우리 신제품에 관심이 있다고 답했던 90,545명 중, 실제로 최소 한 달간 서비스 요금을 지불한 사람은 고작 2.3%에 불과했다. 더 끔찍한 사실은, 이 고객들이 이전 제품의 고객들보다 훨씬 더 높은 비율로 구독을 해지하고 이탈했다는 점이다. 신제품이 고객에게나 우리 순이익 측면에서나 이전 제품만큼의 성과를 내기까

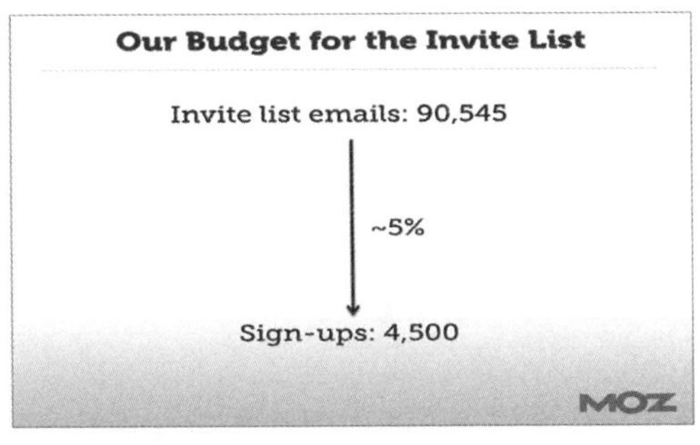

그림 1

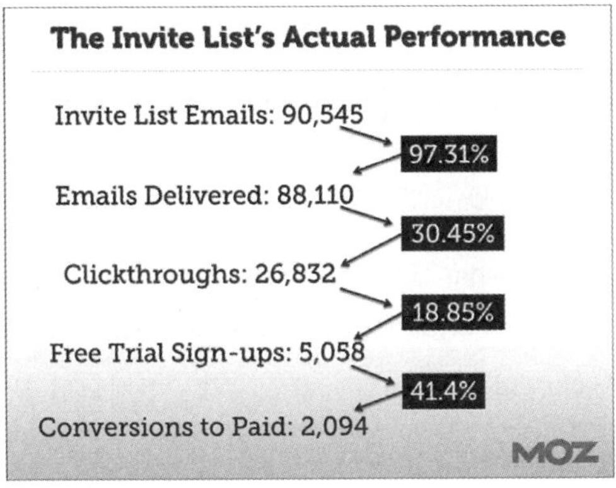

그림 2

지는 꼬박 1년의 추가 작업이 필요했다.

도대체 무엇을 잘못한 걸까?

첫째, 우리는 소프트웨어를 만들 수 있는 최악의 방식으로 만들었다. 최종 완성품의 작은 핵심(Kernel)부터 만든 다음 만족스럽고 유용한 결과물이 나올 때까지 반복하고 추가하는 대신, 거대한 작업 범위를 설계해 놓고 대규모 엔지니어 그룹(내부 직원과 외주 인력 모두)에게 나중에 조립될지 알 수 없는 별개의 조각들을 작업하게 시켰다. 여러 외주 그룹이 납품에 실패했고, 내부 엔지니어링 그룹들도 마찬가지였다. 모두가 사기 저하에 시달렸다. 일정은

171

한 번에 몇 달씩 뒤로 밀렸다. 최종 출시 몇 주 전까지도 툴 세트의 어떤 버전도 보여줄 수 없었고, 그로 인해 상황을 개선하거나 제품을 다시 생각할 수 있는 귀중한 고객 피드백과 시간을 모두 놓치고 말았다.

둘째, 지연 때문에 우리는 가능한 한 빨리 출시해야 한다는 감당하기 힘든 압박을 느꼈다. 출시 몇 주 전 고객 테스트에서 수많은 버그와 불만이 쏟아져 나왔음에도, 회사와 리더십 팀의 사기가 바닥을 쳤기에 우리는 출시에 필사적이었다. 일단 "적당히 쓸만한(good-enough)" 제품을 내놓고, 나중에 훌륭하게 고치면 된다고 생각했다.

하지만 그거 아는가? 사람들은 첫인상으로 판단한다. 26,832명이 Moz Analytics 발표 페이지를 방문해 기능을 확인했을 때, 그들 대부분은 떠났고 다시는 돌아오지 않았다. 제품을 써본 많은 사람도 별 감흥을 느끼지 못했다. "업계의 소문"(웹 포럼, 컨퍼런스 홀, 소셜 미디어 토론)은 Moz가 제값을 못하는 형편없는 신제품을 내놨다고 떠들었다. 그 평판은 성장이 멈춘 3년 동안 우리를 끈질기게 괴롭혔다.

셋째, 우리는 전적으로 하나의 이론—결국 틀린 것으로 판명된 이론—에 기반해 제품을 만드는 데 수년을 허비했다. 소셜 미디어 마케팅, SEO, 콘텐츠 전략, PR, 그리고 그 외 모든 "언드 미디어(Earned Media)" 관행이 결합되어 한 사람이나 팀의 책임이 될 것이라는 내 예측이 있은 지 5년이 지났지만, 온라인 마케팅은 여전히 그 어느 때보다 전문화되어 있다. 나는 내 분야 지식과 사람들의 니즈를 예측하는 능력을 너무 과신한 나머지, 그 가정을 검증하는 데 필요한 진짜 조사를 하지 않았다. 고객이나 잠재 고객과 시간을 보내는 대신, 제품 디자이너나 엔지니어들과 어울리며 우리가 만들 수 있는 기상천외한 기능들을 몽상하는 데 시간을 썼다.

그 저주받을 제품을 출시하기 불과 몇 주 전인 2013년 10월이 되어서야, 나는 몇 년 전에 했어야 할 일을 했다. 바로 고객의 입장이 되어보는 것이었다.

만약 당신이 대규모 소프트웨어 프로젝트를 맡게 된다면, 우리의 실수로부터 교훈을 얻길 바란다. 우선 구현하려는 결과물의 기능을 가장 핵심적인 최소 단위까지 쳐내라. 그리고 그것을 신뢰할 수 있는 사람들에게 보여주고 피드백을 받아라. 핵심 가치(기본기)를 확실히 잡아라. 그러고 나서 기능을 하나씩 추가해라. 기능, 데이터, 속성, 시각적 요소 등을 하나씩 더해가며 조언가들과 베타 고객들에게 보여줄 새로운 결과물을 만들어라. 하지만 이들 집단에서 "이거 정말 대단하네요, 이제 이 도구 없이는 못 살 것 같아요!"라는 열광적인 반응이 터져 나오기 전까지는 절대, 무슨 일이 있어도 대대적인 출시를 감행하지 마라.

80년대 고전 영화 〈대역전(Trading Places)〉을 찍었던 그때

윌 레이놀즈(Will Reynolds)는 필라델피아에 있는 150명 규모의 웹 마케팅 에이전시인 SEER Interactive의 창립자다. 훌륭한 평판, 10년의 꾸준한 성장, 인상적인 클라이언트 포트폴리오를 자랑하는 곳이다. 윌과 나는 수많은 행사에서 시간을 보내고, 꽤 많은 저녁 식사와 뒤풀이 자리를 함께하며 오랫동안 친구로 지냈다. 우리 둘 다 자기주장이 강하고, 마케팅 세상을 더 나은 곳으로 만들고 싶어 하며, 바닥부터 회사를 일군 경험이 있다.

어쩌다 보니 2012년 어느 날 밤, 필라델피아의 한 술집에서 우리는 위스키를 몇 잔 걸치고는 다가오는 10월에 각자 자신의 삶에서 일주일 동안 떠나 서로의 삶을 살아보자고 결정했다. 보통은 술집 밖을 나가는 순간 잊히는 그런 종류의 대화였다. '서로의 이메일에 답장해주자! 서로의 집에서 살자! 이름만 CEO인 게 아니라, 진짜 의사결정 권한도 갖는 거야!' 다음 날 아침 술이 깼을 때도 왠지 그게 좋은 아이디어 같아서, 우리는 진짜로 실행에 옮겼다.

10월 4일 금요일, 나는 아내 제럴딘과 함께 필라델피아로 날아갔다. 우리는 택시를 타고 노던 리버티스에 있는 윌의 집으로 갔다. 나는 그의 개 콜트레인을 돌보는 법을 배웠다. 윌은 우리가 여행을 너무 많이 다녀서 집 안의 화초를 이미 다 죽여놨다는 걸 알게 됐다. 우리는 이메일 로그인과 중요 비밀번호를 교환했다. 서로의 일정에 있는 주요 프로젝트와 미팅에 대해 설명해 주었다. 집 열쇠를 바꿨다. 그리고 토요일, 윌은 시애틀로 날아가 우리 캐피톨 힐 아파트에 들어갔다.

그 일주일은 말로 다 할 수 없을 만큼 힘들고, 강렬하고, 보람찼다.

다른 사람의 이메일을 관리하는 것만으로도 엄청난 일이었다. 나는 새로운 사람들에 대해 조사하고, 프로젝트에 대해 배우고, 맥락을 알기 위해 윌의 동료들에게 도움을 청하고, 끊임없이 내 최고의 판단력을 발휘해야 했다. 나는 윌의 어머니가 보낸 이메일에 답장했다(즐겁게도 난 지금도 가끔 그녀와 이메일을 주고받는다). 잠재 고객들과의 통화 일정을 잡았다. 윌에게 "이번 주는 평소처럼 이메일을 처리하라"는 지시를 받은 SEER의 기존 고객들과 팀원들에게 응답했다.

윌은 하루를 일찍 시작한다. 난 올빼미족이다. 시차 때문에 윌의 일정은 내 것보다 이미 3시간이나 앞서 있었다. 시애틀 시간으로 새벽 5시에 사무실에 출근하는 건 죽을 맛이었지만, 난 어떻게든 해냈다. 윌의 비서인 스테파니는 엄청나게 친절하면서도 소름 돋게 엄격했다. 그녀는 내 일정을 거의 매일, 쉴 틈 없이 회의, 행사, 각종 일대일 미팅으로 꽉 채워놨다. 내 훌륭한 비서 니키도 윌에게 똑같이 했다. 우린 둘 다 아직도 서로의 비서를 극찬한다. (비서를 고용할 여유가 있다면, 당장 해라! 장담컨대 생산성이 세 배는 뛸 것이다.)

나는 윌의 팀원들에게 그들이 클라이언트 프로젝트를 수행하는 방식과 Moz의 툴을 포함해 경쟁사 툴을 프로세스에서 어떻게 사용하는지에 대해 멘토링을 받았다. SEER의 CFO인 래리 와델의 도움으로 그들이 어떻게 고객을 유치하고, 파도처럼 오르내리는 고객 수요의 복잡함을 어떻게 관리하는지 파고들었다. 나는 SEER의 재정, 관리 구조, 승진 기준, 팀의 강점과 약점에 대해 배웠다.

심지어 목요일에는 윌의 직원 중 한 명이 2주 뒤 퇴사하겠다고 통보하는 돌발 상황까지 발생했다. 놀랍게도 시애틀에 있는 윌에게도 똑같은 일이 벌어졌는데, Moz의 시니어 엔지니어 한 명이 퇴사 의사를 밝힌 것이다.

우리는 서로의 일만 한 게 아니었다. 서로의 삶을 살았다. 제럴딘과 나는 필라델피아의 '로날드 맥도날드 하우스'에서 봉사 활동을 했다(윌이 몇 달 전에 약속해 둔 것이었다). 나는 노숙 청소년들의 주거와 지원 서비스를 돕는 자선단체 '커버넌트 하우스'와의 월례 회의에 참석했다. 우리는 윌의 아내 노라(일 때문에 맞바꾸기에 참여 못한)와 저녁을 먹었다. 나는 콜트레인에게 밥을 주고 사무실에 데려갔다. 월요일엔 모든 게 어색했지만, 금요일쯤 되자 우리 둘 다, 그리고 각자의 팀들도 이 맞교환에 놀라울 정도로 편안해지고 익숙해졌다.

나는 구글 광고팀과의 회의에 참석했고, 두 곳의 잠재 고객에게 SEER의 서비스를 피칭했다(한 건은 성사시켰고 다른 하나는 놓쳤다). 몇몇 SEER 직원들이 나를 챙겨주며 그들이 구축한 프로세스를 보여주고, 사이트 감사(Audit)의 세부 사항, 키워드 조사 과정, 고객 광고비 계정 관리 방법 등을 설명해 주었다.

나는 SEER의 컨설턴트들이 툴을 사용하는 걸 지켜봤다. 때로는 Moz의 툴이었고, 때로는 경쟁사의 툴이었다. 두 가지가 눈에 확 들어왔다.

첫째, 모든 데이터 포인트는 검증이 필요했다. Moz의 툴이 '사이트 A에서 사이트 B로 가는 링크가 있다'거나 '페이지 X에 특정 문제가 있다'고 보고하면, 컨설턴트는 직접 수동으로 확인했다. 진짜 링크가 존재하는지, 보고된 문제가 실재하는지 무작위로 샘플을 뽑아(spot-check) 확인한 뒤에야 그들은 결과를 신뢰했다. 만약 불일치를 발견하면? 그들은 미련 없이 다른 툴로 갈아타거나, 심지어 완전히 수동 프로세스로 전환해버렸다.

둘째, SEER의 컨설턴트들은 상황에 따라 하나의 초전문적인 솔루션에서 다른 솔루션으로 기꺼이 갈아탔다. Moz의 키워드 데이터가 부실하면 SEMRush나 Übersuggest, 구글 애즈를 썼다. 우리 링크 데이터가 포괄적이지 않으면 Ahrefs나 Majestic으로 옮겨갔다. 툴 제공업체에 대한 브랜드 충성도 따윈 없었으며, UI가 바뀌거나 다른 툴에 로그인하고 추가 요금을 내는 일, 혹은 다른 포맷의 데이터를 다루는 것에 대한 전환 비용(switching cost)이나 심리적 장벽도 거의 없어 보였다.

올인원 툴 세트가 만들어줄 것이라 생각했던 이점들이 내 눈앞에서 산산조각 나고 있었다.

윌의 직업적 삶과 SEER의 내부 작동 방식에 노출된 것은 나를 완전히 바꿔놓았다. 약간의 기믹(Gimmick)으로 시작했던 일이 상상할 수 있는 가장 강렬한 '고객 공감 속성 코스'가 되었다. 단순히 고객이 우리 제품을 쓰는 걸 지켜보는 수준이 아니라, SEO 에이전시의 고충을 먹고 자고 숨 쉬며 그들의 삶을 직접 살았다. 그 일주일은 현실이 내 예상과 얼마나 다른지 뼈저리게 느끼게 해주었고, Moz Analytics에 대한 시장의 저조한 반응과 맞물려 내가 업계에 대해 안다고 자부했던 모든 것을 의심하게 만들었다.

나는 그 뼈저린 교훈이 절실했다. 더 일찍 겪었더라면 좋았을 것이다. 출시 범위를 바꾸기엔 너무 늦었고, 나침반도 없이 항해를 시작했다고 동료들과 나 자신에게 경고하기 위해 과거로 돌아가는 건 불가능했다. 하지만 윌의 입장이 되어 보낸 그 일주일 덕분에, 나는 그 이후 추진한 모든 계획과 제품에 대해 더 사려 깊게 고민하게 됐다. 더 이상 내 판단만 전적으로 신뢰하지 않는다. 나는 인터뷰와 테스트뿐만 아니라, 스스로 그 일을 해보고, 경쟁사 제품으로 업무를 완수해보고, 업계 동료들과 시간을 보내며 실제 프로젝트를 옆에서 같이 작업해보는 방식으로 가설을 검증한다.

내가 만든 또 다른 큰 변화는 컨설팅 업계로의 복귀였다. 도움을 주고 돈을 받진 않았지만, SEER에서의 경험은 내가 이론만 늘어놓고 예언질만 할 게 아니라 실제로 손을 더럽히는 것이 얼마나 중요한지 깨닫게 해주었다. 현재 내가 참여하는 프로젝트 대부분은 비영리 단체를 위한 것이거나, 내가 돕고 싶어 하는 개인적·직업적 지인들과 관련된 일들이다. 스타트업 마케팅 팀과 단 반나절만 세션을 함께 해도, 우리 솔루션이나 시중에 나온 툴들이 놓치고 있는 거대한 사각지대를 단숨에 포착할 수 있다. 그렇게 얻은 설익은 아이디어들을 가지고 Moz로 돌아와, 이것이 정말 추구할 만한 가치가 있는 기회인지 아니면 단순한 일회성 문제인지 결정하기 전에 반복적인 검증을 거칠 수 있다.

인생 맞교환이 불가능하다면…

고객의 삶을 살아보는 방법은 많다. 하지만 그전에 당신은 그들을 '페르소나'나 '영업 타깃'이 아니라 하나의 '사람'으로 마주해야 한다. 우리 제품 팀이나 엔지니어링 팀이 사용자 인터뷰와 리뷰 데이터를 훑어볼 때, 고객들이 이미 사용 중인 프로세스보다 아주 조금 더 나은 수준의 기능만 만드는 경향이 있음을 반복적으로 확인했다.

이는 우리가 전문적인 환경에서 데이터를 사용하도록 훈련받고, 그 방식에 길들여졌기 때문이라고 생각한다. 우리는 숫자를 보고 분석하며, 데이터가 가리키는 방향으로 의사결정을 내린다.

사람들의 재정 관리를 돕는 소프트웨어를 만든다고 가정해보자. 당신은 대규모 집단을 대상으로 소비 습관, 추적하고 싶은 정보, 현재 재정 관리의 고충에 대해 설문 조사한다. 조사 결과 가장 중요한 10가지 소비 카테고리가 밝혀지고, 시간 흐름에 따른 소비 비율과 총지출액 데이터가 중요하다는 결론에 도달한다. 결국 당신은 거의 모든 주요 은행과 카드사가 제공하는 것과 똑같은 앱을 만들게 된다.

하지만 만약 당신이 그 사람들을 개인적으로 알고, 그들이 은행 업무와 재정 계획을 세울 때 곁에서 시간을 보냈다면 어땠을까? '소비 후 분석'은 '쓰기 전 알림'이나 '목표 대비 진행 상황 추적', 혹은 '건전한 소비와 저축에 대한 보상'만큼 중요하지 않다는 사실을 깨달았을지도 모른다. (사실 이런 기능들은 고객의 지출을 줄이게 만들어, 고객이 돈을 더 쓰길 원하는 금융 기관의 목표와 상충한다. 그래서 그들의 앱 기능에는 좀처럼 포함되지 않는다.)

페이스북은 몇 년 전 이와 관련해 반면교사 삼을 만한 사례를 보여주었다. 내부 데이터에 따르면 많은 사용자가 과거 사진을 보며 추억에 잠기는 것을 좋아했다. 높은 참여율에 고무된 페이스북은 '나의 한 해 돌아보기(Your Year in Review)' 기능을 출시했다. 대다수가 환호했지만, 비극적인 사건을 겪은 일부 사용자에게는 예상치 못한, 가슴 찢어지는 고통이 되어 뉴스 헤드라인을 장식했다.

에릭 마이어(Eric Meyer)는 '의도치 않은 알고리즘의 잔인함(Inadvertent Algorithmic Cruelty)'이라는 유명한 글을 통해, 딸을 잃은 뒤 페이스북이 불쑥불쑥 딸의 사진과 추억을 들이밀었을 때의 경험을 서술했다. 데이터는 명확했지만, 페이스북 고객 중 중요한 소수 집단의 실제 삶에 대한 공감이 결여되어 있었다. 만약 이 기능을 만든 엔지니어가 에릭과 같은 아픔을 겪었거나 그런 이웃을 잘 알았더라면, 비극을 겪은 이들을 위한 예외 처리 로직이 탑재된 채로 제품이 출시되었을 것이라 믿고 싶다.

제품 디자인과 개발에서 어떻게 공감하는 위치에 도달할 수 있을까? 당신과 당신 팀이 정기적으로 고객에게 노출되게 만들어라.

　　나와 윌의 CEO 맞교환 같은 극단적인 노력이 될 수도 있고, 더 미묘한 행동일 수도 있다. Moz의 제품 팀과 내가 일해본 다른 스타트업들에서 특히 효과가 좋았던 몇 가지 방법은 다음과 같다.

- 컨퍼런스와 행사 : 행사에서 연설하는 것도 마케팅 가치가 크지만, 우리 툴을 필요로 하고 사용하는 현업 전문가들에게 노출되는 것 또한 가치가 크다. 복도에서의 대화, 세션 Q&A, 커피 미팅, 뒤풀이는 당신에게 관점과 통찰력을 줄 수 있는 광범위한 경험 사례를 제공한다. 단, 고객 공감 문제의 핵심을 찌르는 몇 가지 일관되고 개방형인 질문을 준비하라.

- 자원봉사/수습/인턴십 : 몇몇 스타트업 창업자와 제품 책임자들은 고객의 일상 업무, 도전 과제, 현재 솔루션이 어떤지 배우기 위해 고객사에서 하루, 일주일, 심지어 몇 달 동안 (공식적이든 비공식적이든) 수습이나 인턴으로 자원봉사하는 혁신적인 조치를 취했다. 초기 단계이고 당신이 섬겨야 할 고객이 되어볼 여력이 있다면(아주 짧은 기간이라도), 강력 추천한다.

- 유료 또는 무료(Pro Bono) 컨설팅 : 이게 Moz가 시작한 방식이다. 우리는 먼저 컨설턴트였고, 우리에게 필요한 소프트웨어를 만들었고, 블로그를 통해 구축한 더 넓은 청중에게 그것을 공개했다. 요즘 나는 무료 컨설팅을 통해 이 일을 하고 있고, Moz의 다른 제품 기여자들 중 몇몇은 여전히 독립적인 유료 컨설팅을 한다. 컨설팅이 타깃 고객이 직면한 문제나 업무에 대해 항상 완벽한 통찰력을 제공하는 건 아니지만(고객도 컨설턴트가 아닌 이상), 다른 방식으로는 얻을 수 없는 경험과 관계를 쌓게 해준다.

- **가르치기**: 가르치는 건 주제나 프로세스를 깊이 이해해야 할 뿐만 아니라, 광범위한 현직자나 예비 현직자들에게 노출되게 해준다. 사람들에게 프로세스의 '무엇'과 '어떻게'를 보여주면서 쌓이는 관계는 공감 능력을 키워준다. 수많은 교수와 교육자가 스타트업 자문으로 영입되는 건 우연이 아니다.

- **채용 또는 계약**: 당신이나 현재 팀이 고객의 프로세스에 깊이 파고들 여력이나 열정이 없다면, 이 공백을 메워줄 사람을 채용하는 것도 부끄러운 일이 아니다. 우리는 Moz에서 이 분야를 잘 알고 수십 가지 툴을 수년 동안 사용해 온 SEO 전문가들을 여러 번 채용해 더 나은 소프트웨어를 만드는 데 도움을 받았다. 핵심은 자신의 문제만 보는 게 아니라, 자신의 문제를 더 글로벌한 솔루션으로 번역할 수 있고 제품 중심의 사고방식을 가진 사람을 찾아내는 것이다. 우리는 소셜 미디어와 블로그 세계를 통해, 전체적인 공감 패턴 매칭에 능하고 업계 전체를 돕는 데 기여해 온 사람들을 찾아내 채용했을 때 가장 좋은 성과를 냈다.

다행히도, Moz Analytics에서의 실수로부터 배운 덕분에 몇 넌 뒤 나는 새로운 제품을 만들 두 번째 기회를 얻었다. 다음 챕터에서는 우리가 어떻게 했는지, 그리고 그것이 왜 그렇게 잘 통했는지 복기해보겠다.

Chapter 12.

위대한 제품치고
'최소 기능 제품(MVP)'인 경우는 거의 없다

"출시한 제품의 첫 번째 버전이 쪽팔리지 않다면,
당신은 너무 늦게 출시한 셈이다."

— 리드 호프만, 2011년 3월

지난 10년 동안, '린 스타트업(lean startup)' 운동은 그 어떤 것보다 제품 디자이너, 엔지니어, 그리고 기업가들의 접근 방식에 지대한 영향을 끼쳤다. 그 기본 개념은 거부하기 힘들 만큼 매력적이다. 당신이 해결하려는 문제가 진짜 고객이 돈을 내거나 사용할 만큼 중요한지 검증하기 위해, 최소한의 시간과 노력만 들여 제품(그리고 회사)의 초기 버전을 만들라는 것이다. 이 '최소 존속 가능 제품(MVP, Minimum Viable Product)'은 더 빨리 배우고, 더 빨리 개선하고(iterate), 더 적은 돈으로 더 오래 살아남도록 도와준다. 이는 신생 기업과 신제품 개발을 괴롭히는, 종종 조기에 죽여버리기도 하는 수많은 문제를 극복하는 강력한 방법이다.

하지만 그 결과, 사람들은 쓰레기 같고 간신히 작동만 하는 제품을 수도 없이 찍어내기에 이르렀다.

MVP가 나오면 많은 걸 배울 수 있겠지 (개소리다)

2014년 말에서 2015년 초, 나는 Moz의 빅데이터 및 데이터 과학 팀과 함께 사람들이 구글이 스팸으로 간주할 만한 웹사이트를 식별하도록 돕는 MVP를 설계했다. 우리는 웹 스팸과 SEO 분야에 대한 몇 가지 가정에서 출발했고, 연구와 고객 인터뷰를 통해 이를 검증했다.

1   스팸 사이트로부터 링크를 받으면 구글 순위와 노출에 해가 될 수 있다.

2   구글이 딱지를 붙여주지 않기 때문에 어떤 사이트가 스팸인지 알기 어렵다. (만약 알려준다면 스패머들이 구글 필터를 통과하는 기준을 쉽게 알게 될 테니까.)

3   특정 웹사이트와 관련해 구글 검색을 해봤을 때, 당연히 순위에
    올라야 할 용어나 문구에서 그 사이트가 보이지 않는다면 구글이
    그 사이트에 스팸 페널티를 주었거나 밴(ban)시켰을 확률이 높다.
    (예 : "Moz"나 "Moz.com"을 쳤는데 Moz.com이 첫 페이지에 없다면
    뭔가 잘못된 거다.)

4   만약 스팸 사이트가 당신을 링크했다면, 구글은 구글 서치 콘솔
    (Google Search Console)의 "링크 거부 도구(disavow tool)"를 쓰
    라고 권장한다. 하지만 엄청나게 조심해야 한다. 스팸이 아닌 링크
    를 거부했다가는 트래픽이 곤두박질칠 수 있으니까.
    (당시 Moz의 SEO 헤드였던 사이러스 셰퍼드가 자기 사이트의 모든
    링크를 거부하는 실험을 했다가 순위가 나락으로 떨어졌다… 좋은
    교훈이었다.*)

인터뷰 대상자 중 다수가 구글 페널티에 대한 공포에 시달리고
있었으며, 스팸 링크 여부를 끊임없이 확인하고 검증하는 작업
때문에 미칠 지경이라 답했다. 그들은 귀중한 SEO 업무 시간을
여기에 뺏기고 있었다.

이런 배움(지면상 생략한 다른 내용들 포함)을 바탕으로, 우리는
웹 인덱스에 "스팸 점수(Spam Score)"를 넣기로 결정했다. 이 점
수는 해당 사이트가 구글에 스팸으로 인식될 가능성이 얼마나 높
은지, 따라서 링크를 얻거나 유지하기에 얼마나 위험한 곳인지를
나타내는 지표였다.

* 이 치명적이고 웃픈 실험은 여기서 볼 수 있다 : https://moz.com/blog/google-di
  savow-tool

MVP 프로세스에는 우리 데이터 사이언스 헤드인 맷 피터스의 기발한 연구가 동원됐다. 긴 이야기를 줄이자면, 맷과 나는 구글이 페널티를 주거나 밴시킨 사이트들과 상관관계가 있을 법한 100개 가까운 잠재적 요인을 상상해 냈다. 그러고 나서 자기 브랜드나 도메인 이름으로 검색해도 순위에 안 뜨는(구글에게 찍혔다는 신호다) 웹사이트들의 거대한 목록을 생성했고, 그 100가지 요인과 페널티/밴 사이트 간의 연결 고리를 살펴봤다. 결국, 우리는 사이트가 구글의 눈 밖에 났는지 예측하는 데 꽤 유효한 17가지 요인을 찾아냈다.

우리는 이걸 "스팸 플래그(spam flags)"라 불렀고, 연구 결과 웹사이트가 플래그를 많이 가지고 있을수록 구글 순위에서 페널티를 받을 확률이 높다는 걸 확인했다. 플래그에는 도메인 이름의 길이(스패머들은 도메인 이름을 아주 길게 짓는 경향이 있다)나 콘텐츠는 거의 없는데 외부 링크만 많은 경우 같은 것들이 포함됐다. 플래그 몇 개가 있다고 해서 꼭 나쁜 건 아니었다. 대부분의 웹사이트가 적어도 2~3개는 걸렸으니까. 하지만 17개 중 8개 이상 걸린다면, 페널티를 받을 확률이 높았다.

스팸 점수(Spam Score)의 가장 큰 장점은, 적어도 Moz 입장에서는 기존 데이터 세트에 포함해 툴에 배포하기까지 상대적으로 적은 추가 공수만 필요했다는 점이다. 원래는 5명의 인원이 약 3개월간 매달려야 할 분량이었으나, 다른 프로젝트와 우선순위가 경합하는 바람에 실제로는 완성까지 거의 1년이 걸렸다. 우리는 이 기능을 내놓으며 타당하고 합리적인 비판이 제기될 것임을 미리 알고 있었고, 사람들이 다음과 같은 우려를 할 것이라고 예상했다.

- Moz의 웹 인덱스가 스팸일 수 있는 모든 도메인을 커버할 만큼 크지 않아서(당시엔 그랬다), 구글에 거부해야 할 사이트의 포괄적인 목록을 제공할 수 없다.

- 퍼센트 리스크 모델은 헷갈릴 수 있다. 많은 사람은 도메인이 구글에 페널티를 먹었는지 아닌지 단순히 보여주는 모델을 선호하겠지만(기능 개수와 연동된 확률 모델보다는), 우리는 그걸 구현할 여력이 없었다.

- 스팸 플래그가 다른 스팸 사이트로부터 오는 링크를 검토하는 필터 시스템이 아니라, 자기 웹사이트의 잠재적 문제점으로 오해받을 수 있다.

- (17점 만점에) 5점에서 11점 사이의 점수는 특히 짜증 날 수 있다. 페널티 위험이 높다는 걸 의미하면서도 동시에 완전히 무해할 수도 있기 때문이다.

- 이 플래그들은 실제로 구글이 사용하는 스팸 신호가 아니다(구글이 공개를 안 하니 우리도 모른다). 단지 검색 엔진에서 페널티를 받은 사이트들과 상관관계가 높을 뿐이다.

출시 시점에 우리는 이런 문제들에도 불구하고, 우리 MVP가 여전히 많은 사람에게 도움이 될 것이며, 모든 좋은 MVP가 그렇듯 장기적으로 고객들이 스팸 식별 제품에서 무엇을 원하는지 더 배우는 데 도움이 될 거라고 생각했다.

하지만 여기에 결정타가 있다. 우리의 조사 결과는 고객이 무엇을 원하는지 이미 밝혀냈었다. 그들은 구글이 크롤링하고 색인한 모든 사이트를 포함하는 웹 인덱스를 원했다. 그래야 모든 잠재적 위험 링크를 찾을 만큼 포괄적일 테니까. 그들은 사이트가 구글에 페널티를 먹었는지 아닌지 확실하게 말해주는 점수를 원했다. 그리고 어떤 스팸 사이트가 자신들(혹은 웹상의 다른 사이트)을 링크하고 있는지 쉽게 파악해서, 그 목록을 가지고 링크를 피하거나 구글 서치 콘솔에 '거부 파일(disavow file)'로 업로드해 구글의 페널티를 예방할 수 있는 쉬운 방법을 원했다.

그것이야말로 '탁월한(exceptional)' 제품이었을 것이다.

하지만 우리는 그 탁월한 제품을 만들 집중력이나 여력이 없었기에, 배우고 개선하길 바라며 MVP를 출시했다. 우리는 고객과 커뮤니티를 돕는 무언가가 '없는 것보다는 낫다'고 생각했다.

이것이 내 커리어 동안 수많은 MVP를 출시하며 얻은 가장 큰 교훈이다. 때로는 무언가가 없는 것보다 낫다. 하지만 놀라울 정도로 자주, 그렇지 않다.

스팸 점수는 2015년 3월 30일에 출시되었고 꽤 긍정적인 피드백을 받긴 했지만, 동시에 수많은 비판, 혼란, 질문도 쏟아졌다. 점수 디자인은 최적이 아니었다. 플래그가 리스크 확률 모델과 연결되는 방식은 직관적이지 않았다. 많은 사용자가 자기 사이트로 들어오는 링크의 플래그보다는 자기 웹사이트의 플래그 개수에만 집중했다. 이것들은 설계 및 구축 단계에서 일어날 거라 예상했던 일들이었지만, 빠른 출시를 위해 뒷전으로 미뤄뒀던 것들이었다.

웹 스팸 및 구글 페널티 이슈 분야의 세계 최고 전문가 중 한 명인 마리 헤인즈(Marie Haynes)는 출시 블로그 포스트에 이번 출시에 대한 여론을 요약하는 댓글을 남겼다.

"이 도구를 좋아하고 싶지만, 도움보다는 해가 더 클까 봐 정말 걱정됩니다. 어쩌면 제가 용도를 잘못 이해했을 수도 있겠네요. 수동으로 링크를 검토할 때 보조 도구로 활용한다면 분명 도움이 될 겁니다. 하지만 제게는 이것이 링크 관련 문제의 만능 해결책처럼 비쳤습니다. 다른 사람들도 그렇게 받아들일 가능성이 커 보여요."

우리는 지표 개발 중에 마리와 이야기를 나눴었다. 그녀의 우려를 알고 있었다. 우리는 그녀가 이 분야에서 막강한 영향력이 있으며, 그녀(그리고 그녀 같은 사람들)의 인정과 지지가 우리가 문제를 제대로 해결했는지 보여주는 훌륭한 척도라는 걸 알고 있었다. 하지만 우리는 더 나은 것을 개발할 때까지 기다리기보다, 첫 버전이 여전히 "쪽팔린" 상태임에도 출시를 선택했다. 완벽함은 완료의 적이다, 안 그런가?

출시 6개월 후 제품 성과 지표를 살펴보다가, 우리는 스팸 점수가 소규모 고객 그룹에게 약간의 인기를 끌긴 했지만(Open Site Explorer 정기 사용자 중 약 5%가 스팸 점수 섹션을 방문했다), 무료 체험, 유료 전환율, 유지율, 혹은 Moz Pro 구독 성장 전반에 아무런 관측 가능한 영향도 주지 못했다는 사실을 확인했다. 다시 말해, 스팸 점수를 아예 출시하지 않았더라도 고객 기반과 성장률에서 정확히 똑같은 성과를 봤을 거라는 얘기다.

데이터 수집, 연구, 엔지니어링 시간에 (최소) 50만 달러를 쓴 것치고는 참 훌륭한 결과지, 안 그래? 내가 창업자라 천만다행이다… 아니었으면 짐 싸서 쫓겨났을지도 모른다.

MVP는 꼭 그렇게 '최소한'으로 작동해야만 하나?

MVP와 '아무것도 없는 것보다 무엇이라도 있는 게 낫다'는 모델의 문제는, 대규모 고객군이나 넓은 커뮤니티를 대상으로 제품을 출시할 때 그 첫 번째 버전이 곧 브랜드의 정체성(brand association)으로 각인된다는 점이다. 당신의 초기 사용자들은 대개 가장 영향력 있는 얼리어답터들로, 당신이 내놓은 제품에 대한 메시지를 업계 전반에 퍼뜨릴 핵심 인물들이다. 그런데 정작 이들이 당신의 MVP를 '미완성 제품'으로 이해하고 너그럽게 봐주길 기대하는 것은 매우 비현실적인 일이다.

내 경험상 고객들(그리고 잠재 고객들)은 새로운 제품을 보고 이렇게 생각하지 않는다. "아, 이건 저 회사의 첫 번째 시도구나. 지금은 내가 원하는 것과 정확히 일치하지 않아도, 계속 지켜봐주며 응원해야 할 제품이네. 결국에는 나에게 정말 유용하고 도움이 되는 수준까지 발전할 테니까."

대신 그들은 (대개) 새로운 것을 마주하면 이렇게 자문한다. "이게 흥미로운가? 내가 필요한 기능을 제공하나? 이미 사용 중인 툴보다 월등히 좋은가? 새로운 사용법을 익히고 기존 방식을 버리면서까지 갈아탈 가치가 있는가?" 만약 이 질문들에 대한 답이 "아니요"이거나 "글쎄, 아마도? 근데 잘 모르겠네"라면, 당신의 제품은 시장에서 의미 있는 반향을 일으키지 못할 가능성이 크다.

더 큰 문제는, 우리가 MVP를 출시했을 때 Moz를 팔로우하던 마케터와 SEO 커뮤니티가 우리 제품의 품질을 조잡하고 성능이 뒤떨어지는 것으로 인식했다는 점이다. 나는 불완전하고 최소한의 기능만 겨우 작동하는 제품의 출시 뒤에 수반되는 이런 부정적인 브랜드 평판을 'MVP 숙취(MVP hangover)'라고 부른다. 우리가 이후 제품을 반복 개선하여 진정으로 탁월한 '동급 최강(bestin-class)'의 툴로 만든 후에도, 이 숙취는 수년간 제품과 브랜드 전체를 끈질기게 따라다녔다.

MVP에 대한 내 이론은 조직의 단계, 주로 도달 범위(reach)에 따라 다르게 적용된다.

브랜드 손상 위험이 적고 팔로워가 상대적으로 적으며 기대치가 낮은 초기 단계 기업에게 MVP 모델은 기가 막히게 작동할 수 있다. 가능한 한 빨리 무언가를 출시하고, 가정을 테스트하고, 작지만 열정적인 청중으로부터 배우고, 뭔가 비범한 것을 얻을 때까지 반복한다. 그 과정에서 당신의 (작은) 조직은 끊임없이 개선되는 제품과 연관되며, 대규모 인플루언서 그룹과 잠재 고객들이 당신에 대해 들을 때쯤이면 당신은 리더이자 혁신가로 인식될 준비가 되어 있다.

반대로 이미 높은 기대치를 가진 거대한 팬덤을 보유하고 있다면, '생존 가능성(Viable)'보다 '최소한(Minimum)'의 요건에만 치우친 전통적 의미의 MVP를 공개적으로 출시하는 것은 재앙이 될 수 있다. 조직이 일정 규모에 도달했다면(조직의 영향력 대 시장의 크기에 따라 다르겠지만), 대중의 인식과 평판은 현재와 미래의 성공을 결정짓는 핵심 요소다. 수준 미달의 제품 출시는 시장 내 평판을 실추시키고, 잠재 고객들에게 해당 브랜드나 제품을 '믿고 걸러야 할 이유'로 인식될 수 있다.

설령 나중에 제품을 개선하더라도 'MVP 숙취'는 몇 년간 지속될 수 있다. 더 무서운 점은 연상 작용에 의해 기존 제품이나 현재 판매 중인 다른 제품들에 대한 인식까지 함께 끌어내릴 수 있다는 사실이다.

테슬라(Tesla)는 MVP를 출시할 여유가 없었던 초기 단계 기업의 훌륭한 예다. 2008년 첫 번째 차량인 로드스터를 생산하기 전부터 일론 머스크의 명성과 회사의 설립, 성장, 나중에는 정부 대출을 둘러싼 언론의 관심 때문에 평판과 도달 범위가 이미 너무 거대했다. 비범한 수준에 미치지 못하는 그 어떤 것이라도 대중의 인식을 박살 내고 조직을 문 닫게 했을 것이다.

지난 몇 년간 SaaS와 테크 업계의 총아로 군림한 슬랙(Slack)을 보라. 만약 슬랙이 힙챗(HipChat)이나 야머(Yammer)보다 품질이 낮고 기능이 부족하며 사용자 경험도 매력적이지 않았던 초기 MVP 버전을 성급히 대중에 공개했더라면, 지금과 같은 대성공을 거두지는 못했을 것이다. 슬랙은 작게 시작하되 내부 전용 제품으로 활용하며 완성도를 충분히 높였다. 시장에 나갈 준비가 완벽히 끝날 때까지 천천히 확산시키는 방식을 택한 것이다. 내부적으로 MVP를 반복하며 탁월해질 때까지 기다렸다가 출시하는 이 모델은 마법 같은 결과로 이어졌다.

1999년의 구글도 당시에는 그런 방식이 통했다. 야후(Yahoo!)나 알타비스타(AltaVista) 같은 검색 엔진들과 조금 다르거나 가끔 더 나은 수준만 보여줘도 충분했기 때문이다. 하지만 오늘날 당신이 구글과 경쟁하고 싶다면, 단 한 줄기 승산이라도 잡기 위해서라도 당신의 검색 엔진은 구글보다 압도적이고 명백하게 우월해야만 한다. 마이크로소프트의 빙(Bing)이 2009년 출시되었을 때, 안타깝게도 구글을 압도하지 못했다. 인상적인 노력이 담긴 제품이었음에도 불구하고 대중에게는 '부족한 2인자'로 각인되었다. 그 후 빙은 비약적으로 발전해 현재 대부분의 검색 결과에서 구글만큼, 혹은 구글보다 나은 성능을 보여주기도 한다. 하지만 초기의 'MVP 숙취'는 수년간 브랜드를 괴롭혔고, 웹 사용자들에게 매력적인 대안이 될 수 있었던 빙의 성장 잠재력을 여전히 억누르고 있다.

대안 : 탁월한 존속 가능 제품 (EVP)

나는 MVP가 어떤 상황에서는 이상적이지만 다른 상황에서는 해롭다는 현실을 받아들이고, 모든 규모의 조직이 출시가 '가능(viable)'한지 결정하기 전에 시장, 경쟁, 도달 범위를 고려하라고 제안한다. 나는 종종 초기 공개 출시를 위해 EVP, 즉 "탁월한 존속 가능 제품(Exceptional Viable Product)" 쪽으로 치우치는 게 옳은 선택이라 믿는다.

우선 MVP를 만드는 것 자체는 확실히 옳은 방향이다. 실제 환경에서 사용자가 테스트할 수 있는 결과물이 전혀 없는 상태에서 모든 기능을 완벽하게 개발하려고 고집하는 것은 파멸을 초래할 수 있기 때문이다. 하지만 11장에서 살펴봤듯이 브랜드 규모와 영향력, 그리고 출시를 통해 직접적인 영향을 받게 될 고객과 잠재 고객의 성향에 따라 전략은 달라져야 한다. 해당 MVP를 비공개로 출시하여, 현재 베타 테스트 중임을 인지하고 있는 제한된 소수의 사용자를 대상으로 수많은 테스트와 학습, 반복 개선을 거치는 것이 최선의 길일 수 있다. Moz의 경우, 여러 제품 개발 프로젝트에서 이 방식이 놀라운 효과를 발휘했다. 그 프로세스가 구체적으로 어떻게 작동하는지 보여주는 예시를 공유하겠다.

Moz Analytics의 처참한 출시와 스팸 점수의 미지근한 반응 이후, 나는 다시는 MVP 실수를 저지르지 않겠다고 맹세했다. 2015년 초, 나는 Moz 경영진에게 새로운 키워드 리서치 도구를 만들겠다는 계획을 피칭했다. 지난 몇 번의 제품 난항에도 불구

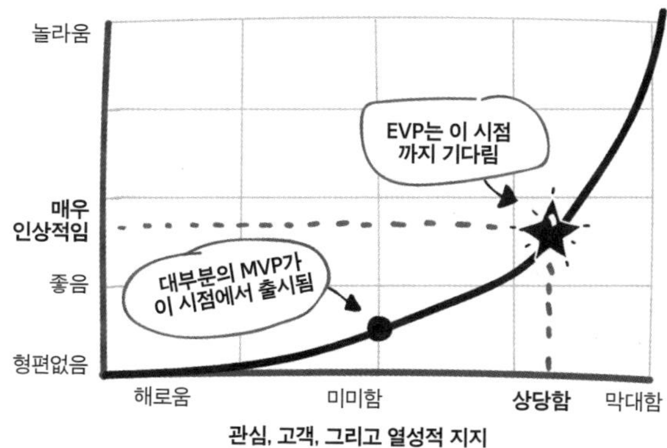

EVP = 탁월한 생존 가능 제품 (Exceptional Viable Product)
MVP = 최소 기능 제품 (Minimal Viable Product)

하고, 나는 5명의 엔지니어로 구성된 소규모 팀과 함께 제안 작업을 진행해도 좋다는 승인을 받았다. 단, 그들이 다른 제품의 인프라, 업그레이드, 운영을 유지 보수하는 본업을 계속해야 한다는 조건이었다. 팀원들과 이야기했고, 그들은 기존 업무량을 소화하면서 이 새로운 프로젝트를 맡을 수 있다고 동의했다.

이번 프로젝트마저 그르친다면, Moz에서 제품 개발의 주도권(ownership)을 쥘 마지막 기회가 될 것임을 직감했다. 이 일을 시작할 무렵 당시 CEO가 내게 했던 말을 글자 하나 틀리지 않고 기억한다. 내가 이 새로운 키워드 리서치 도구를 성공적으로 만들 수 있으리라 믿느냐고 묻자, 그녀는 이렇게 답했다.

"당신이 제품의 문제점을 찾아내는 데는 탁월하다고 생각해요. 하지만 당신이 훌륭한 제품 디자이너라고 생각하지는 않아요."

그 말은 다음 1년 동안 나의 주문(mantra)이자 동기부여가 되었다. 나는 그녀에게, 우리 팀에게, 그리고 나 자신에게 내가 교훈을 얻었고 여전히 놀라운 것을 만들 수 있다는 걸 증명하기로 결심했다. 그래, 남들이 틀렸다는 걸 증명하는 게 정서적으로 건강한 동기부여 형태는 아니란 거 안다. 하지만 나한텐 언제나 효과가 좋았다.

내가 만들고 싶었던 신제품은 나중에 "키워드 익스플로러(Keyword Explorer)"라고 불리게 된다. 목표는 사람들이 고객과 청중이 온라인에서 무엇을 검색하는지 파악하고, 웹사이트에서 타겟팅할 키워드 용어와 문구 목록을 작성하고, 그 목록의 우선순위를 정해서 논리적으로 무엇을 먼저 작업해야 할지 알 수 있게 돕는 것이었다. 예를 들어, 당신이 새로운 이탈리아 음식 웹사이트를 시작하면서 방문자가 최고의 생파스타와 건파스타 브랜드를 선택하도록 돕고 싶다고 가정해 보자. 그렇다면 사람들이 관련 콘텐츠를 찾을 때 구글에 어떤 키워드를 검색하는지 반드시 알아야 한다. 또한 어떤 단어와 문구가 더 빈번하게 쓰이는지도 파악해야 한다. "생파스타"를 더 많이 찾을까, 아니면 "건파스타"를 더 많이 찾을까? "최고의 파스타 브랜드"일까, 아니면 "최고의 파스타 제조사"일까? 나아가 해당 검색어 중 어떤 것이 순위 진입이 어렵고 쉬운지(보통 경쟁 사이트들의 인기도, 권위도, 백링크 수 등에 따라 결정된다)도 알아야 한다.

내 첫 단계는 키워드 리서치 도구의 개념을 Moz 팀에 '피칭'하기 위한 슬라이드 덱을 만드는 것이었다. 이를 경영진에게 먼저 공유한 뒤 전사적으로 공개했다. 나는 왜 우리가 키워드 리서치 문제 해결에 투자해야 하는지에 대해 세 가지 핵심 주장을 펼쳤다.

1. 낮은 경쟁도: 당시 Moz가 리소스를 집중하던 다른 영역(링크, 랭킹, 크롤링 등)에 비해 키워드 리서치 도구 시장은 경쟁이 훨씬 덜 치열했다.

2. 높은 범용성: 키워드 리서치는 SEO 세계에서 가장 빈번하게 이루어지는 작업이다. 새로운 콘텐츠를 만들 때마다 반드시 거쳐야 하는 필수 단계이기 때문이다.

3. 데이터 우위: 나는 Moz가 독보적인 데이터를 보유하고 있으며, 세상 그 어떤 회사도 흉내 낼 수 없는 방식으로 그 데이터를 결합할 능력이 있다고 믿었다.

피칭과 제품 설계를 위한 조사 과정에서 나는 SEO 커뮤니티의 지인과 동료들에게 끊임없이 조언을 구했다. 수십 명에게 현재 키워드 리서치를 어떤 방식으로 하는지, 어떤 도구와 프로세스를 활용하는지 상세히 물었다. 트위터와 이메일 숨은 참조(BCC)를 활용한 두 차례의 설문조사를 통해 이 분야에서 이미 어떤 제품이 인기 있는지 파악했다(이와 관련해 블로그 포스팅도 작성했다). 설문 결과는 사람들이 어떤 도구에 익숙하며 어떤 서비스에 지갑을 여는지 극명하게 보여주었다. 덕분에 우리 사용자들이 이미 익숙해진 용어 체계, 디자인 레이아웃, 기존 구조를 파악하는 데 있어 유리한 고지를 선점할 수 있었다.

마지막으로 나는 소수의 SEO 실무자들과 마주 앉아, 그들이 웹사이트나 클라이언트를 위해 실제로 어떻게 키워드 리서치를 수행하는지 보여달라고 요청했다. 이런 설문과 인터뷰, 이메일 대화들은 몇 가지 중요한 진실을 확인시켜 주었다.

- 방법론의 유사성: 전문 SEO 전문가 대부분은 매우 유사한 방법론을 사용했다. 우선 여러 온라인 도구에서 잠재적인 키워드 후보를 방대하게 수집한다. 그다음 이를 엑셀이나 구글 스프레드시트에 쏟아붓고, 검색량, 랭킹 난이도, 트래픽 잠재력 등의 지표를 수동으로 취합한다. 마지막으로 자신만의 수식을 활용해 지표를 조합하고 우선순위를 정한다.
- 자동화의 부재: 이 과정을 자동으로 해결해주는 도구는 없었다. 모두가 여러 도구와 데이터 소스를 오가며 수동으로 목록을 만들어야 했다.
- 유료 결제 의사: 전문가 대다수는 이미 하나 이상의 키워드 리서치 도구에 비용을 지불하고 있었다.
- 키워드 검색량 데이터의 정확도: 정확히 말하자면 심각한 수준의 부정확성은 내가 조사하고 대화한 사람들 사이에서 가장 커다란 난제이자 주요 불만 사항으로 손꼽혔다.

이 과정에서 느낀 한 가지 두려움은, 내가 새로운 걸 거의 배우지 못했다는 점이었다. 수집한 모든 데이터와 모든 인터뷰는 그저 내 기존 의구심을 확인시켜 줄 뿐이었다. 나는 내가 제품 조사에 어떻게든 편향을 준 게 아닌가 걱정했다. 내 직감이 현실과 완벽하게 일치할 리는 없잖아, 안 그래?

글쎄, 어쩌면 그럴 수도 있다. 이번 경우에 나는 단순한 제품 디자이너가 아니라, 엄밀히 말해 나 자신이 고객이기도 했다. 나는 웹용 콘텐츠를 많이 만들고, 10년 넘게 직접 키워드 리서치를 해왔다. 내가 대화하고 설문한 많은 사람처럼, 나도 여러 도구를 쓰고, 스프레드시트를 만들고, 나만의 우선순위 계산식을 만들었다. 컨퍼런스와 행사에 가고, 블로그 글을 읽고, 업계 내부자들과 신입들이 자신들의 프로세스에 대해 쓰고, 말하고, 트윗하고, 공유하는 걸 지켜봤다. 나는 고객의 삶을 살고 호흡했기에, 그 덕분에 내 공감 레이더가 이 문제 세트에 특히 잘 맞춰져 있었던 것 같다. 하지만 조사를 한 건 정말, 정말 다행이었다. 출시할만한 가치가 있는 도구에 무엇이 필요한지 우리 팀에게 증명하려면 그게 필요했으니까.

우리는 2015년 5월에 키워드 익스플로러를 만들기 시작했고, 처음엔 연말까지 출시하길 희망했다. 그게 1월로 밀렸는데, 그때쯤엔 기본을 갖춘 작동 가능한 버전이 나왔다. 단어나 문구를 입력하면 구글 검색 결과를 분석하고, 관련 검색어를 제안하고, 볼륨 추정치를 반환하고, 내보내기나 분석을 위해 목록을 쉽게 만들 수 있게 해 줬다. 나는 꽤 신이 나서 많은 SEO 동료들에게 보여주고 다녔다. 1월에 윌 레이놀즈(내 CEO 맞교환 친구)의 집에서 묵으면서 툴을 설명해 줬다. Moz와 오랫동안 긴밀한 관계였던 컨설팅 회사 Distilled의 동료들과도 공유했다. 하지만 내 마음을 바꾸게 된 결정적인 계기는 댄 슈어(Dan Shure)에게 했던 데모였다.

댄 슈어(Dan Shure)는 매사추세츠주 우스터를 기반으로 활동하는 SEO 컨설턴트이자, 업계에서 인지도 높은 팟캐스트 〈Experts on the Wire〉의 진행자다. 그는 SEO 커뮤니티에서 상당한 영향력을 지니고 있으며, 특히 키워드 리서치 분야에 열정적이다. 댄과 나는 키워드 익스플로러 출시 직전인 1월 말, 플로리다 올랜도에서 열린 컨퍼런스에 함께 참석했다.

노트북을 열고 댄에게 우리 애플리케이션을 시연할 때, 나는 무척 긴장했다. 그가 우리가 만든 결과물을 마음에 들어 하길 간절히 바랐고, 만약 그가 부정적인 반응을 보인다면 앞으로 험난한 가시밭길이 기다리고 있음을 알고 있었기 때문이다. 나는 몇 가지 키워드를 입력해 기본 기능을 보여준 뒤, 그에게 직접 검색해 보라고 권했다.

다행스럽게도 인터페이스는 직관적이었다. 댄은 바로 적응하더니 최근 클라이언트 중 한 곳을 위한 키워드 리스트를 만들기 시작했다. 그는 데이터 소스가 어디인지, 우리가 제공하는 수치를 얼마나 신뢰할 수 있는지에 대해 날카로운 질문들을 던졌다. 내 설명에 어느 정도 납득한 기색이었으나, 그는 자신의 데이터와 클라이언트가 실제로 운영 중인 구글 검색 광고 캠페인 데이터를 대조해 직접 교차 확인(cross-check)해 봐야겠다고 덧붙였다.

나쁜 소식은, 댄이 빠진 기능들 때문에 실망했다는 거다. 일부 데이터 소스의 불명확성, 그리고 그가 키워드 선정 과정에서 중요하다고 생각하는 지표로 필터링하거나 정렬하거나 볼 수 없다는 점 때문이었다. 나는 그에게 시스템 내부의 데이터 소스 일부(본질적으로 그가 원하는 필터와 정보를 즉각 보여줄 수 있는 명령어 입력 스타일의 인터페이스)를 보여주었고, 이를 본 그의 눈은 경탄과 흥분으로 커졌다.

그날 밤, 나는 댄과의 리뷰 세션에서 얻은 노트를 정리해 긴 이메일을 썼다. 개발팀과 경영진에게 보낸 이메일에서 나는 댄의 피드백(그리고 다른 테스터들의 의견)을 근거로, 우리가 원하는 폭발적인 반응과 채택을 끌어내기 위해 필수적인 5가지 기능을 추가할 때까지 런칭을 미루고 싶다고 제안했다. 절망적이게도 그 기능들을 개발하는 데는 4개월이 더 소요되는 상황이었다. 결과적으로 제품 출시를 거의 6개월이나 지연시키게 되는 셈이었다.

다행히 당시 Moz는 2016년을 겨냥해 걸어둔 다른 승부수들이 많았고, 우리 팀의 키워드 익스플로러는 그해 성장 계획에서 비중이 낮은 사이드 프로젝트로 간주되었기에 출시 일정을 늦추는 유연함을 발휘할 수 있었다. 1월부터 5월까지 우리는 도구를 업그레이드하고 개선하기 위해 쉬지 않고 매달렸다. 마침내 시장에 내놓았을 때, 그것은 우리가 진정으로 자랑스러워할 수 있는 제품이 되어 있었다.

출시 후 첫 이틀 동안 16,000명 이상의 순 방문자가 키워드 익스플로러를 7만 번 넘게 방문했다. 이 제품은 출시 당일 프로덕트 헌트(Product Hunt)에서 두 번째로 많은 추천을 받은 제품이 되었고, SEO 및 웹 마케팅 분야의 12개 이상의 업계 전문지에 뉴스로 실렸다. 수백 명의 사람들이 출시 포스트와 소셜 미디어에 댓글을 달았으며, 거의 모든 반응이 압도적으로 긍정적이었다.

내가 가장 좋아하는 반응은 바로 댄 슈어 본인에게서 나왔다. 1월의 냉정한 비평 때문에 그가 우리를 인정해 줄지 확신할 수 없었던 바로 그 사람 말이다.

> "@Moz의 새로운 키워드 툴 출시를 보게 되어 엄청나게 흥분된다. 이제 내 모든 키워드/토픽 리서치에 '무조건 써야 하는(must-use)' 툴이다."
>
> — 키워드 익스플로러 공개 출시 당일 댄 슈어의 트윗

그 후 1년 동안 키워드 익스플로러는 Moz 구독 서비스 내에서 가장 많은 찬사와 긍정적인 리뷰를 받으며, 사용량 기준으로 가장

빠르게 성장하는 신규 기능이 되었다. 고객 성공(CS) 팀은 온보딩 과정의 상당 부분을 이 제품을 소개하는 데 할애했으며, 내부 지표는 이 도구를 사용하는 고객이 구독을 해지하는 대신 유료 고객으로 남을 확률이 매우 높다는 사실(강력한 상관관계)을 증명해 주었다.

물론 100% 완벽한 성공은 아니었다. 우리는 키워드 익스플로러 접근 권한을 두 가지 방식으로 제공했다. 전통적인 월간 Moz 구독(월 149달러)에 포함시키거나, 단독 제품(선불로 600달러 혹은 상위 티어 1,800달러를 내야만 구매 가능)으로 파는 것이었다. 월간 구독은 출시와 제품 성공 덕분에 크게 늘었지만, 단독 구독은 거의 채택되지 않았다. 패키징과 가격 책정의 힘을 과소평가하지 마라.

나에게 있어 MVP 대 EVP에 대한 교훈은 강력했다. 앞으로 나는 '탁월함(exceptional)'보다는 '최소한(minimum)'에 기운 제품을 공개적으로 출시하려는 생각은 절대 하지 않을 것 같다(적어도 상당한 도달 범위를 가진 브랜드에서는 말이다). 잠재적 성공에 미치는 평판과 입소문의 영향력은, MVP 숙취의 위험과 비교했을 때 무시하기엔 너무나 중요하다.

Chapter 13.

회사를 일찍 매각해야 할까?
그래, 십중팔구는 그게 답이다

"반(反) IPO, 친(親) 인수합병 사고방식은 테크 업계를 병들게 하고 기업들이 홈런을 치지 못하게 막는다."

– 빌 걸리, 2013년 5월

투자자, 언론, 직원, 동료 창업가, 그리고 스타트업 생태계의 그들만의 리그(echo chambers). 그들은 우리에게 '대박 아니면 쪽박(go big or go home)'의 논리를 강요한다. 창업 문화 전반, 특히 기술 업계는 독립성을 유지하기 위해 거액의 인수 제안을 거절하고, 결과적으로 '세상을 바꾸는' 거대 기업을 일궈낸 창업자들을 신격화한다.

마크 저커버그는 페이스북을 사겠다는 그 모든 제안을 거절했다. 래리와 세르게이는 구글을 사겠다는 초창기의 제안들을 걸어찼다. 스냅챗은 수십억 달러의 매각 기회를 거절한 것으로 유명하며, 넷플릭스는 아마존이 제시한 수백만 달러를 퇴짜 놨다. 슬랙 역시 '8~10번의 인수 제안'을 거절했다고 보도됐다. 이런 이야기들은 창업자의 신화가 되어 우리 같은 평범한 이들의 뇌리를 지배한다. 일찍 엑싯(Exit)해서 두둑한 자산을 챙겨 나가는 것은 '나쁘지 않은 라이프스타일의 선택' 정도로 취급받을 뿐, 결코 추앙받는 전설적인 창업자의 반열에 오르는 길은 아니라고 여겨진다.

열 받게도, 독립을 유지하겠다는 그 숭고한 선택에는 추악한 이면이 존재한다. 인수 제안을 거절했다가 회사가 정체되거나 쇠락하면, 기다렸다는 듯 조롱과 비난이 쏟아진다. 그루폰, 포스퀘어, 패스(Path), 드롭박스, 야후, 징가 등은 거액의 매각 기회를 걸어찼다가 엄청난 비난 헤드라인의 제물이 되었다.

그래서 우리 창업자들은 이러지도 저러지도 못하는 진퇴양난의 신세가 된다. 일찍 엑싯하면 끝까지 버티지 못하고 쉬운 길만 택한 '변절자(sellout)'라는 낙인이 찍힌다. 반대로 똑같은 제안을 거절했다가 나중에 고전하게 되면, 확실한 기회를 제 발로 걷어찬 '주제 파악도 못한 멍청이'가 된다. 그렇다고 IPO를 노리는 길을 선택하면? 끝없는 고난과 마주해야 하며, 벤처 투자를 받은 회사 중 단 5% 미만만이 그 관문을 통과한다는 냉혹한 현실에 부딪힌다.

도대체 창업자는 어쩌란 말인가?

15년 된 기아차가 싫다는 건 아니지만, 백만장자가 되는 것도 꽤 재미있었을 텐데

13년의 역사 동안, Moz는 딱 한 번 진지한 인수 제안을 받았다. 그 제안은 워싱턴 DC에서 보낸, 유독 추웠던 어느 하루 동안 받았다.

Moz가 소프트웨어 회사로 자리 잡아가던 2009년, 나는 다르메시 샤와 공적으로나 사적으로나 친구가 되었다. 그는 성공한 기업가(이미 회사를 창업해 매각한 경험이 있었다)이자 엔젤 투자자, 블로거였고, 보스턴 기반의 마케팅 소프트웨어 회사인 허브스팟(HubSpot)의 공동 창업자였다. 당시 허브스팟과 Moz는 반쯤 경쟁 관계였지만(지금은 그들이 SEO에서 다른 분야로 중심을 옮겨서 덜하다), 그것이 오히려 우리 관계를 더 끈끈하게 만들었다.

고난을 함께 겪다 보면 금방 유대감이 쌓이기 마련이다. 다르메시와 내가 딱 그랬다. 우리는 밤늦게까지 통화하며 VC 투자 유치, 제품 혁신, 구글의 움직임, 훌륭한 이사회 멤버를 영입하는 법 같은 비즈니스 현안은 물론, 지극히 개인적인 고민까지 나누는 사이가 됐다. 우리 아내들인 제럴딘과 커스틴 이야기 역시 자주 대화 주제에 올랐다. 같은 도시에 머물 때면 우리 넷은 근사한 레스토랑에 모여, 기가 막힐 정도로 훌륭한 와인 페어링을 곁들인 채식 코스 요리를 즐기며 아주 긴 저녁 시간을 보내곤 했다.

우리는 가족, 정치, 책, TV 쇼, 여행, 그리고 물론 스타트업의 삶에 대해 몇 시간이고 떠들었다. 마지막에 나오는 계산서는 우리 월세와 맞먹는 수준이었다. 다르메시는 우리가 돈을 내게 놔둔 적이 딱 한 번밖에 없었다. 그의 관대함은 말릴 수 없을 정도다. 나는 종종 어떻게 우리가 다르메시와 커스틴 같은 사람들을 인생에서 만나는 행운을 얻었는지 궁금해하곤 한다.

허브스팟과 Moz가 성장하고 다르메시와 내가 더 가까워지면서, 우리 비즈니스 사이의 협업 기회와 교집합이 점점 더 명확해졌다. 허브스팟은 우리 API를 통해 Moz 데이터의 고객이 되었다. 우리는 서로의 콘텐츠를 정기적으로 홍보하고 링크를 걸어줬다. 다르메시는 시애틀에서 열리는 우리 연례 고객 컨퍼런스인 Mozcon에서 연설도 했다. 나는 허브스팟이 우리보다 훨씬 빠르게 성장하고 있다는 걸 알면서도, 언젠가 Moz가 허브스팟을 인수할지도 모른다고 농담을 던지곤 했다. 2011년 1월 어느 늦은 밤 통화에서, 그는 허브스팟 경영진이 몇몇 기업 인수를 시도하기로 결정했고, Moz도 고려 대상에 포함될 수 있다고 말해줬다.

다르메시는 나를 자신의 공동 창업자이자 허브스팟 CEO인 브라이언 핼리건에게 소개해 줬다. 우리 둘 다 1월 24일 DC에서 열리는 컨퍼런스에서 연설하기로 되어 있어서, 브라이언과 나는 행사장에서 커피나 한잔하기로 약속을 잡았다.

밖은 건물 히터가 감당 못 할 정도로 추웠다. 나는 텅 비고 휑한 카페테리아로 걸어 들어가 드립 커피를 주문하고, 코트를 입은 채로 브라이언을 기다렸던 기억이 난다. 나는 이 논의가 얼마나 진지할지 확신이 없었다. 힘을 합치는 것에 대한 이론적인 대화일까? 그냥 간만 보는 걸까? 더 깊이 들어가기 전에 얼굴이나 트자는 사교적인 자리일까?

아니었다. 그건 단도직입적이고, 본론만 말하며, 정식 제안을 하는 자리였다.

브라이언은 악수하고 자리에 앉은 지 몇 분도 안 돼서 자신의 계획을 털어놨다. 허브스팟은 현금과 주식을 섞어 Moz를 인수하겠다는 정식 제안을 했다. 그들은 내가 다르메시와 제품 관련 일을 하길 원했다. 팀을 합치길 원했다. 시애틀에 지사를 둘 준비가 되어 있었다. 나는 보스턴으로 자주 출장을 가야 할(어쩌면 이사를 가야 할) 수도 있었다. 하지만 세부 사항으로 들어가기 전에, 브라이언은 제안의 재무적인 측면이 맞는지 확인하고 싶어 했다.

2009년 Moz의 매출은 310만 달러였지만, 그중 약 90만 달러는 소프트웨어에 집중하기 위해 사업부를 접은 컨설팅 매출이었다. 2010년 매출은 570만 달러였고 거의 전부가 소프트웨어 구독 매출이었다(Mozcon 티켓 판매 수익 조금 포함). 우리는 2011년에 다시 두 배 성장하여 약 1,000만 달러를 목표로 하고 있었다.

브라이언은 허브스팟이 2,000만 달러에서 3,000만 달러 정도를 쓸 생각이라고 말하며 돈 얘기를 꺼냈다.

잠시 이 돈이 얼마나 엄청난 액수인지 짚고 넘어가자. 스타트업 세계는 끊임없이 수억 달러, 수십억 달러가 오가는 뉴스, 20대 초반의 애들이 회사 만든 지 몇 년 만에 상위 0.1% 부자가 되어 나가는 뉴스를 쏟아내며 당신을 매우 비합리적인 사고를 하는 사람으로 만든다. 이런 아웃라이어(특이값)들이 미디어를 지배하고 우리에게는 그게 마치 평균인 것처럼 보인다. 영화 〈소셜 네트워크〉의 그 악명 높은 대사는 과장된 풍자로 받아들여야 하지만, 실리콘 밸리에서는 마치 주문(mantra)처럼 취급된다. "100만 달러는 안 쿨해. 뭐가 쿨한지 알아? … 10억 달러야.”

이건 미친 개소리다. 100만 달러도 충분히 쿨하다. 지난 10년 중 언제라도 100만 달러가 있었다면, 나와 내 가족, 그리고 제럴딘의 가족에게 엄청난 의미가 있었을 것이다. 미국 가정의 80% 이상에게도 마찬가지다. 휴. 미안하다. 흥분해서 말이 길었다.

이 모든 걸 고려했을 때, 그 뒤에 일어난 일들을 이야기하려니 수치스럽다.

나는 첫 번째(당시엔 유일한) 투자 라운드의 투자자인 미셸 골드버그(Ignition Partners)와 켈리 스미스(Curious Office)에게 전화했다. 엄마에게 전화했다. COO인 사라에게 전화했다. 컨퍼런스 발표를 해야 했기에 다들 짧게만 통화했다. 그리고 발표가 끝난 뒤 다시 모두와 통화했다. 우리는 밸류에이션 시나리오와 예상 결과를 따져봤다. 허브스팟 주식의 상대적 가치와 미래 가치에 대해 이야기했다. 당시 허브스팟은 비상장 회사였지만 상장을 목표로 하고 있었다. 우리는 위험과 이익을 저울질했다. 적어도 우린 그랬다고 생각했다.

우리의 논리는 대충 이랬다.

1   Moz나 허브스팟 같은 SaaS(서비스형 소프트웨어) 기업들은 비상장 시장과 최근 거래에서 매출의 4~10배 범위로 평가받고 있다(즉, 매출 100만 달러짜리 회사는 400만~1,000만 달러에 팔릴 수 있다).

2   이 거래가 Moz의 창업자들(엄마와 내가 각각 32.5%를 소유)과 초기 직원들(12명이 각각 0.5%~3% 소유)에게는 큰돈이 되겠지만, 투자자들에게는 초기 투자금 110만 달러의 3~4배 수익밖에 안 되므

로 그렇게 의미 있는 건 아니다.

3   Moz는 전년 대비 약 100% 성장하며 비교적 빠르게 크고 있고, 매출 순이익률이 높다(약 80%, 즉 구독자가 매달 내는 돈의 20%만 비용으로 나간다).

4   우리는 시장 위치가 독보적이고, SEO 소프트웨어 분야에서 이미 리더(유일한 리더는 아닐지라도)로 간주되므로, 인수 시 프리미엄을 받아야 한다.

5   2010년 매출 570만 달러, 2011년 1,000만 달러 예상치를 고려할 때, 브라이언의 제안은 매출의 4~5배 범위이며, 우리는 더 높은 6~8배 멀티플을 요구해야 한다고 느꼈다.

그날 늦은 오후, 나는 다시 브라이언과 통화했다. 나는 우리가 허브스팟에 호감이 있고 거래에 관심이 있지만, 금액이 너무 낮게 느껴진다고 말했다. 내 입장은 4,000만 달러 이상이면 대화를 계속하겠지만, 그 이하라면 관심 없다는 것이었다.

그는 다음 날 아침 이런 이메일을 보냈다.

제목 : 우리가 당신들을 감당할 수 없을 것 같네요

보낸 사람 : Brian Halligan | bhalligan@hubspot.com | 1/25/11

받는 사람 : Rand

안녕 랜드, 당신네 회사는 우리한테 너무 비싼 것 같네요… 배보다 배꼽이 더 크겠어요. 우린 아마 2,500만 달러 정도 쓸 수 있을 것 같습니다. 만약 이 금액으로 논의할 가치가 있다면 대화를 계속하죠. 아니라면, 나중에 다시 이야기할 기회가 있겠죠.

DC에서 만나서 반가웠습니다.

보낸 사람 : Rand Fishkin | rand@seomoz.org
받는 사람 : Brian

고마워요 브라이언. 우리가 생각하는 금액대랑 안 맞는 것 같네요. 하지만 우리를 고려해 줘서 정말 감사합니다. 투자받은 거 축하하고, 어디를 인수하든 행운을 빕니다!

나는 지난 6년 동안 이 이메일 스레드를 아마 50번은 열어봤을 거다.

2,500만 달러. 2,500만 달러의 32.5%는 812만 5천 달러다.

그리고 2014년, 허브스팟은 SaaS 기업 중 가장 성공적인 IPO를 기록했다. 그들의 주식은 그 이후로 몇 배나 뛰었다. 그 2,500만 달러는 훨씬 더 큰돈이 되었을 것이다. 계산 안 해보려고 무진장 애썼지만, 아마 두 배는 될 거다. 어쩌면 그 이상일 수도.

조부모님이 집을 팔아야 해서 열악한 실버타운에 들어가기 위해 예산을 쥐어짜야 한다는 재정 상황을 이야기하실 때마다, 나는 그 제안을 생각한다. 제럴딘의 어머니가 생활비를 메꾸기 위해 집에 방을 세 놓아야 할 때마다, 나는 그 제안을 생각한다. 처가 식구들이나 친구들이 왜 아직도 월세를 살고 집을 안 사냐고 물을 때마다, 나는 그 제안을 생각한다. 500달러를 받아 마땅한 곳에 50달러밖에 기부하지 못할 때마다, 나는 그 제안을 생각한다. Moz가 고전할 때마다, 비즈니스에 대해 가슴 찢어지는 결정을 내려야 할 때마다, 예산 목표를 못 맞추거나 야망을 축소해야 할 때마다, 나는 그 제안을 생각한다. 2011년 말, 시리즈 B 투자 계약서에 서명해 놓고 뉴욕 투자자가 발을 뺐을 때도. 2014년, 우울증과 싸우다 CEO 자리에서 물러났을 때도. 2016년, 직원 4분의 1 이상을 해고했을 때도.

제럴딘과 나는 가난하지 않다. 우리 소득은 미국 상위 20% 안에 든다. 외식도 할 수 있고 즐겁게 휴가도 갈 수 있다. 가족이 힘들 때 도와줄 수도 있었다. 시애틀의 미친 월세 시장에서도 좋은 아파트 값을 낼 수 있다. 제럴딘은 메이저 출판사에 책을 팔았다. 우리는 시내에 집을 사기 위한 계약금의 75% 정도는 모았다.

하지만 800만 달러는 인생을 바꾸는 돈이다. 그리고 앞으로 Moz에 기적 같은 일이 일어나지 않는 한, 스타트업 지분 구조의 작동 원리상, 우리가 장기적으로 성공한다 해도 그 제안만큼의 돈을 벌기는 힘들 것이다.

창업자 지분의 기묘한 현실

2016년의 Moz는 2010년보다 7.5배나 많은 4,200만 달러의 매출을 올렸다. 하지만 오늘날, 두 번의 후속 투자(당시에는 투자받고 뛸 듯이 기뻐했다) 덕분에 제럴딘과 내가 소유한 지분은 2011년 초의 32.5%에서 약 23%로 줄어들었다. 앞으로 직원 스톡옵션 풀(채용하고 유지하기 위해 직원들에게 나눠주는 주식 비율)이 늘어나고, 미래의 투자 라운드로 인한 희석(평균적인 "성공한" 스타트업은 약 4,200만 달러를 투자받는데 우리는 지금까지 2,910만 달러를 받았다)이 발생하면, 우리 지분은 더 줄어들 것이다.

Moz의 투자자들은 1배수 청산 우선권(Liquidity Preference)을 가지고 있다(다행히 창업자와 직원에게 매우 친화적인 조건이다). 즉,

매각이나 IPO 시 투자자들은 투자 원금(2,910만 달러)을 먼저 돌려받고, 남은 가치를 지분율대로 나눈다는 뜻이다.

2020년에 Moz가 2011년 허브스팟 제안가의 10배인 2억 5,000만 달러에 성공적으로 엑싯(Exit)한다고 상상해 보자. 당시의 희석과 지분율, 투자자 청산 우선권을 고려하고, 2011년과 2014년 IPO 사이 허브스팟 주가가 폭등했다는 역사를 감안하면, 우리의 금전적 수익은 상당하긴 하겠지만 2011년 제안이 가져다줬을 수익에는 미치지 못할 가능성이 높다.

심지어 그런 성공조차 보장된 것이 아니다. 통계적으로 회사가 훨씬 낮은 가격, 어쩌면 투자 원금을 우선 상환하고 나면 남는 게 거의 없는 수준으로 팔릴 가능성도 똑같이 존재한다. 또한 7,500만 달러에서 1억 5,000만 달러 사이의 '그저 그런(mediocre)' 성적표를 받아 들 가능성도 꽤 크다. (이 엄청난 숫자 옆에 '그저 그런'이라는 수식어를 붙이는 게 참 우습게 느껴지지만, 우리 업계의 생리가 그렇다.) 이 경우 모두가 돈을 만져보긴 하겠지만, 내가 지난 12년 동안 받은 연봉과 같은 기간 구글이나 아마존 같은 대기업에 다녔다면 받았을 연봉의 차액을 간신히 메우는 수준에 그칠지도 모른다.

내가 왜 Moz를 통한 개인적인 금전적 이득에 초점을 맞추는지 묻는다면, 그것은 타당한 지적이다. 내가 굳이 여기서 이 이야기를 꺼내는 이유는 실제 숫자를 가감 없이 공개하거나, 스타트업 창업 동기의 큰 부분이 '인생 역전의 기회(extraordinary payday)'를 바라는 희망에 있다는 사실을 솔직하게 말하는 사람이 거의 없기 때문이다. 우리는 돈 이야기를 꺼려 침묵하곤 하지만, 그 침묵은 중요한 담론과 통계적 진실을 가로막는다. 또한 "세상을 바꾼다"거나 "무에서 유를 창조한다"는 화려한 포장 뒤에 숨겨진 스타트업의 핵심 동기를 가려버린다. 물론 숭고한 동기들도 존재하며, 그 또한 인정받아 마땅하다. 하지만 진정한 투명성이란 기업가 정신과 스타트업의 가장 불편한 부분까지 수면 위로 끌어 올려 이야기하는 것이다.

이제 이 방정식의 또 다른 핵심 당사자, Moz의 직원에 대해 이야기해 보자.

2011년에 당신이 Moz에 2~3년 다녔다면, 회사 주식의 0.5%에서 3%를 가지고 있었을 것이다. 당시 2,500만 달러에 매각되었다면 당신은 12만 5,000달러에서 75만 달러를 손에 쥐었을 것이다(허브스팟의 IPO 대박은 계산에 넣지도 않았다. 그거까지 치면 훨씬 더 부자가 됐겠지). 당시 행사가격이 믿을 수 없을 정도로 낮았기 때문에, 2008년이나 2009년에 입사한 직원(Mozzer)은 옵션을 행사하는 데 거의 돈이 들지 않았을 것이며(이 가격은 딜로이트 같은 외부 감사인이 회사의 "공정 시장 가치"를 결정하는 "409A 평가"에 기반한다), 주당 가격의 거의 전부를 현금으로 챙겼을 것이다. 게다가 인수 제안에는 거의 항상 사이닝 보너스나 유지 보너스(retention bonus)가 따라오는데, 이는 인수자가 붙잡고 싶어 하는 핵심 직원들에게 특히 짭짤하다. 2011년 초 Moz는 아주 작았고(약 33명), 대부분의 팀원은 시장 평균보다 낮은 연봉을 받고 있었는데, 인수가 됐다면 허브스팟의 꽤 관대하고 시장 평균보다 높은 연봉으로 점프했을 것이다.

2020년, Moz에 2~3년 다닌 직원의 재정 상황은 극적으로 다르다. 긍정적인 면은, 당신의 연봉과 복지가 도시에서 가장 돈 많이 주는 몇몇 기업을 제외하고는 경쟁력이 있다는 점이다. Moz는 페이스북, 구글, 아마존, 마이크로소프트와 인재 쟁탈전을 벌이기 때문에, 지난 몇 년간 우리의 연봉과 복지는 그 거물들과 거의 비슷해졌다. 부정적인 면은 스톡옵션 규모가 작아졌고(이제 0.05%에서 0.1%면 직원에게 주는 주식 범위 중 높은 편이다), 행사가격은 높아졌다(2017년 초 409A 평가에서 보통주 총가치는 약 6,500만 달러였다)는 것이다. 즉, 당신은 이 숫자와 인수 가격 사이의 차액만큼만 이득을 본다. 고위직이나 핵심 역할(주로 엔지니어링 중심)에게는 짭짤한 사이닝 보너스나 유지 보너스가 여전히 가능하겠지만, 대부분의 다른 직원들에게는 의미 있는 수준으로 제안되지 않을 것이다.

이것이 스타트업 재무의 근본적인 트레이드오프(trade-off)다. 초기 단계는 보통 낮은 연봉, 적은 복지, 높은 위험을 의미하지만, 일이 기가 막히게 잘 풀리면 잠재적 보상은 더 크다. 후기 단계는 보통 경쟁력 있는 연봉과 복지, 낮은 위험을 의미하지만, 예외적인 대박이 터져도 보상은 적다.

그렇긴 해도, 돈이 전부는 아니다. 자아, 자부심, 평판, 명성 또한 스타트업 창업자(나 포함)와 직원들이 회사와 엑싯을 생각할 때 중요하게 작용한다. 스타트업 문화는 "창업 지망생"과 "성공한 기업가" 사이에 뚜렷한 구분선을 긋는다. 전자는 여전히 목표를 달성하려고 애쓰는 사람들이고, 후자는 적어도 한 번은 달성한 사람들이다.

비즈니스의 목표는 저마다 다를 수 있다. 자신이 지향하는 삶의 방식을 유지하면서도 충분한 수익을 내는 모델(핀보드의 '장인정신 SaaS' 모델로 유명한 마시에이 세글로프스키처럼)을 구축하는 것이 목표일 수도 있고, 새로운 문화적 트렌드를 만드는 것(2000년

대 초반 미국 전역에 고품질 라멘을 대중화시킨 하와이의 선 누들처럼)
이 목표일 수도 있다. 혹은 테크 스타트업 세계에서 가장 흔히 볼
수 있듯, 현재 Moz가 사투를 벌이고 있는 것처럼 투자자들에게
약속했던 높은 수익률을 실현해 주는 것이 목표가 될 수도 있다.

창업자의 도박

외부 자본을 유치하는 순간, 당신의 목표는 필연적으로 매각이나
상장을 통해 그 자본의 몇 배를 돌려주는 것으로 바뀐다. 이때부
터 '성공'의 기준은 훨씬 더 좁고 제한적으로 된다. Moz가 SEO 소
프트웨어를 대중화했을 수도, 견실하게 성장하는 수익성 있는 비
즈니스를 일구었을 수도 있다. 혹은 마케팅 세상을 더 낫게 만들
었거나 훌륭한 조직 문화를 구축하는 등 수많은 이정표를 달성했
을 수도 있다. 하지만 자본의 논리 안에서 그런 성취들은 더 이상
성공을 향해 나아가는 과정과 성공의 완성을 가르는 기준선이 될
수 없다.

2007년 11월, 우리가 첫 투자를 받았을 때 약속이 하나 만들
어졌다. "우리는 성장과 유동성 이벤트(liquidity event, 지분 현금화)
를 통해 투자금의 5~10배를 돌려주기 위해 노력할 것이다." 후속
투자를 받을수록 그 약속은 더 단단해졌다.

많은 창업자에게, '지망생'과 '성공한 기업가'를 가르는 이 명
확한 선은 고정된 심리적 강박이다. 나는 테크밈(Techmeme, 테크
및 스타트업 뉴스 수집 사이트)을 보며 질투심에 휩싸인다. 매달 수
백만 달러에 팔리는 수십 개의 회사를 보며 눈을 감고 고개를 저
은 뒤 브라우저를 닫고 다시 일하러 간다.

단순히 금전적인 이유 때문만은 아니다. 내가 아는 많은 창업

자는 엑싯 과정에서 그리 큰돈을 벌지 못했다. 하지만 투자자에게 수익을 돌려주고 유동성 이벤트를 달성한 이상, 그들은 평생 자신의 이력에 '성공한 기업가'라는 칭호를 달 수 있다.

당신은 이게 터무니없는 헛소리라고 생각할지도 모른다. 작은 스타트업의 소소한 엑싯이 어떻게 '성공'과 동급일 수 있느냐고, 오히려 Moz처럼 연 매출 4,000만 달러가 넘는 비즈니스를 바닥부터 일군 것이야말로 진정한 '성공'이 아니냐고 반문할 수도 있다. 하지만 내가 이 바닥에서 굴러봐서 안다. 이것이 바로 스타트업 생태계에 만연한 지배적인 사고방식이다.

나는 이 현상에 대해 수백 명의 창업자와 대화했다. 엑싯을 경험한 모든 이는 그것이 비로소 마침표를 찍었다는 해방감(closure)과 형용할 수 없는 성취감을 가져다준다는 데 동의했다. 아직 경험하지 못한 이들은 그 결승선을 통과하고 싶다는 똑같은 갈망과 희망, 그리고 필사적인 욕망을 내비쳤다. 스타트업 창업자들은 언론과 미래의 투자자들이 '승리'를 거둔 사람(설령 그 승리가 '안타' 수준에 불과했을지라도. 그렇다, 이것이 우리 업계의 언어이며 우리는 어느새 우리 자신의 패러디가 되어버렸다)과 그렇지 못한 사람을 얼마나 다르게 대우하는지 잘 알고 있다. 그 문화는 창업자들이 서로를, 그리고 자기 자신을 판단하는 방식에 깊숙이 박혀 있다.

이 연관성은 창업자를 넘어선다. 성공적인 엑싯에 참여한 스타트업 직원은 설명하기 힘든 수준의 신뢰도와 엄청난 가치를 지닌 사람이라는 아우라를 얻는다. "저는 XYZ 회사의 초창기 멤버였고, 그 회사가 어디에 인수될 때 함께했습니다"라고 말할 수 있는 능력은 실리콘밸리(지리적으로나 정신적으로나)에 서식하는 기술자, 기업가, 투자자들의 하위문화에서 엄청난 무게감을 갖는다. 인수가 클수록, 인수 기업이 인상적일수록(당연히 구글과 페이스북이 짱이다), 그리고 인수된 팀에 일찍 합류했을수록 당신의 지위는 올라간다.

CEO로서 7년 동안 분기마다 한 번씩, 나는 팀원들 앞에 서서 우리의 미션과 비전, 가치를 되새기고 회사의 주요 소식을 공유했다. 그 시간의 일환으로 나는 늘 기저에 깔려 있는 질문, 즉 "우리는 왜 여기에 있는가?"에 대한 답을 언급하곤 했다. 나는 Moz 팀에게 이렇게 말했다.

- 우리는 유용하고 가치 있는 일을 달성할 기회를 얻었다. SEO와 웹 마케팅의 진입 장벽을 낮추고, 업계에 만연한 불투명성과 신비주의를 제거해 누구나 훌륭한 마케팅을 실천할 수 있게 만드는 것이다.

- 우리는 놀라운 팀과 조직 문화를 일구었다. 이는 일반적인 직장에서는 찾아보기 힘든 특별한 유대감이며, 우리의 가치와 서로에 대한 헌신에서 비롯된 결과물이다.

- 우리는 우리 미래의 주인이다. 만약 우리가 놀라운 매각이나 IPO를 통해 성공한다면, Moz는 우리의 가치와 문화, 접근 방식이 어떻게 비범한 결과를 만들어낼 수 있는지 보여주는 영원한 이정표가 될 것이다. 하지만 실패한다면, 그 가치와 문화는 역사의 뒤안길로 허무하게 사라질 것이다.

스톡옵션은 성공적인 유동성 이벤트를 통해 금전적 이익을 가져다주겠지만, 그것이 유일한 혜택은 아니다. Moz가 예외적인 성과를 낸다면, 우리 모두의 이력서는 어디서든 환영받을 수 있는 강력한 명성과 무게감을 얻게 될 것이다.

벤처 투자를 받은 회사에서는 이러한 약속들(암묵적이든 명시적이든)이 조직 문화 전반에 깊이 스며들어 있다. 우리는 무엇이 걸려 있는지 잘 안다. 비범한 수익을 내고 명성과 재정적 보상을 모두 거머쥐는 '성공한 5%'에 속하느냐, 아니면 그 높은 기준을 충족하지 못해 찬사를 놓치는 회사를 창업하거나 다니느냐의 갈림길이다.

스타트업은 관련된 모든 이에게 ─ 창업자, 직원, 가족, 그리고 고객과 투자자에게까지 ─ 가혹할 만큼 고통스러운 고행이다. 대부분의 기관 투자자 모델은 소규모 엑싯과는 본질적으로 맞지 않는다. 그래서 실리콘밸리의 스타트업 문화는 수백만 달러나 수천만 달러에 회사를 파는 것을 '변절(selling out)'이라 부르며, '진짜 회사'를 만드는 데 실패한 것이라는 지배적인 내러티브(shared narrative)를 만들어냈다.

만약 당신이 창업자거나 초기 직원이거나, 혹은 그들을 아끼는 사람이라면 나는 당신에게 이 편향되고 투자자에게만 유리한 사고방식을 완전히 거부하라고 촉구한다. 당신만의 길을 개척하고 다른 창업자들에게도 그렇게 하라고 격려하라. 위대한 스타트업이 더 나은 세상을 만들기 위해 기존 질서(status quo)를 거부하듯, 당신도 IPO나 10억 달러짜리 매각이 더 작은 성과를 희생해서라도 추구해야 할 절대 선이라는 강박을 버려야 한다.

통계적 확률은 당신과 당신의 팀, 그리고 당신의 자아에 불리하게 작용한다. 성공 확률에 대해 냉정하고 현실적이 되어라. 그리고 당신과 당신의 팀에게 진정으로 옳다고 느껴지는 길을 가

라. 장담하건대, 당신의 투자자들은 당신이 없어도 충분히 잘 먹
고 잘살 사람들이니까.

Chapter 14

관리자만 대접받는 조직이라니,
우린 다 잣 된 거나 다름없다

"계급사회에서 모든 직원은 자신의 무능함이 드러나는 수준까지
승진하는 경향이 있다."

— 로렌스 J. 피터, 1969

2012년 5월, Moz는 시리즈 B 라운드에서 1,800만 달러를 투자받았고, 아주 기이한 일이 벌어졌다. 갑자기 모두가 관리자가 되고 싶어 한 것이다.

현금이 들어오자 우리는 '사람이 많을수록 더 좋고, 더 많은 것을 더 빨리 만들 수 있다'는 잘못된 믿음에 빠져 팀을 키우는 데 혈안이 되었다. 소프트웨어 업계에서 굴러본 사람이라면 다 알겠지만, 한 프로젝트에 엔지니어를 5명이 아니라 10명을 투입한다고 해서 완료 시간이 반으로 줄지는 않는다. 오히려 두 배로 늘어날 확률이 높다. 하지만 우리는 아직 그 교훈을 얻지 못한 상태였고, 직원 수가 성장의 발목을 잡고 있다고 믿으며 채용에 미친 듯이 돈을 쏟아부었다.

우리는 사방팔방에 구인 공고를 냈다. Moz의 인지도를 높이겠답시고 수십 개의 지역 행사에 참가하고 또 주최했다. 터무니없는 채용 보너스 프로그램도 시작했다. 우리가 채용하게 된 소프트웨어 엔지니어를 추천한 사람은 1만 2,000달러의 현금 보너스를 받았고, 그 엔지니어 본인도 1만 2,000달러를 받았다. 채용만 전담하는 풀타임 리크루터를 고용했고, 기존 직원들의 소중한 업무 시간을 이력서 검토와 면접에 쏟아붓게 만들었다. (잠시 딴소리 좀 하자면, 이건 최악의 아이디어였다. 순전히 돈 때문에 지원하고 추천하는 사람들을 양산했고, 내부적으로는 회사가 엔지니어만 대접해준다는 인식을 심어줬다. 팀 간의 갈등과 불화가 끊이지 않았고, 적합하지 않은 사람들을 인터뷰하고 추천 건 뒤처리하느라 엄청난 시간을 낭비했다.)

이 모든 신규 채용과 함께, 우리의 가장 훌륭하고 똑똑한 엔지니어, 마케터, 지원팀, 운영팀, 제품 담당자들로부터 자기만의 팀을 꾸리고 싶다는 전례 없는 요청이 쇄도했다. 투자받기 전 약 40명이었던 비관리직 직원 중 무려 25명 이상이 관리직 대열에 합류해 자신만의 팀원을 직접 뽑겠다고 손을 들고 나선 것이다.

모두의 요구를 들어줄 수는 없었지만, 거절은 곧 그들의 역량과 성취에 대한 모욕으로 받아들여졌다. 그 후 몇 달 동안 회사에는 이전에 없었던 (혹은 적어도 드러나지 않았던) 사내 정치가 판을 쳤다. 누군가 악의를 품고 고의로 업무를 방해한 것은 아니었다. 하지만 채용과 조직 구조에 대한 불안감이 전사적인 주의를 분산시키면서, 고객에게 필요한 제품을 만드는 '진짜 업무'는 거북이 걸음 수준으로 느려지고 말았다.

관리는 기술이지, 상이 아니다

앞에서 인용한 '피터의 원칙(The Peter Principle)'은 로렌스 피터와 레이먼드 헐이 1969년에 쓴 책을 통해 널리 알려졌다. 이 이론의 핵심은 직원이 승진할 때, 상위 직급에서 요구되는 새로운 업무에 대한 '잠재적 적성'보다는 현재 직무에서의 '과거 성과'를 기준으로 평가받는다는 점이다. 그 결과, 사람들은 결국 자신의 무능력이 한계에 부딪히는 지점까지 승진하게 되고, 회사의 고위직은 업무 부적격자들로 채워지게 된다. 더 이상 일을 제대로 해내지 못할 때가 되어서야 비로소 승진이 멈춘다면, 이런 암담한 시나리오는 필연적일 수밖에 없다.

이론을 아는 것과 대처법을 찾는 것은 별개의 문제다. 도전 과제를 요약하자면 이렇다.

당신이 제품 디자인 팀을 확장하려 한다고 가정해 보자. 여기 지난 2년 반 동안 뛰어난 성과를 내며 동료들의 두터운 신뢰와 존경을 한 몸에 받아온 유능한 제품 디자이너가 있다. 하지만 이 디자이너의 검증된 역량은 철저히 실무(Individual Contributor, 이하 IC) 활동에 기반한다. 즉, 고객의 니즈를 파악하고 사용자 경험을 설계하며, 제품을 만드는 엔지니어, 이를 알리는 마케터, 그리고 실제 사용자와의 소통을 조율하는 일에 특화되어 있다는 뜻이다. 이 디자이너는 실무에서는 타의 추종을 불허할 만큼 유능하지만, 관리 경험이 전혀 없을뿐더러 관리직에 필요한 자질이나 열정을 내비친 적도 없다.

그런데 그 디자이너가 찾아와 신설될 디자인 팀의 팀장이 되고 싶다고 제안한다. 당신은 원래 디자이너를 딱 한 명만 더 충원할 계획이었고, 직속 부하가 단 한 명뿐인 관리자 체제는 다소 부자연스럽게 느껴진다. 하지만 회사가 계속 성장하면 팀 규모도 커지겠거니 하며 스스로를 납득시킨다. 또한 그가 보여준 훌륭한 성과와 회사에 대한 충성심에 확실히 보답하고 싶은 마음도 크다.

반면, 실무자로서 그가 쏟아냈던 고품질의 결과물을 더 이상 볼 수 없게 되는 상황은 끔찍하기만 하다. 지난 몇 년간 그는 동료들과 환상적인 호흡을 맞추며 제품에 대한 날카로운 직관을 쌓아왔고, 갈수록 효율적이고 완벽한 인재로 거듭났기 때문이다.

당신은 이제 진퇴양난에 빠졌다. 그에게 "당신은 실무가 체질이야"라고 솔직하게 말하여, 그가 원하는 관리직 타이틀을 덥석 안겨줄 다른 회사로 이직하게 될 위험을 감수할 것인가? 아니면 그를 매니저로 승진시키고 그 빈자리를 채울 추가 인력을 채용하거나 외주를 맡기는 비용을 감내할 것인가? 후자를 선택한다면, 그가 하루빨리 관리 기술을 익히길 간절히 기도하는 동시에, 그의 탁월한 전문성이 제품에 직접 투사될 기회를 포기해야만 한다.

이 문제의 기저에는 "누구나 사람 관리를 할 수 있다"는 믿음이 깔려 있다. 회계, 마케팅, 엔지니어링, 디자인, 영업 같은 다른 전문 직무와 달리, 관리는 의지와 문제 영역에 대한 이해만 있으면 된다고 생각하는 것이다. 개소리다.

내가 팀원들과 끊임없이 나누는 가장 힘들고 좌절스러운 대화 중 하나는 매니저의 책무와 개별 기여자(IC)의 역할 간의 본질적인 차이에 관한 것이다. 많은 실무자는 관리가 그저 사람들에게 할 일을 지시하고 제대로 하는지 감시하는 것이라고 생각한다. 또한 그들은—내 경험상 완전히 틀린 가정임에도—해당 실무를 직접 해본 관리자만이 효과적일 수 있다고 믿는다. 이들은 종종 반박하기 힘든 자신의 경험을 토대로, '최고의 실무자였던 사람이 최고의 관리자가 되며, 그것이 리더로서의 자격을 증명한다'는 내재적 가정을 한다.

그저 그런 엔지니어는 형편없는 엔지니어링 매니저가 될 확률이 높고, 훌륭한 고객 서비스 매니저는 절대 유능한 엔지니어링 매니저가 될 수 없다? 이런 신화들은 믿기 너무 쉽고 표준적인 비즈니스 프로토콜과 얽혀 있어서, 이 오해를 바로잡는 일은 매번 생니를 뽑는 것만큼이나 고통스럽다.

다행히 나는 10년 동안 팀을 키우고 줄이면서, 훌륭한 실력자가 관리직에서 끔찍한 실수를 저지르는 것을 보았고, 반대로 과거 실무 성과가 평범했던 이들이 관리자로서 탁월한 능력을 발휘하는 증거를 목격했다. 실무를 기막히게 잘하는 것과 그 일을 하는 사람들을 기막히게 관리하는 것 사이에는 연관성이 거의 없다. 물론 훌륭한 피플 매니저들이 한때 부하 직원들의 업무를 잘했거나 적어도 수행해 본 적이 있다는 건 인정한다. 하지만 친구여, 그건 상관관계지 인과관계가 아니다. 대부분의 관리자가 해당 분야의 실무 성과 덕분에 승진해서 그 자리에 앉았다고 해서, 실무 능력이 효과적인 관리 능력과 필연적으로 연결되는 건 아니다.

Moz의 역사는 표본 크기가 너무 작을 수 있지만, 다행히 나를 도와줄 지원군이 있다. 기술 업계에서 가장 존경받는 회사 중 하나인 구글은 수년 동안 사내 최고의 팀과 최악의 팀을 분석하며 고성과자와 저성과자를 가르는 요인을 찾으려 노력했다. 구글은 're:Work'(프로젝트 옥시전) 프로그램을 통해 효과적인 관리자의 조건을 연구할 때, 아주 참신한 전제에서 시작했다. 바로 "관리자는 팀의 성과에 아무런 도움이 되지 않는다"고 가정해본 것이다. 그들은 팀을 옮겨 다녀도 일관되게 그룹의 성과를 올리거나 떨어뜨리는 '훌륭한' 혹은 '끔찍한' 관리자를 식별하려 했다. 결과는 어땠을까? 놀랍지 않게도 관리자는 엄청난 차이를 만들어냈으며, 훌륭한 관리자가 있는 팀이 훨씬 더 행복하고 생산적이라는 사실을 발견했다.

하지만 놀라운 점은 구글이 발견한 강력한 피플 매니저들의 8가지 공통 행동이다. 순서대로 보자.

1   좋은 코치다.
2   팀에게 권한을 위임하고 마이크로매니징하지 않는다.
3   팀원의 성공과 웰빙에 진심 어린 관심을 표한다.
4   생산적이고 결과 지향적이다.
5   소통을 잘하고, 팀원의 말을 경청한다.

6 팀원의 경력 개발을 적극적으로 돕는다.

7 팀을 위한 명확한 비전과 전략을 가지고 있다.

8 팀에게 조언하는 데 도움이 되는 핵심적인 기술적 능력을 갖추고 있다.

8번이다. **리스트 꼴찌다.** 관리자 본인의 기술적 업무 역량은 맨 마지막에 온다. 전혀 중요하지 않다는 게 아니라, 관리자의 자질 중에서 다른 모든 결정적인 기술보다 뒷전이라는 거다.

내가 관찰한 훌륭한 팀 중 관리자가 기술적 역량이 없는 경우, 종종 놀라운 이점이 있었다. 팀원들이 서로의 기술을 업그레이드해 주고, 서로 멘토링하고, 업무 결과물에 대해 더 큰 책임감을 가졌다. 내 생각엔 강력한 기술적 역량을 가진 관리자가 있는 팀에서는 일이 '관리자의 방식'대로 진행되고, 기술 향상도 관리자의 특정 강점 주변으로 쏠리기 때문인 것 같다. 또한 고도로 숙련된 관리자에게 의존하다 보니, 팀원들이 스스로 탐구하고 확장하려는 노력을 덜 하게 된다. 항상 그런 건 아니다. 때로는 훌륭한 IC가 팀의 폭넓은 학습을 장려하고, 자신의 입증된 방식만 강요하기보다 이의 제기를 권장하는 훌륭한 피플 매니저가 되기도 한다. 하지만 내 경험과 연구 결과 모두 피플 매니지먼트와 실무(IC)는 근본적으로 다른 두 가지이며, 그 교집합은 명확하지도 일관되지도 않다는 것을 시사한다.

그렇다면, 피플 매니저가 되고 싶어 하는 재능 있는 IC 문제를 어떻게 해결해야 할까?

비즈니스 문화에는 피플 매니지먼트가 ⓐ 조직을 리드하는 유일한 방법이고, ⓑ 커리어를 발전시키는 유일한 길이라는 뿌리 깊은 오해가 있다. 이 두 가지 오해를 풀고 해체하여 우리 조직에서는 그렇지 않다는 사실을 증명할 명확한 경로를 만든다면, 각 업무(관리직과 개별 기여직)에 적합한 인재들로 구성된 더 나은 팀을 구축할 수 있다.

Moz에서는 새로운 '이원화된 커리어 경로 시스템(dual-tracked career pathing system)'을 도입해 이 문제를 해결했다. 우리는 마이크로소프트나 구글 같은 대기업의 엔지니어링 직군 모델을 참고했다. 그런 구조에서는 주니어 엔지니어가 낮은 레벨의 개별 기여직(IC, Individual Contributor)으로 시작하더라도, 기술을 쌓고 역량을 증명하면 피플 매니저가 되지 않고도 승진, 연봉, 복지, 스톡옵션, 영향력의 사다리를 올라갈 수 있다. 이런 발전 과정은 회사가 우수한 인재를 유지하게 돕고, 전문가들이 중요한 기술 프로젝트와 논의에 참여하는 자문 역할을 하도록 키우며, 본인의 적성이나 흥미에도 맞지 않는 매니지먼트 기술을 굳이 요구하지 않고도 그들의 전문성을 충분히 활용할 수 있게 해 준다.

대부분의 테크 기업처럼 우리도 수년 동안 비슷한 제도를 운용해 왔지만, 오직 엔지니어들만을 위한 것이었다. 그러다 2012년, 관리직이 되고 싶다는 IC들의 요청이 쇄도하면서 우리는 기존 방식을 재고하고 확장하기로 했다. 우리는 다음을 깨달았다.

- IC를 인정하고 보상하기 위해 더 많은 노력을 기울여야 했다(그러

지 않으면 누구도 이 길을 실질적이고 명망 있는 커리어로 인식하지 않을 것이기 때문이다).

- IC의 영향력을 공식화해야 했다(그러지 않으면 그들의 기여도가 사람마다 다르게 해석되어, 조직 내에서 IC가 존중받는 곳과 소외되는 곳이 나뉘는 불균형이 생길 것이기 때문이다).

- IC 경로를 엔지니어링 직군에 국한하지 않고 모든 역할과 팀으로 확장해야 했다.

그래서 우리는 아래와 같은 차트를 만들었다.

Moz의 이원화된 커리어 발전은 간단한 원칙으로 작동한다. 실무자(IC)도 피플 매니저와 똑같이 기술, 영향력, 직함, 월급을 키울 수 있어야 한다.

이론적으로, 그리고 Moz 구조의 새로운 요소로서 이 변화는 환영받고 축하받았으며 아무런 반대도 없었다. 하지만 실제로는 엄청난 노력과 규율이 필요했다. 현상 유지의 관성은(지금도 여전하지만) 끊임없이 사람들을 '관리자만이 진짜 권력을 가진다'는 기본 믿음과 그에 따른 행동으로 끌어당기기 때문이다. 이 "진짜 권력"이라는 것은 채용, 해고, 인사 고과를 결정하는 능력에서 나온다고 여겨지는데, 대개 고품질의 업무를 독려하거나 저해한다고 추정되는 결정들이다.

표면을 조금만 들여다봐도 대부분의 현대 직장, 특히 기술 및 스타트업 세계에서 이게 왜 사실이 아닌지 알 수 있다. 우리 분야의 프로젝트가 성공하는 이유는 충분한 수의 팀원들이 헌신적이고 부지런하며 사려 깊었기 때문이고, 프로젝트가 잘 설계되어 잠재적 위험 요소를 일찍 파악했기 때문이며, 프로세스가 팀을 올바른 해결책으로 인도했기 때문이고, 실무자들이 자신이 약속한 일을 효과적으로 완수했기 때문이다. 인사 고과나 해고라는 협박 카드는 거의 먹히지 않는다. 지난 20년, 그리고 아마 앞으로의 20년 동안 소프트웨어 개발자, 제품 디자이너, 웹 마케터 같은 직업을 가진 노동자들은 회사가 그들에 대해 가지는 것보다 훨씬 더 큰 시장 지배력을 가지고 있기 때문이다(적어도 대부분의 미국 주요 도시에서는).

우리는 Moz의 IC들이 자신의 커리어를 키울 이 새로운 길을 보고 받아들이길 바랐다. 하지만 가시적이고 탄탄한 지지대가 없이는 이 경로가 동등한 대안이 아니라 그저 형식적인 구호(lip service)로만 비친다는 사실을 금방 깨달았다. 그 지지대에는 다음 내용이 포함되었다.

- 리더십은 전사 미팅, 전략 프레젠테이션, 블로그 포스트 같은 대외 커뮤니케이션, 업무 보고 이메일 등에서 IC 트랙의 저명한 롤 모델들을 정기적으로 언급해야 했다.
- 고레벨 IC와 나머지 Moz 직원들 사이에 정기적인 접점이 있어야 해서, 모든 직원이 그들과 얼굴을 맞대고 접근할 수 있어야 했다.
- IC에게 이니셔티브를 가이드하고, 프로세스에 조언하며, 주요 의사결정에 참여하고, 특정 프로젝트 영역에 대한 최종 결정권을 행사할 수 있는 영향력을 부여해야 했다.

이런 지지대들이 존재해야만 우리는 IC 경로가 사내에서 관리직과 비슷한 수준의 존중과 발언권을 갖는다고 신뢰성 있게 주장할 수 있었다. 하지만 이런 노력에도 불구하고 관리직 트랙에 대한 편향과 회의론은 끈질기게 지속됐다.

내 생각엔, 처음에 IC와 피플 매니저에게 비슷한 영향력을 주더라도, 기본값(default)은 여전히 관리자가 최종 권한을 갖는 것이기 때문인 것 같다. 당신은 두 경로를 진짜 얼마나 동등하게 만들 것인지, 그리고 책임(accountability)을 어디에 할당할 것인지 선택해야 한다. 조심해라. 통제할 수단 없는 책임은 좌절과 재앙의 레시피다. 책임을 지는 사람에게는 성공에 영향을 미치는 투입물을 (가능한 한 많이) 소유할 자유도 주어져야 한다. IC는 보통 최종 책임을 가진 것으로 인식되지 않고, 많은 사람이 프로젝트의 권력이 나온다고 믿는(내 생각엔 틀렸지만) 채용과 해고 권한이 없기 때문에, 관리자보다 IC에게 이걸 적용하기가 더 어렵다.

우리는 사람과 팀에 따라 다른 방식으로 이 문제를 해결했다. 가장 두드러진 것은 "프로덕트 아키텍트(Product Architect)"라는 역할이었다. 이건 내가 CEO에서 물러나고 몇 달 뒤 Moz가 내게 준 역할인데, 제대로만 운영한다면 아주 성공적일 수 있다고 생각한다. 핵심 아이디어는 프로젝트나 제품의 성공을 책임지는 개인이 팀과 함께 일하며 작업을 지시할 수단을 갖는 것이다. 즉, 무엇을 만들지 결정하고 제품 디자인에 대한 최종 발언권을 가지며, 피플 매니저와 협력하여 실무 IC들의 업무와 기여도를 평가하는 역할이다.

프로덕트 아키텍트만 있었던 건 아니다. 우리는 "주제별 전문가(Subject Matter Expert)"라는 역할도 만들었다. 피터 마이어스 박사(Dr. Peter Meyers, 온라인 세계에서는 "닥터 피트"로 더 잘 알려진 마케팅 과학자이자 구글 알고리즘 업데이트 추적의 권위자) 같은 사람들이 대표적이다. 피트는 구글이 검색 결과에 주는 주요 변화에 대해, 그리고 Moz가 제품과 지표 측면에서 어떻게 대응해야 하는지에 대해 수많은 팀에 조언할 책임이 있다. 그는 마케팅 팀과 협력하여 블로그 포스트, 프레젠테이션, 장문의 보고서, Mozcast 같은 인터랙티브 도구 등의 콘텐츠를 만든다. 피트는 우리의 가장 높은 레벨 IC 중 한 명이며, 그의 영향력과 책임, 스톡옵션과 급여는 모두 VP(부사장)급 피플 매니저와 동등하다.

모든 회사는 다르고, 검증된 "틀"이 있으며 오랫동안 정립되어 대중에게 익숙한 관리직과 달리, 개별 기여직(IC) 역할은 각 회사의 고유한 문화와 필요에 맞춰 설계되어야 한다. 모든 회사가 닥터 피트 같은 마케팅 과학자나 나 같은 프로덕트 아키텍트를 필요로 하지는 않는다. 하지만 비즈니스의 핵심 역량 분야에서 깊이 있는 기술과 경험을 갖춘 전문가가 조직에 막대한 이득을 안겨주지 못하는 사례는 본 적이 없다.

만약 당신이 훌륭한 IC들을 관리자로 밀어 넣어 그들의 강력한 기술적 역량으로 다른 팀원들의 성장을 돕게 하려 했다면, 내 조언은 이렇다. 그런 영향력을 발휘하기 위해 반드시 채용과 해고를 담당하고, 고과를 매기며, 대인 갈등을 처리하고, 소통 프로세스를 관리하는 사람이 되어야 한다는 잘못된 전제를 제거하라.

IC가 성장할 수 있는 경로를 만든다는 것은, 최고의 인재를 적합한 역할에 배치하고 그들의 커리어와 보상을 발전시킬 수 있음을 의미한다. 관리직을 위로 올라가는 유일한 길로 강요한다면, 당신은 정작 인재가 필요한 곳에서 그들을 잃게 될 것이다. 더 나쁜 것은, 그 역할에 부적합한 사람을 앉힘으로써 팀 전체에 해를 끼치게 된다는 사실이다.

Chapter 15.

취약함을 드러내는 것 ≠ 약해빠진 것

"실리콘밸리에서 실수를 인정하고 취약함을 드러내는 것은
가장 치명적인 사회적 금기 중 하나다. 하지만 나는 이제 그런 연극을
하는 데 진절머리가 났다."

— 마렌 케이트(Maren Kate), 2016년 5월

나는 2001년 11월, 밴드 위저(Weezer)의 콘서트에서 돌아오는 버스 안에서 아내 제럴딘을 만났다. 나는 그녀에게 이메일 주소를 건넸는데, 그녀는 그걸 거절의 의미로 받아들였다(2000년대 초반만 해도 "이메일 못 받았어"라는 핑계가 꽤 그럴듯하게 통했으니까). 2주 후 우리는 첫 데이트를 했고(그녀가 연락하기까지 내 느낌상으로는 평생이 걸린 것 같았다), 그로부터 1년 후 동거를 시작했다.

내게는 천운이었다. 쥐꼬리만 하던 내 월급은 아예 없는 수준으로 곤두박질쳤고, 신용카드 빚은 하늘 높은 줄 모르고 치솟았으며, 오직 그녀의 안정적인 직장만이 전기 요금과 월세를 낼 수 있게 해 주었기 때문이다. 나는 2007년에 청혼했다. 우리는 2008년에 결혼했고, 그 이후로 동화 같은 로맨스를 이어왔다.

하지만 2012년, 나는 우리가 끝장났다고 생각했다.

그해 6월, 제럴딘은 지난 몇 년간 심해진 편두통 때문에 주치의를 찾았다. 의사는 MRI를 찍어보자고 했다. 별 게 나올 가능성은 극히 낮지만, 몇 가지 잠재적 원인을 배제하기 위해 찍어볼 가치는 있다는 것이었다. (불길한 음악이 흐르는 순간이다.)

나는 첫 번째 검사 때 제럴딘과 동행하지 않았다. 그녀는 목요일에 혼자 가서, 자석과 카메라가 머리 주위를 도는 거대한 튜브 속에 누워 결과를 기다렸다. 다음 날 아침, 의사에게 전화가 왔다. 검사 결과 뇌종양을 발견했다고 했다. 시상하부(뇌의 모든 기능 정중앙에 있는 부위)에 붙어 있다고 했다.

그럼에도 의료진은 우리를 안심시키려는 듯 말했다. "걱정할 일이 있다는 걸 확실히 알기 전까진 걱정하지 맙시다."

제럴딘과 나는 납득할 수 없었다. 병원 측은 온라인 건강 계정에서 자동 생성된 결과를 볼 수 있는 링크를 이메일로 보냈다.

우리는 함께 로그인해서 사진을 봤지만, 도통 무엇을 보고 있는지 알 수 없었다. 우리가 이해한 건 사진 옆에 친절하게 남겨진 영상의학과의 메모뿐이었다. "시상하부에 1cm 종괴; 신경교종(glioma) 의심."

검색 엔진이 없던 시대였다면, 우리는 주말 내내 '신경교종'이 뭔지도 모른 채 불안해하며 다음 주 화요일 진료를 기다렸을 것이다. 하지만 "신경교종이라는 단어를 구글링하지 말라"는 제럴딘의 제안에도 불구하고, 우리는 금요일 내내 끔찍한 정보를 읽으며 보냈다. 발견 후 평균 기대 수명 3~7년(그마저도 고통스러운 시간들), 생존율 20% 미만. 나는 무너져 내렸다. 아무 말도 안 하려 했지만, 나는 포커페이스와는 거리가 먼 사람이다. 그녀는 솔직하게 말해달라고 했다. 나는 당신이 죽을까 봐 무섭다고 말했다.

사실 나는 어느 정도 그렇게 될 거라고 확신하고 있었다. 제럴딘과 나는 항상 유머와 행복, 파트너십과 다정함으로 가득 찬 동화 같은 사랑을 해왔다. 진단받은 직후, 내 뇌는 어두운 상상으로 빠져들어 '우리 같은 로맨스의 대가는 결국 비극적 결말일 것'이라고 단정 지었다. 그녀 없이 남은 인생을 보내야 한다는 사실이 너무나 두려웠다.

나는 토요일과 일요일을 슬픔과 충격이 오가는 상태로 보냈다. 그러다 이 모든 상황을 정리하고 싶어서 제럴딘에게 앞으로 몇 년간 무엇을 하고 싶은지 물었다. 특히 우리가 함께할 수 있는 시간이 얼마 남지 않았다면, 이것은 가장 중요한 질문 같았다.

그 주말은 가슴 찢어지게 힘들었지만, 이전에는 가져본 적 없는 관점을 우리에게 선물하기도 했다. 잠재적인 '끝'이 보일 때, 중요하지 않은 모든 것은 정말 중요한 것들에 자리를 내어준다. 우리는 남은 시간 동안 무엇을 원하고 원하지 않는지, 누구를 만나고 누구를 만날 필요가 없는지에 대해 평소라면 절대 하지 않았을 방식으로 이야기했다. 친구들에게 전화했고, 모든 끼니를 함께 먹었다. 컴퓨터와 휴대전화는 거의 멀리했다. 우리가 가장 좋아하는 시애틀 동네를 드라이브했다. 나는 우쿨렐레를 사서 독학으로 노래 두 곡을 익혔다. 오직 제럴딘을 위해서만 연주했다.

월요일, 나는 출근했다.

우리는 주말 동안 '확실한 결과가 나올 때까지 영상의학과의 소견을 회의적으로 받아들이고, 비합리적일지 모르는 두려움에 굴복하지 말자'고 합의했다. 하지만 나는 엉망진창이었다. 회사(Moz)와 관련된 어떤 것도 중요하게 느껴지지 않았다. 의미 있는 방식으로 집중하거나 기여할 수 없었다. 모든 게 정상인 척해야 하는 불편함이 나를 미치게 했다. 나는 그 가식을 두 시간 정도 유지했다. 점심 식사 후, 나는 로비에서 즉흥적으로 전사 미팅을 소집했다. 당시 우리 모두가 들어갈 수 있는(아주 간신히) 유일한 공간이었다.

나는 말을 많이 하지 않았다. 몇 문장을 간신히 이어갔다. 지난주에 제럴딘이 뇌종양 진단을 받았고, 곧 더 자세한 결과를 알게 될 것이며, 그때까지 나는 소위 '멘붕' 상태일 거라고 고백했다. 나는 이 상황을 버텨내려면 여러분의 도움이 필요하고, Moz 또한 그렇다고 말했다.

당시 내 비서였던 제스가 "다 같이 안아줘도 되냐"고 물었다. 나는 흐느끼며 그러라고 했고, 우리는 거대한 그룹 포옹을 했다. 그 후 나는 강력한 안도감, 지지, 동지애를 느끼며 업무에 복귀했다. 나는 Moz와 그곳에 나와 함께 있는 사람들에 대해 놀라운 자부심을 느꼈다. 내 커리어에서 직업적으로 이보다 더 큰 확신을 준 경험은 없었던 것 같다. 나는 전 직원 앞에서 울었지만, 단 1초도 그들이 나를 나쁘게 볼 거라 생각하지 않았다. 나는 안전하다고 느꼈다.

한 달 뒤, 제럴딘은 종양 생검을 위해 뇌수술을 받았다. 의사들은 '모양 세포성 성상 세포종(pilocytic astrocytoma)'이라고 진단했다. 장기적인 위험이 거의 없는 아주 가벼운 형태의 종양이었다. 긴 회복 끝에 그녀는 아주 건강해졌고, 매년 검사에서도 종양은 아무런 악영향을 주지 않는 것으로 나타났다. 과학과 현대 의학, 그리고 '기저 질환' 때문에 보험 적용이 안 될 뻔한 걸 막아준 오바마케어에 감사한다.

강한 리더라는 신화

1980년대와 90년대 미국에서 자라면서 나는 리더십에 대해 아주 특정한 인상을 받았다. 리더는 강하고, 회복탄력성이 있으며, 위축되지 않아야 했다. TV나 영화에 나오는 터프가이들처럼 남성적이어야 했다. 성취에 대해서는 시끄럽고 뻔뻔하며, 감정에 대해서는 침묵하고 속을 알 수 없어야 했다. 리더에게 허용되는 유일한 감정은 분노, 부러움, 자부심, 용기뿐이었다. 그 외의 모든 감정은 내면으로 삼켜야 했고, 절대 밖으로 드러내서는 안 됐다.

마크 저커버그, 스티브 잡스, 일론 머스크가 미디어와 영화에서 어떻게 묘사되는지 생각해 보라. 일 외에는 삶이 없고 추진력에는 끝이 없지만, 사람을 챙기는 데는 완전히 무능한 반항적인 천재들. 오직 회사만이 중요하다. 강함을 과시하고 성공을 쟁취하는 것, 그것이 '진짜 리더'가 하는 일이다.

감정을 다루는 수단으로서의 '억압'은 미국 남성성과 리더십 문화에서 오랜 역사를 가진다. 이는 종종 '유리천장'의 원인으로 지목된다(여성 리더들은 강함과 배려 사이에서 불가능한 줄타기를 요구받으며, 어느 한쪽으로 치우치면 혹독한 비난을 받기 때문이다). 이는 알코올, 마약, 도박 같은 중독 행동이나 자가 치료(self-medicating)와도 자주 연관된다. 수많은 임원이 가면 증후군(imposter syndrome), 불안, 우울증에 시달리는 큰 이유일 가능성이 높다.

"강하고 과묵한 타입"으로 정형화된 자질들은 TV쇼 소재로는 좋을지 몰라도, 리더로서는 끔찍하다. 과거에 나는 어리석게도 이런 사람들을 채용하고 함께 일해봤다. 나는 사람보다 프로세스를 앞세우고, 사적인 대화나 농담을 차단하고, 정치적으로 관리하며, 인간미라곤 찾아볼 수 없는 리더에게서 생겨나는 불신을 목격했다. 그런 일이 벌어지면 좋은 사람들은 떠나고, 돈만 밝히는 용병 같은 사람들이 채용되며, 일은 '하고 싶은 것'에서 '해야만 하는 것'으로 변질되는 걸 봤다.

아이러니하게도, 취약성(vulnerability)을 공개적으로 드러낼 때 팀에는 훨씬 더 긍정적인 영향이 미친다. 기술직 및 비기술직, 장기 및 단기 과제 등 다양한 조건에서 가장 성공적인 그룹을 연구한 대학 및 민간 기업의 결과, 다른 어떤 속성보다 성과를 더 잘 예측하는 하나의 속성이 발견됐다. 바로 심리적 안전감(psychological safety)이다.

화장실에서 울어야 한다면, 뭔가 잘못된 것이다

개인적인 문제를 털어놓고, 실수를 공유하고, 가혹한 비판이나 판단의 위험 없이 목소리를 낼 수 있다고 느낄 때, 팀은 다른 동료들보다 훨씬 뛰어난 성과를 냈다. 연구자들이 식별하거나 측정할 수 있었던 다른 어떤 속성보다, 이것이 강력한 팀 성과 및 업무 품질과 상관관계가 있었다. 동료와의 정서적 편안함은 IQ, 경력 연수, 이전 업무 성과, 그리고 연구자들이 가설을 세웠던 말 그대로 다른 모든 것보다 더 나은 예측 변수였다.

구글의 내부 연구 프로젝트인 '아리스토텔레스 프로젝트 (Project Aristotle)'는 수년간의 경험적 성과 데이터를 바탕으로 수천 개의 팀을 조사했고, 팀원 간의 공감과 정서적 지지라는 그룹 규범이 팀 성공의 가장 일관되고 최고의 예측 변수라는 결론을 내렸다. 2012년 노스다코타 주립대 연구는 "타인의 감정과 관점을 인지하고, 이해하고, 존중하는 능력"인 사회적 민감성이 고성과 팀과 강한 상관관계가 있음을 발견했다. 2008년 카네기 멜런 대학 연구도 699명의 개인을 소그룹으로 나누어 5시간짜리 프로젝트를 수행하게 한 분석에서 거의 같은 결과를 얻었다. 뉴욕타임스는 그 결과에 대해 이렇게 썼다.

"연구자들에게 가장 흥미로웠던 점은 한 과제를 잘 수행한 팀이 보통 다른 모든 과제도 잘 수행했다는 것이다. 반대로 한 가지에 실패한 팀은 모든 것에 실패하는 듯했다. 연구자들은 결국 '좋은' 팀과 기능 장애 그룹을 구별하는 것은 팀원들이 서로를 대하는 방식이라는 결론을 내렸다. 즉, 올바른 규범은 그룹의 집단 지성을 높일 수 있는 반면, 잘못된 규범은 개개인이 아무리 똑똑하더라도 팀을 절뚝거리게 만들 수 있다."

나는 수년 동안 Moz와 다른 전문적인 환경의 수십 개 팀에서 이 현상이 벌어지는 걸 목격했다. 우리가 주변 사람들에게 배려와 신뢰를 보여주고, 그들도 우리를 배려하고 신뢰한다고 믿을 때, 놀라운 일이 일어난다. 우리의 집단적 작업물은 '부분의 합'보다 더 커진다. 우리는 더 나은 결과를 달성하면서도, 묘하게 우리가 하는 일이… 덜 '일'처럼 느껴진다. 개인이 겪는 '몰입(flow)'의 개념, 즉 일의 흐름을 타고 시간이 녹아내리며 빠르고 높은 품질의 진척을 보이는 것과 평행하게, 여러 사람이 단일 유닛처럼 기능하며 각자일 때보다 함께일 때 더 강력해지는 '그룹 응집력'이라는 아이디어가 있다. 이러한 그룹 몰입 상태에 진입하려면, 각 구성원은 안전하다고 느껴야 한다.

MIT 연구원 에이미 에드먼드슨(Amy Edmondson)이 심리적 안전감을 처음 정의했는데, 그녀는 이것이 집단 결속(연구에 따르면 건전한 갈등의 부재와 집단사고로 이어질 수 있는)과는 다르다고 지적했다.

"이 용어는 부주의한 허용이나 밑도 끝도 없는 긍정적 감정을 의미하는 게 아니다. 팀원이 의견을 냈다는 이유로 팀이 그를 당혹스럽게 하거나, 거절하거나, 처벌하지 않을 것이라는 확신을 의미한다. 이 확신은 팀원 간의 상호 존중과 신뢰에서 비롯된다."

에드먼드슨이나 구글, 카네기 멜런 연구원들 모두 심리적 안전감이 왜 그룹 성과를 그렇게 잘 예측하는지에 대해 명확한 이론을 제시하진 않았지만, 내가 직접 파헤쳐 보겠다. 성공적인 팀과 프로젝트, 그리고 실패한 것들을 가르는 공통적인 요소들은 대체로 다음과 같다.

1   목표에 대한 명확성과 공유된 이해: "우리가 이걸 왜 만들고 무엇을

달성하려 하는가?"라는 질문에 모두가 같은 대답을 한다.

2   필요한 구체적 업무와 각자의 기여 방식에 대한 통일성 : "내가 뭘 해야 하고 그게 다른 팀원들이 하는 일과 어떻게 맞아떨어지는가?"라는 질문에 모두가 대답할 수 있다.

3   주변 사람들이 공평하게 기여할 것이라는 확신 : "내가 내 몫을 하면 다른 사람들도 자기 몫을 할 것이고 우리는 성공할 것이다"라는 문장을 모두가 믿는다.

4   잘못되더라도 발견하고, 고치고, 살아남을 수 있다는 믿음 : "이게 안 된다고 해서 내 프로젝트/팀/회사/경력의 끝은 아닐 것이다"라는 문장에 모두가 동의한다.

5   강력한 동지애와 유대감, 팀/프로젝트의 모든 사람이 주변 사람을 아끼고 함께 일하는 경험에서 기쁨을 느끼는 것 : "난 우리 팀원 모두가 잘되길 바라며, 그들을 위해 기꺼이 희생할 수 있고 그들도 나를 위해 그럴 것이라 믿는다"라고 모두가 말할 수 있다.

내 가설은 (a) 스스로 느끼는 심리적 안전감과 주변 사람들에 대한 사회적 민감성이 이 모든 필수 요소들을 올바른 방향으로 밀어주고, (b) 아마 더 치명적이게도, 안전하고 지지받는다는 느낌의 결여가 이 모든 것을 잘못된 방향으로 밀어낸다는 것이다.

나는 안전감을 느끼지 못해서인지 전략적 접근, 장기 목표, 업무와 결과 간의 연결 고리에 대해 깊은 의구심을 가지고 있지만 아무도 입 밖으로 꺼내지 않는 팀들을 겪어봤다. 회의실에 앉아 있으면 회의감과 체념이 밑바닥에 깔린 감정이라는 게 얼굴에 다 쓰여 있었다. 나나 다른 프로젝트/팀 리더가 "내가 책임자니까 그냥 해" 카드를 꺼내야 했다면, 십중팔구 그 지배적인 태도를 돌려놓지 않는 한 그 프로젝트(혹은 팀)는 망한다는 신호다.

최근에 제럴딘과 나는 Moz의 개발자 중 한 명이자 오랜 직원이자 친구인 케니 마틴과 저녁을(사실 주로 술을) 먹었다. 케니는 Moz의 지원팀에서 시작했지만, 회사에 다니면서 프런트엔드 웹 개발을 배웠고, 시니어들에게 훈련받아 지난 몇 년간 우리의 가장 재능 있는 기여자 중 한 명이 되었다. 우리는 그의 아버지의 죽음부터 연애사, Moz의 미래 계획까지 모든 것에 대해 이야기했다. 그가 팀의 내년 전략 계획을 들었는데 별로 깊이 있게 생각한 것 같지 않다고 말했을 때, 내 머릿속에 빨간불이 켜졌다.

우리는 남은 밤을 놀면서 보냈지만(그리고 서프 록 밴드가 크리스마스 노래를 연주하는 허름한 바에서 끝을 맺었지만), 다음 날 나는 케니에게 제품 계획에 대해 한 시간 동안 이야기하자고 초대했다. 우리는 큰 그림의 목표, 각 목표에 연결된 구체적인 업무 항목, 그리고 요소들이 어떻게 맞아떨어지는지 훑어봤다. 케니는 질문을 던졌고, 내가 가진 사각지대를 찾아냈고, 흥분했다. 우리 둘 다 그랬다. "내년 계획이 별로인 것 같아요"라고 시작된 갈등이 우리 둘에게, 프로젝트 자체에, 그리고 회사 전체에 엄청나게 긍정적인 경험으로 바뀌었다.

더 나은 계획과 감정을 이끌어내는 건 바로 이런 창의적이고, 투명하고, 건전한 갈등을 할 수 있는 능력이다. 케니와 내가 계획에 대해 좋게 느낄 때, 우리는 다른 사람들의 동참을 도울 수 있다. 팀의 모든 사람이 똑같은 긍정적인 흥분과 희망을 가지고 있을 때, 그리고 공개적으로 회의적이거나 비판적이어도 괜찮다는 걸 알 때, 그런 감정을 숨기거나 동료나 매니저와의 관계를 망칠까봐 두려워할 필요가 없다는 걸 알 때, 계획과 업무의 질은 모두 향상된다.

그룹 환경에서 이런 회의론을 파고드는 건 어렵고 불편할 수 있다. 특히 내향적인 사람들이나 팀 작업 경험이 없는 사람들에게는 더 그렇다. 나는 시간을 들여 사람들을 일대일로 만나 계획을 설명하고 피드백, 질문, 우려 사항을 묻는 게 훨씬 효과적이었다. 맞다, 시간이 훨씬 많이 걸린다. 하지만 다 같이 모이거나 본격적으로 일을 시작할 때쯤이면, 큰 갈등들은 이미 다 생각하고 해결된 상태라는 뜻이기도 하다. 이건 프로젝트 기여자들만을 위한 게 아니다. 리더와 매니저를 위한 것이기도 하다. 그룹 앞에서 내 아이디어와 계획을 방어하는 건 정말 불편하고, 실수를 인정하거나 즉석에서 수정하는 건 더 어렵다. 하지만 팀원들과 일대일로 소통하고 최종 계획을 발표하거나 시작하기 전에 모두의 우려를 미리 파악해 두는 건 훨씬 더 편안하다.

시애틀의 컨설턴트 엘리자베스 슈미트는 생물학적 관점에서 흥미로운 이론을 제시했다. 스트레스를 받으면 감성 지능이 떨어진다는 것이다. 복잡한 기술적 문제를 해결하는 팀의 결과물이 단순 지능이 아니라 창의성과 공유된 이해에 기반한다면, 안전함의 결여가 성공을 방해한다는 건 지극히 상식적인 결론이다.

흥미로운 건 심리적 안전감의 뉘앙스다. 에드먼드슨이 말했듯 "끊임없이 긍정적인" 것이 아니라, 목소리를 높이고, 반박하고, 질문하고, 비판이나 불안을 표현하는 데 편안함을 느끼는 것이다.

나도 차갑고, 거리감 있고, 나나 동료들에게 공감하지 않는다고 느껴지는 사람들과 일해본 경험이 확실히 있다. 하지만 이 연구를 발견하고 소화하기 전까지는, 그것이 우리가 집단적으로 생산하는 결과물의 질에 얼마나 해로운지 깊이 생각해보지 않았다. 되돌아보면, 좌절스럽고 불필요하게 전투적이었던 회의들은 기억나지만, 적어도 의식적으로는 기여 능력이 떨어지거나 업무 퀄리티가 나빠졌다고 느낀 기억은 없다.

반면, 내 커리어에서 가장 의미 있고, 임팩트가 크며, 고품질의 결과를 낸 그룹들을 떠올려보면, 동지애와 우정, 서로에 대한 배려와 애정의 기억이 선명하다. 때로는 우정으로 시작했고, 때로는 지인으로, 물론 많은 경우엔 완전히 남남으로 시작했다. 하지만 모든 경우에, 나는 일이 아니라 사람을 알게 된 것을 기억한다. 사무실 밖에서의 삶 이야기, 일과는 상관없는 따뜻한 대화, 특별한 안건 없이 커피나 술이나 밥을 먹자는 초대들. 사람들이 전문적인 업무를 넘어선 개인적 유대감을 형성할 때 일어나는 화학반응 같은 게 있다고 생각한다. 우리는 비판에 대한 내성, 결점에 대한 수용, 특이함에 대한 감사를 쌓아간다. 마치 오래 끓인 소스같다. 처음엔 맛들이 따로 놀고 이상하지만, 뜨거운 가스레인지 위에서 몇 시간 함께 지지고 볶고 나면, 말로 설명할 수 없는 마법같은 조화와 풍미가 우러나오는 것이다.

안전해 보인다는 것 (그리고 그렇지 않은 것)

제럴딘의 종양에 대한 두려움과 슬픔을 Moz 팀과 공유했던 그날, 나는 그게 우리 업무나 조직으로서의 효율성과 연결된다고 생각하지 않았다. 하지만 둘은 연결되어 있었을 것이다. 심리적으로 덜 안전한 환경이었다면, 나는 그런 개인적인 뉴스를 공개하는 게 불편했을 것이다. 그리고 덜 도움이 되고 배려심 없는 곳이었다면, 동료들이 그렇게 긍정적인 방식으로 내 주위로 뭉치지 않았을 것이다.

다행히 Moz에는 팀원들 간의 이런 깊고 개인적인 편안함을 보여주는 다른 놀라운 사례들이 많다.

몇 년 전, 우리는 '런치 앤 런(lunch-and-learn)' 프로그램을 시작했다. 직원들이 기술적인 것부터 동기부여, 휴가, 취미 등 온갖 주제에 대해 프레젠테이션하는 시간이다. 내가 제럴딘의 종양 소식을 알릴 즈음, Moz 엔지니어 중 한 명인 모라 허벨(Maura Hubbell)이 자신의 성전환에 대해 발표했다. 그녀는 여성이 되어가는 과정의 정서적, 의학적, 재정적, 가족적인 요소들을 설명하는 PPT를 만들었다. 그녀는 그날 참석한 수십 명의 Moz 직원들 앞에 서서 이 엄청나게 개인적이고 인생을 바꾸는 결정과 과정을 설명했다. 그녀는 우아하고 침착하게 질문을 받았다.

그 발표 자료에서 내가 가장 좋아하는 슬라이드(어쩌면 내가 본 모든 슬라이드 중 최고)에는, 신데렐라의 요정 대모(Fairy Godmother) 이미지가 있었고 제목은 "마법의 날, 2008년 6월 3일"이었다. 화살표 하나가 요정 대모를 가리키며 "스티브 발머"라고 쓰여 있었고, 또 다른 화살표가 요술봉을 가리키며 "마이크로소프트 성전환 수술 혜택"이라고 쓰여 있었다. 모라는 자신이 재직하던 시절 마이크로소프트 사장이었던 발머가 성전환 수술과 호르몬 치료를 회사의 의료 보험에 포함시키도록 노력했다고 설명했다. 놀라웠다.

모라는 내가 이런 경험을 한 사람 중 깊이 있게 시간을 보낸 두 번째 사람이었다. 그렇게 오래 걸렸다는 게 부끄럽지만, 그녀의 투명성 덕분에 내가 더 수용적이고, 더 진보적이고, 그 주제에 대해 훨씬 더 많이 알게 되었다고 자랑스럽게 인정한다. Moz가 사람들이 이런 식으로 공유하는 걸 편안해하는 곳이라는 걸 아는 건 영감을 주었고 깊은 보람을 느끼게 했다.

몇 년 후, 인수합병으로 합류한 엔지니어 마크 밈스(Mark Mims)는 또 다른 런치 앤 런에서 전 직원 앞에 서서 아들의 커밍아웃 이야기를 공유했다. 마크는 워싱턴주의 매우 보수적이고 종교적인 스포캔 출신인데, 아들 크리스가 게이임을 밝힌 후 많은 가족 구성원이 전혀 받아들이지 않았다고 설명했다. 마크 자신도 힘들어했고, 당시 그가 느꼈던 두려움과 불편함에 대해 지금 느끼는 부끄러움을 회고한 내용은 그 프레젠테이션에 깊이와 울림을 주어 내 뇌리에 박혔다. 발표가 끝날 때 마크는 우리 모두를 놀라게 했는데, 발표 자료를 만드는 걸 도와줬고 청중 속에 앉아 있던(아무도 몰랐는데!) 크리스에게 감사를 표했기 때문이다. 나는 크리스와 악수하고 마크를 안아줄 수 있었고, 내 눈은 여전히 눈물로 젖어 있었다.

반대로, 회사가 가장 스트레스 많고 성과가 저조했던 어느 해, '기능 장애' 카테고리에 너무나 완벽하게 들어맞는 사건이 있었다.

10장에서 언급했던 그 성차별적인 매니저를 기억할 것이다. 승진은 여러 번 했지만 행동은 매우 유해하고 정치적이었던 그 사람. 그는 자신과 일하거나 근처에 있는 젊은 여성들을 일상적으로(하지만 교묘하게) 괴롭혔다. 그리고 비극적이게도, 그가 떠난 뒤에야 나는 그가 이들에게 했던 비하 발언과 부적절한 말들을 알게 되었다. 내가 이런 행동을 당한 두 여성에게 왜 매니저나 HR

에 알리지 않았냐고 따로 물었을 때, 대답은 "아무도 신경 쓸 거라 생각하지 않았고, 어차피 그는 승진할 게 뻔했으니까요"였다.

이 여성들은 그 매니저에게 저항하는 게 안전하다고 느끼지 않았다. 그리고 Moz HR 팀에 문제를 제기하는 것도 안전하다고 느끼지 않았다. 그래서 문제는 곪아갔고, 그 결과는 아마 그의 쓰레기 같은 행동을 직접 당한 두 사람을 훨씬 넘어섰을 것이다. 이 남자의 해로운 언행으로 고통받은 사람들의 투명성이 없었기에, 그의 부정적인 영향은 암처럼 퍼져나갔고, 영향받은 사람들의 반응과 내면화에 의해 증폭되어, 추적하기 힘든 방식으로 동기부여와 신뢰를 해쳤다.

이런 개인적이고 정서적인 경험들과 회사의 업무 산출물이나 품질 사이에 논리적인 연결 고리를 만드는 건 어렵다. 뇌종양이나 성전환 이야기를 공유하거나 자녀의 성 정체성을 받아들이는 게 진짜 우리 소프트웨어의 가치나 마케팅 성공에 영향을 줄까? 혹은 개인적인 갈등을 공유하는 불편함이나 괴롭힘에 대해 말했을 때 보복당할 두려움이 그런 결과에 부정적인 영향을 줄까?

연구와 실제 경험담에 따르면, 그렇다.

사람들이 함께 일할 때, 우리의 성과는 개인의 천재성이나 단일한 뛰어난 기여가 아니라, 그룹 구성원 간의 복잡한 상호작용에 의해 좌우된다. 일에 대해, 동료에 대해, 개인적인 삶에 대해 갈등과 우려를 공유하는 취약성과 투명성은 고기능의 매우 성공적인 팀을 만든다. 불투명함, 비밀주의, 불편함, 두려움이 존재할 때, 그것들은 가장 똑똑하고 재능 있는 그룹조차 압도해 버릴 수 있다.

Chapter 16.

자기 객관화는 초능력이다

"사람들은 변화를 사랑한다. 남을 바꾸는 변화라면 말이다. 사람들은 변화를 혐오한다. 자신을 바꿔야 하는 변화일 때만." — 리치 노턴, 2016

"나는 우울해하느라 시간을 낭비하지 않는다. 불행하다면, 하고 있는 일을 바꿔야 한다."   — 마크 앤드리슨, 1998년 4월

2014년 9월, 2012년 라운드 투자자인 브래드 펠드가 내게 콜로라도 덴버에서 열리는 파운드리 그룹의 연례 CEO 서밋 진행을 부탁했다. 나는 이미 7개월 전에 Moz의 CEO 자리에서 물러난 상태였지만, 작년 서밋 진행이 꽤 괜찮았던 모양인지 다시 요청이 온 것이다. 나는 포트폴리오사 CEO들에게 토론이 필요한 주제를 설문 조사하고, 사회자와 주제를 선정하고, 스케줄을 짜고, 파운드리 직원들과 물류 작업을 조율했다. 토론 주제는 영업 보상부터 마케팅 전술, 엔지니어링 모범 사례, 파트너십 기회, M&A, 자금 조달 등 광범위했다.

일과가 끝날 무렵, 모든 CEO가 르네상스 호텔 지하의 대회의실에 모여 브래드를 중심으로 반원형으로 둘러앉았다. 브래드는 "CEO로 산다는 것 : 개인적 고충, 일과 삶의 균형, 정서적 건강"이라는 마지막 세션의 사회를 맡았다.

세션 초반, 브래드는 방 안에 있는 모든 CEO에게 물었다. "CEO로 재임하는 동안 심각한 불안이나 우울증, 또는 다른 정서적·정신적 장애를 겪은 분은 손을 들어주십시오."

단 두 명을 제외하고 방 안의 모든 손이 올라갔다.

그 순간, 의자에 앉아 울 뻔할 정도로 강력한 안도감이 밀려왔다. 나는 나만 그런 줄 알았다. 스트레스와 압박을 견디지 못해 우울증에 무너져 일자리를 잃은, 나약한 전직 CEO라고만 생각했다. 하지만 공중에 들린 저 손들은 내가 혼자가 아니라는 걸 깨닫게 해 주었다. 사실 나는 압도적 다수에 속했다. 적어도 이 그룹 안에서는 말이다. 외로움과 수치심을 느끼던 존재에서 동등한 동료 중 한 명으로의 정신적 전환. 그 순간은 내가 우울증과 정신 장애에 대한 낙인을 바라보는 방식을 영원히 바꿔놓았다.

나는 혼자가 아니다. 당신도 마찬가지다.

내 우울증이 언제 시작됐는지 콕 집어 말하기는 어렵다. 나는 전조 증상이나 주의해야 할 점을 몰랐다. 적어도 2013년 5월부터 관련된 특성과 경향을 보이기 시작했다는 건 알지만, 테라피스트와 코치의 도움으로 이 증상들을 '우울증'이라고 인식하고 부르기 시작한 건 2014년 여름이 되어서였다.

나는 본래 약간 내향적이고 성찰적인 편이지만, 사회적 상황에서는 잘 처신하고 친구도 쉽게 사귄다. 2013년 이전에 나를 만났다면 "친근하다", "유머러스하다", "다가가기 쉽다", 심지어 "낙관적이다" 같은 단어로 나를 묘사했을지도 모른다. 하지만 우울증을 겪던 시기에 나와 많은 시간을 보냈다면, 전혀 다른 모습을 보았을 것이다.

가장 눈에 띄는 점은 내가 일에 대해 논쟁적인 염세주의자가 되었다는 것이다. 내 직업적 삶이나 Moz와 관련된 어떤 것도 제대로 될 리 없다고 확신했다. 나는 경영진, 직원, 투자자, 파트너, 심지어 고객들에게까지 우리가 얼마나 일을 망쳤는지, 우리를 실망시킨 주변 사람들에게 내가 얼마나 실망했는지 떠벌렸다. 긍정적인 진전의 조짐은 다 가짜고 곧 거짓임이 드러날 것이라고 비난했다.

나는 수년 동안 해왔던 것처럼 컨퍼런스에서 SEO나 웹 마케팅에 대해 강연했다. 강연이 끝나면 무대 바로 아래에 질문을 하거나 대화를 나누려는 사람들이 줄을 서곤 했다. 당시 내 부정적인 태도는 너무 깊어서, 사람들이 Moz에 대해 좋은 말을 하거나 몇 달 혹은 몇 년 동안 구독해 왔다고 말하면, 나는 몇 분 동안 그들을 설득하려고 애썼다. "우리 제품은 어떤 기능이 빠져 있거나 데이터가 부족해서 경쟁사보다 형편없이 뒤처져 있으니, 진짜로 갈아타시는 게 낫습니다."

우울증에 걸린 랜드는 오만하다. 그는 자신의 어두운 세계관이 옳으며, 타인의 어떤 논리나 행동도 자신의 생각을 굽히지 못할 것이라 확신한다. 그는 자기 연민에 빠져, 과거의 결정과 실수들이 비가역적인 힘을 만들어내어 미래의 진전이나 변화를 가로막고 있다고 믿는다. 그는 불행 속에서 뒹굴며, 실제로 일이 잘못되어 자신의 예측이 맞았음이 증명될 때 묘한 쾌락과 행복을 느낀다.

우울증이 내 이성을 장악한 가장 악질적인 방식은, 내 부정적인 태도에 의문을 제기하는 사람들에게 '우울한 현실주의(Depressive Realism)'에 대한 연구를 들이밀었다는 것이다. 레이첼 아델슨은 미국심리학회(APA)의 〈사이언스 워치〉 기사에서 이렇게 설명했다.

"심리학자들은 수십 년 동안 우울한 사람들이 사실을 왜곡하고 우울하지 않은 사람들보다 자신의 삶을 더 부정적으로 본다고 생각했다. 하지만 심리학 연구들은 그 패턴에 대한 기묘한 예외를 일관되게 밝혀냈다. 연구에 따르면, 우울한 사람들은 우울하지 않은 사람들보다 사건에 대한 자신의 통제력을 더 정확하게 판단한다."

나는 이 현상을 동료, 이사회, 심지어 아내에게까지 인용했다. "이것 봐. 상황을 똑바로 보고 있는 건 나야. 그리고 모든 게 회복 불가능할 정도로 끔찍하다는 걸 나는 안다고."

우울증은 신체적으로도 나에게 영향을 미쳤다. 나는 수년 동안 척추 디스크를 앓아왔다. 엑스레이를 보면 등골이 서늘해지는데(뼈에 관한 이야기라 한 농담은 아니다), 척추 기저부 근처의 중요한 지점을 누군가 망치와 정으로 찍어놓은 것처럼 보이기 때문이다. 그 디스크는 왼쪽 다리로 내려가는 좌골 신경을 압박한다. 물리 치료 운동을 열심히 하고 앉을 때 요추 지지대(나는 여름에도 지지대를 쓰기 위해 거의 항상 스카프를 가지고 다닌다)를 사용하지 않으면, 다리에 경련과 수축이 일어나 날카로운 통증과 보행 장애를 유발한다. 우울증을 앓는 동안 내 다리와 좌골 신경통, 허리 문제는 역대 최악이었다. 근육의 모든 부분이 통제 불능으로 긴장되면서 발목과 종아리가 잠기는 듯한 찌르는 통증을 겪었다.

그리고 수면. 일을 위해 잠을 줄이는 게 '명예 훈장'이라고 말하는 사람은 헛소리를 하는 거다. (데이터는 명백하다. 하루 6시간 미만으로 자면서 효과적으로 기능하는 사람은 1% 미만이고, 우리 대부분은 적어도 7시간이 필요하다.) 나는 몇 주 동안 계속해서 내가 겪어본 중 가장 피곤하고, 지치고, 기능이 저하된 상태로 지냈다. 회의 중에 눈을 뜨고 있기도 힘들었고, 늘 긴장되어 있었고, 카페인 과다 상태였으며, 비이성적으로 화를 잘 냈다. 하지만 침대에 누우면 '루프(the loop, 악순환의 고리)'가 시작됐다. 내가 얼마나 일을 망쳤는지, 그게 절대 고쳐질 수 없다는 것, 그 결과로 나와 주변 사람들이 놓치게 될 모든 기회와 멋진 일들에 집착하는 끔찍한 생각의 굴레 말이다.

그 정서적 고통의 한가운데서, 나는 오랜 COO였던 사라 버드와 언젠가 그녀가 CEO를 맡는 것에 대해 대화를 나눴다. 사라는 우리가 첫 펀딩을 받은 직후인 2007년, 표면적으로는 사내 변호사(Chief Counsel)로 Moz에 합류했다. 당시 우린 너무 작아서 전임 변호사가 필요 없었지만, 사라는 회사의 모든 영역에서 자신의 가치를 증명했다. 그녀는 똑똑하고, 유연하며, 프로젝트를 완수하기 위해 필요한 만큼 열심히 일할 의지가 있었고, 항상 자신의 이익보다 조직의 최선 이익을 우선시했다. 그녀의 명확하고 차분한 합리성은 비즈니스에 대한 나의 조증적이고 감정적인 접근 방식과 균형을 이뤘다. 몇 달 만에 우리는 그녀를 운영 이사로, 나중에는 COO로, 그리고 2013년에는 COO 겸 사장(President)으로 승진시켰다. 2012년 펀딩 라운드 후 내 어머니 질리언이 이사회에서 물러났을 때, 우리는 사라에게 그 자리를 맡아달라고 요청했다.

나는 사라가 훌륭한 운영형 CEO가 될 수 있으며, 시장에서 성숙해가는 Moz에게는 내가 가져왔던 비전 중심, 인플루언서 중심의 기술보다 그녀의 역량이 더 필요하다고 믿었다. 2013년 11월, 나는 브래드 펠드와 통화했고 우리는 함께 사라에게 CEO 자리를 맡아달라고 요청하기로 결정했다. 내 생각에 브래드는 현재 상태의 내가 Moz가 필요로 하는 리더십을 보여주지 못하고 있다는 걸 인지했던 것 같다. 내 우울증은 팀의 사기를 떨어뜨렸고, Moz Analytics에서의 내 결정과 실패는 7년 만에 처음으로 성장률 둔화를 초래했다.

사라는 겸손과 우아함, 열정으로 그 자리를 수락했다. 2014년 2월, 그녀는 공식적으로 Moz의 CEO로 취임했다. 나는 현재의 역할인 개별 기여자(IC)로 물러나 제품, 엔지니어링, 마케팅 팀과 컨설팅 역할을 하며 일하게 되었다.

그러나 내 우울증은 계속되었다. CEO에서 물러나면서 압박감과 시간적 요구는 좀 줄었지만, 나는 그 빈자리를 더 많은 컨퍼런스, 콘텐츠 프로젝트, 외부 활동(여러 비영리 단체와 파운드리 포트폴리오 회사들에게 무료 SEO 조언을 해주는 일)으로 빠르게 채워버렸다.

그해 밸런타인데이에, 나는 (약간 의도치 않게) 아주, 아주 거하게 취했다(high). 시애틀은 최근 기호용 마리화나를 합법화했고, 친구들이 대마가 든 초콜릿 트러플 세트를 가져왔다. 나는 하나를 먹었다. 아주 작았다. 별 느낌이 없어서 하나 더 먹었다. 그다음 6시간 동안 나는 정신이 녹아내릴 듯한 긴장과 창피함을 느꼈다. 친구들이나 심지어 아내 제럴딘과도 대화할 수 없었다. 거실 의자에서 꼼짝도 하고 싶지 않았다. 목이 엄청나게 말랐지만, 물을 쏟아서 모두가 나를 비웃을까 봐 너무 걱정된 나머지, 그저 목이 타는 채로 꼼짝 않고 앉아 시계만 쳐다보며 왜 이렇게 시간이 안 가는지 궁금해했다.

사교 모임으로서는 꽝이었지만, 그날 밤 나는 죽은 듯이 잤다. 다음 날 오후 1시까지 잤다. 그리고 그다음 이틀 밤도 기가 막히게 잘 잤다. 다리가 아프지 않았다. 뇌가 조용했다. 좌절과 업무 문제의 루프가 돌지 않았다. 나는 자유로움을 느꼈다.

루프와 다리 통증은 그 주 후반에 다시 돌아왔다. 나는 우울한 상태로 되돌아갔지만, 이전보다는 덜 옥죄어 왔다. 이제 나는 직장 문제에 대한 집착, 좌골 신경통, 수면 부족, 그리고 루프에 갇힌 느낌이 모두 연결되어 있다는 낌새를 챘다. 만약 내가 Moz의 실패, 나의 실패에 대해 맴도는 생각을 멈출 수 있다면 잠을 잘 수 있을 것이고, 그러면 다리 통증이 줄어들 것이고, 기분이 나아질 것이며, 미래에 대해 더 긍정적인 전망을 가질 수 있을 것이었다.

그해 여름, 나는 점진적으로 나아졌다. Moz도 그랬다. 사라의 리더십 아래, 우리는 처참했던 Moz Analytics 출시로 인한 구독자 출혈을 멈췄고 회사는 다시 성장하기 시작했다. 신제품 Moz Local이 출시되어 성공을 거뒀다. 우리는 다시 채용하고 있었다. 상황은 좀 더 안정적으로 느껴졌고, 나는 조금 더 뒤로 물러나 내가 잘하는 일—블로깅, 강연, 프레젠테이션 및 비디오 제작, 제품 전략 기여—에 다시 집중했다. 잠을 좀 더 잘 잤고, 다리가 좀 덜 아팠고, 부정적인 태도가 누그러졌다.

내 우울증이라는 장막의 가장 두꺼운 주름을 걷어내는 데는 또 다른 것이 필요했다. 바로 그것에 대해 쓰는 카타르시스였다. 덴버에서 열린 파운드리 CEO 서밋 전날 밤, 나는 "마침내 희미해져 가는 길고 추악했던 우울증의 1년"이라는 제목의 블로그 글을 썼다. 그 글을 쓰고, 다음 날 자신의 정서적 혼란을 공개적으로 인정한 강력하고 성공적인 벤처 투자 CEO들로 가득 찬 방을 둘러보는 것은, 다시는 겪고 싶지 않은 끔찍하고 영혼을 짓뭉개는 여정의 끝자락이었다.

나는 우울증의 치료법을 말해줄 수 없다. 통제 불능으로 회전하는 회사를 돌려세울 비밀 공식도 없다. 하지만 이건 말해줄 수 있다. 우리는 혼자가 아니다. 그리고 나에게 효과가 있었던 길, 즉 자기 객관화와 적극적인 정신 건강 관리의 길은 다른 사람들에게도 효과가 있었다. 당신에게도 효과가 있을지 모른다.

Moz와 내가 더 큰 희망과 앞으로 나아갈 길을 찾는 데 반복해서 도움이 되었던 것은, 특정 목표에 도달하거나 유한한 종착점을 가지려 하지 않는 프로세스였다. 그것은 지속적인 여정이고, 투자이며, 자기 객관화라는 방향으로 계속해서 반복되는 단계들이다.

우울증은 내가 전문적인 테라피와 코칭을 받게 된 촉매제였다. 이전 커리어에서는 한 번도 해본 적 없는 일이었다. 브래드는 나를 제리 콜로나에게 소개해 줬다. 그는 스타트업 세계에서 유명한 코치이자 전직 벤처 캐피털 파트너였다. 그는 기업가 정신이 주는 특정한 압박과 고통을 누구보다 잘 알았고, 자신의 정서적 건강이 타인에게 지대한 영향을 미치는 사람들(CEO와 창업자는 거의 항상 그렇다)에게 깊이 공감했다.

제리와 나는 1년 조금 넘게 함께 일하며, 한 달에 한 번씩 전화로 일, 사생활, 그리고 나의 깨지기 쉬운 정서적 상태에 대해 논의했다. 그에게서 나는 자신의 심리를 관리하는 법과 자기 객관화의 현실에 대해 엄청나게 많은 것을 배웠다.

가장 먼저 배운 것 : 누구도 완벽하게 자기 객관화(self-aware)가 되어 있지 않다. 마찬가지로, 어떤 창업자도 회사 객관화(company-aware)가 완벽하지 않다.

우리 중 일부는 다른 사람들보다 자신을 더 잘 안다. 우리는 과거가 현재의 감정 상태에 어떤 영향을 미쳤는지, 무엇이 우리의 행동과 목표를 움직이는지, 왜 우리가 가진 신념과 핵심 믿음을 고수하는지, 우리의 과거와 양육 환경과 경험이 우리를 어떻게 형성했는지, 우리가 어떤 패턴(건강하든 건강하지 않든)에 빠지는지 많이 이해한다. 이에 대한 지식은 스펙트럼 위에 있다. 한쪽 끝에는 내 아버지가 있다. 그는 한순간 깊이 사랑하다가도 다음 순간 분노로 이성을 잃지만, 왜 그러는지 전혀 이해하지 못하고 폭발을 억제하거나 도움을 구하려는 의식적인 노력도 하지 않는 정서적으로 불안정한 사람이다. 반대쪽 끝에는 제리가 있다. 그는 자신을 움직이는 것이 무엇인지 깊이 인식하고, 매일 시간을 내어 자신의 행동과 반응을 분석하며, 타인을 연구하듯 자신을 연구하는 연구자다. 항상 다음 단계를 추구하지만 그곳에 도달하기 위한 긴 여정에 결코 만족하지 못하는 사람이다.

이 스펙트럼에서 진전을 이루려면, 우리는 우리가 자신에 대해 안다고 믿는 것이 사실이 아닐 수도 있음을 기꺼이 받아들이고, 신념에 의문을 제기할 용기를 갖고, 선입견 없는 상태에서 시작해야 한다. 나는 조나단 쿠미(Jonathan Koomey) 박사가 지적 정직성(intellectual honesty)에 대한 블로그 글에서 표현한 방식을 좋아한다.

"지적으로 정직한 사람은 불편함, 불편, 혹은 자기 이익에도 불구하고 사실이 이끄는 곳이면 어디든 따라간다."

자기 성찰은 편향의 기회와 유혹으로 가득 차 있다. 우리는 자신에 대해 좋게 믿고 싶어 하며, 자존감의 기둥이나 핵심 신념을 공격하는 것이 거대한 심리적 방어 기제의 지뢰밭을 건드린다는 것을 안다. 이것들은 우리가 극복해야 할 장애물이다. 말이야 쉽지.

당신 벤처의 강점과 약점을 이해할 때도 마찬가지다. 당신은 왜 한 전술은 먹혔고 다른 건 안 먹혔는지에 대한 가설을 가지고 있다. 당신은 시장의 힘이나 형편없는 전략이나 너무 느린 실행 탓을 하지만, 십중팔구 당신은 자기 지식에 대한 눈을 멀게 하는 바로 그 편향들을 사용하여 본능과 추측에 기반해 그렇게 판단한다.

내가 안다. 내가 겪어봤으니까. 나는 제리와 탐구의 길을 시작할 때 내가 이미 자기 객관화가 잘 된 사람이라고 확신했다. 나는 Moz에서 얻은 교훈을 우리의 미래를 위해, 이 책을 위해, 그리고 내 자신의 정신 건강을 위해 풀어내는 길을 시작할 때도 똑같은 확신을 가졌다. 나는 내가 무엇을 원하는지(대규모 매각이나 IPO를 통한 Moz의 성공적 결과), 그리고 왜 원하는지(인정, 영향력, 부, '사회 환원' 능력) 안다고 생각했다. 하지만 내 가정을 벗겨내고, 성인기 내내 나 자신에게 들려줬던 이야기들을 걷어내고, 진정으로 지적으로 정직해졌을 때, 새로운 이야기가 드러났다.

비밀 하나 털어놓을까? 나는 Moz가 엑시트(Exit)하길 원한다. 모두가 이야기하는 그런 매각 말이다.

여러 이유가 있지만, 나에게 가장 중요한 건 뭘까? 다른 모든 조건이 충족되더라도 내가 매각을 거절하게 만들 요인은 뭘까? 바로 비밀 유지(Secrecy)다. 매우 비현실적인 가능성이지만, 만약 Moz가 엄청난 가격에 매각되는데 아무도 알 수 없고, 내가 절대 글을 쓸 수도 없고, 어떤 언론도 보도하지 않고 어떤 블로그도 논하지 않는다면, 나는 그 불투명함이 너무 싫어서 매각에 반대표를 던질지도 모른다.

나는 자존감이 높지 않다. 나는 심각한 '가면 증후군(impostor syndrome)'을 앓고 있다. 나는 마음 깊은 곳에서 내 커리어와 회사가 그저 우연하고 과분한 성공의 결과일지도 모른다고 믿는다. 나는 그 성공을 다시 반복할 수 없을까 봐 두렵고, 그게 내가 모든 기회와 아이디어와 잠재적 투자자들에도 불구하고 그만두고 새로운 것을 시작하기를 그토록 두려워하는 큰 이유다. 내가 다음에 뭘 만들든 합류하겠다는 놀라운 사람들이 있음에도 말이다. 내가 이 회사를 어떻게 만들었는지 진짜로 몰랐기 때문에 다른 건 아무것도 못 만들면 어떡하지? 그래서 대중의 찬사와 경제적

자유, 그리고 "성공적인 회사를 만들어 결승선까지 가져갔음"이라는 상자 속의 체크 표시가 그토록 중요한 것이다.

인정하기 부끄럽다. 이 문단이 포함된 채로 책이 인쇄되는 게 거의 두려울 지경이다.

자신에 대한 진짜 진실, 혹은 회사에 대한 진실을 발견할 때, 당신도 똑같은 느낌을 받을 것이다. 우리가 자신과 창조물에 대해 숨기는 진실들은 우리가 죄책감과 수치심, 두려움과 자기 혐오의 층위 속에 묻어두었기 때문에 비밀로 남는다.

하지만 그것들을 파내고, 드러내고, 거울을 비추고, 가장 무섭게는 그것에 영향받는 사람들(팀, 가족, 파트너)에게 인정하거나 공개적으로 시인할 때, 그 족쇄는 약해지고 때로는 완전히 부서진다. 내가 사기꾼이라는 두려움, 내 안에 운 좋고 우연한 벤처가 딱 하나뿐일지도 모른다는 두려움이 내 편향의 원인임을 스스로에게 인정하는 순간, 나는 자유로워졌다.

오늘날, 나는 말할 수 없는 비밀스러운 엑시트라도 괜찮을 것 같다. 다음 회사를 시작할 준비도 된 것 같다. 내가 할 수 있다는 걸 증명하는 건 나에게 중요하다. 나를 의심하는 건 바로 나니까. Moz의 결과에 대한 다른 사람의 인식은 정말 중요하지 않다. 적어도 그 측면(vector)에서는 말이다.

프로 팁(Pro Tip): 새로 얻은 지식에 기반해 행동에 투자할 때, 결과를 통제하려 하지 말고 행동만 통제해라. 이건 스타트업뿐만 아니라 정서적 건강에도 똑같이 적용된다.

왜냐하면, 우리가 아무리 원해도 결과는 절대 완전히 통제할 수 없기 때문이다. 우리는 행동을 소유할 뿐이고, 때때로(바라건대 자주) 올바른 행동이 우리가 원하는 결과로 이어진다. 이걸 인식하는 게 중요한데, 많은 사람과 조직이 행동이 아닌 결과에 보상하기 때문이다. 그러면 결과가 원하던 게 아니면 좋은 행동을 처벌하게 될 수 있다(통제 밖의 힘 때문이었음에도). 그리고 단지 좋은 결과를 가져왔다는 이유로 나쁜 행동을 강화하게 될 수도 있다(결과가 행동과 거의 무관했음에도).

우울했을 때 나는 해결책을 찾아 수십 가지 전술을 시도했다. 운동을 했다. 침을 맞았다. 마사지 치료를 받았다. 두개천골 요법도 받았다(좀 이상하다). 침술사 추천으로 한약도 먹었다. 심리 치료를 받았다. 휴가를 갔다. 매주 하룻밤은 컴퓨터를 껐다(금요일 밤, 여전히 내 달력엔 '노동 금지의 밤'이라고 적혀 있다). 물리 치료를 했다. 명상도 했다. 마음챙김 앱도 썼다.

이 중 하나를 시도했는데 효과가 없으면(즉, 몇 달 안에 완전히 예전의 나로 즉시 돌아오지 않으면), 나는 포기하고 나한테 안 맞는다고 가정하고 다른 걸 시도했다. 장담하건대 당신도 똑같은 짓을 했을 거다. 다이어트할 때나, 연애할 때나, 큰 프로젝트를 끝내야 할 때나, 힘든 시기를 겪는 사랑하는 사람을 도울 때나, 회사를 만들 때 말이다.

'그로스 해킹'이 당신의 강점과 청중에 맞는 올바른 마케팅 채널과 전술에 대한 꾸준한 투자보다 거의 항상 열등하다는 거 기억하나? 똑같은 원칙이 당신의 인생에도 적용된다. 단 하나, 혹은 몇 개의 해킹(꼼수)으로 개인 심리를 변화시키고 장기적인 정서적/정신적 건강을 관리할 수 있는 경우는 거의 없다. "우울했는데 이 쩌는 마음챙김 앱 깔고 나서 이제 내 테라피스트한테 행복하게 사는 법을 가르치고 있다"는 이야기는 "인앤아웃 버거와 픽시 스틱(사탕)에 중독돼서 라즈베리 파이 코딩도 못 하던 내가, 삼시 세끼 소일렌트(Soylent)로 바꾸고 나서 날씬하고 코딩 씹어먹는 기계가 됐다"는 소리와 동급이다.

행동에 투자할 때는 오직 행동에만 투자해라. 강점과 약점, 비용과 수익에 기반해 평가해라. '노동 금지의 밤'은 내 우울증을 해결해 주지 않아서 6개월 넘게 중단했었다. 하지만 행동이 결과를 이긴다는 깨달음을 얻었을 때, 다시 시작했다. 물리 치료와 운동도 마찬가지였다. 마음챙김 앱, 명상, 침술, 한약은 걸렀다.

마찬가지로 Moz에서도 우리는 일관되게 긍정적인 결과가 나오지 않더라도 건강하다고 믿는 행동에 투자한다. 내부 MVP를 출시하고 업계 인플루언서들의 찬사를 받을 때까지 반복 개선하는 우리의 접근 방식은, 어떤 프로젝트에선 훌륭한 결과를, 어떤 것에선 그저 그런 결과를 냈지만, 우리는 그 행동에 계속 투자하고 있다. 반대로, 성과 리뷰(인사 고과)는 때때로 긍정적 결과와 연결될 수 있음에도 우리에게 맞지 않는 행동이라는 걸 발견했다.

행동을 가치 있게 만드는 건 사람마다, 회사마다 다르지만, 거의 모두 몇 가지 패턴을 따른다.

1   그 행동은, 연결된 결과와 별개로, 그 자체로 보람차고 성취감을 준다.
2   그 행동은 당신의 핵심 가치와 맞는다.
3   그 행동은 습관이 될 수 있고 (적어도 천천히) 마찰이 줄어들며 확장된다(즉, 두 번째보다 서른 번째 할 때 더 쉽다).
4   그 행동은 작더라도 긍정적이고, 측정 가능하며, 인과관계가 있는

영향을 미친다.

5   그 행동과 일관되게 부정적인 결과 사이에는 명확한 인과관계가
     없다.

행동 투자의 마지막 열쇠는 결과가 아니라 **행동에 보상하는 것**이다.

내가 테라피스트나 아내나 친구들의 도움을 받아 의식적으로 우울증과 싸울 때, 내 문제를 고쳐줄 '해결책'에 대해 듣는 건 오히려 도움이 안 됐다. 왜냐? 그런 해결책을 시도했다가 실패할 때마다 나는 그걸 지워버리고, 희망을 잃고, 더 깊은 불안감 속으로 가라앉았기 때문이다.

체중 감량 프로그램에서 이 현상은 끊임없는 문제다. 식단과 운동은 한동안, 일부 사람에게는 통하다가, 몸이 추가적인 체중 감량을 결사적으로 거부하면서 멈추는 것 같다. 지방 세포는 모든 사람에게 똑같이 작동하지 않으며, 체중이 많이 늘수록 몸은 정상적인 칼로리 연소 기능에 더 저항한다. 개인 트레이너, 다이어트 전문가, 의사, 그리고 최악인 친구와 가족들은 의지력 부족을 탓하지만, 그 끊임없고 압도적인 배고픔이 주는 신체적, 정신적 고통에 대해서는 전혀 모른다.

이런 경우 수치심과 실패감은 전적으로 역효과를 낳으며, 행동 중심이 아닌 목표 중심 추적도 마찬가지다. 체중 감량이나 체지방률에 보상하는 것은 행동을 인정하고 보상하는 것보다 장기 연구에서 훨씬 성공률이 낮다. 목표가 아니라 과정(work)에 초점을 맞출 때, 결과가 개선된다는 걸 알게 된다. 행동과학 분야에는 행동이 아닌 결과에 보상이 연결될 때 무슨 일이 벌어지는지에 대한 온갖 데이터가 있다(즉, 사람들은 속이고, 규칙을 어기고, 시스템

을 악용하고, 자신과 주변 사람의 안전을 무시한다).

이 진실에는 아름다움과 명료함이 있다. 우리가 결과를 통제한다는 신화에서 벗어나 대신 행동에 집중하도록 요구받을 때, 우리는 부정적인 생각과 불안에 맞서 싸울 강력한 도구를 갖게 된다. 이건 선물이다.

나에게 그것은 오랫동안 우울증의 재발 가능성과 연관 지었던 두려움의 짐으로부터의 자유를 의미한다. 우울증이 걷힌 후 1년 넘게, 나는 그것이 돌아올 수 있다는 공포에 떨었다. 그 두려움은 통제력의 부재에서 왔다. 나에겐 즉시 통하는 명확한 해결책이 없었고, 그저 우연한 사건(대마 트러플)과 도움이 된 듯한 시행착오를 통한 느린 진행 과정뿐이었다. 나는 되찾은 정신 건강에 대해 취약하고 불안했다.

하지만 행동에 집중하는 것은 나에게 명료함과 통제력을 준다. 그것은 내가 완벽하게 영향을 미칠 수 없는 것들(언젠가 우울증이 다시 올 수 있다는 현실)에서 내가 할 수 있는 것들(식단, 운동, 물리 치료, 지속적인 과정으로서의 자기 객관화 투자, 일에서의 휴식, 자기 용서)로 짐을 옮겨준다.

여기에 부정적인 것과 싸울 힘이 있다. 우리 자신과 우리의 창조물을 이해할 때, 우리는 무엇이 결정, 행동, 결과에 영향을 미치는지 이해한다. 그러면 우리는 과거의 결정에서 배우고, 편향이 우리를 통제하게 두지 않고, 더 나은 행동에 투자하겠다는 의식적인 선택을 하게 된다. 동시에, 우리는 결과에 보상하지 않고, 대신 결과를 행동을 보상할지 버릴지에 대한 분석과 결정의 일부로만 사용하기로 선택한다.

우리는 우리가 반응하는 방식과 사물이 우리에게 느끼게 하는 방식을 바꿀 힘이 있다. 테라피스트인 내 처사촌 이본이 말하기를 좋아하는 것처럼 : "감정은 사실(fact)이 아니다."

전략도, 심지어 비전도 마찬가지다. 이것들은 가변적이며, 우리 통제 안에 있다.

Chapter 17.

집중해라

"실패하더라도 후회하지 않으리란 걸 알고 있었다. 하지만 시도조차
하지 않는다면 후회하리라는 것, 그 한 가지만큼은 분명히 알고
있었다."

— 제프 베조스, 2016

Moz 역사상 가장 끔찍했던 날은 단연 2016년 8월 17일이었다. 그 날 아침, 우리 CEO 사라는 전 직원 앞에 서서 210명의 정직원 중 59명을 해고하고, 두 개의 초기 제품을 폐기하며, 지난 2년 반 동안 추진해 온 전략을 중단하겠다고 발표했다. 곳곳에서 눈물과 분노가 터져 나왔다. 블로그, 리뷰 사이트, 소셜 미디어에는 회사에 대한 악평이 쏟아졌다. 깨어진 우정, 무너진 신뢰, 그리고 실추된 평판이 뒤따랐다.

가장 최악이었던 건, 대부분의 팀원에게 이 소식이 마른하늘에 날벼락이었다는 점이다. 그 모든 헛발질과 잘못된 결정 중에서 내가 가장 후회하는 것은, 그 사건이 터지기 전 몇 달 동안 나를 포함한 리더십 팀이 보여준 투명성의 부재다.

도대체 무슨 일이 있었던 걸까? 7년 연속 연 100% 성장을 달리던 Moz가 어쩌다 반복된 실수와 예산 실패를 겪고 결국 대규모 해고까지 하게 됐을까? 해고 불과 3달 전까지만 해도 "모든 게 괜찮다"고 발표하고 또 그렇게 믿었던 우리가, 어떻게 해고만이 회사의 생존을 위한 필수 조건이라는 결론에 도달했을까? 사업 일부에 구조적 약점이 있다는 증거들이 쌓여가는데 왜 그렇게 늦게까지 몰랐을까? 나는 이 모든 질문에 대한 답이 '집중(Focus)의 결여'라고 믿는다.

자금을 조달한 후(특히 2012년 1,800만 달러 투자 유치 후) 내가 가졌던 수많은 멍청한 믿음 중 하나는, 추가 성장을 찾기 위해 그 돈을 빨리 써야 한다는 의무감이었다. 이건 스타트업 세계에 만연한 최악의 신화 중 하나이며, 때로는 투자자들이 이를 부추기거나 강력하게 로비하기도 한다. 다행히 내 투자자들은 안 그랬다. 브래드와 미셸은 Moz가 아주 잘하고 있다고 생각했다(브래드는 2013년 이메일에서 Moz가 "파운드리 포트폴리오 중 최고의 성과를 내는 회사 중 하나"라고 했다). 하지만 그들은 사업을 확장해 Moz의 이미 강력한 성장률을 더욱 가속화하겠다는 내 비전을 지지해 주었다.

그 성장을 달성하기 위해, 나는 모든 것을 다 시도해야 한다고 생각했다. 더 넓은 제품군, 잇따른 기업 인수, 완전히 새로운 제품과 시장, 온갖 새로운 내부 프로그램들까지. 나는 우리 역량이 무한하며 유일한 한계는 우리의 상상력과 추진력뿐이라고 믿었다(아, 통장 잔고도 한계긴 했지만, 다 써버려도 성장만 하면 더 많은 VC 자금이 들어올 테니까). 하지만 이건 마법 같은 몽상에 불과했다. 내가 실제로 한 짓은, 회사의 불을 밝히고 있던 소수의 핵심 사업으로부터 주의를 분산시킨 것이었다. 뼈아픈 실수였다.

SEO 세상만으로는 부족하다

2011년 CEO 시절, 나는 Moz의 초점을 검색 엔진 랭킹과 트래픽을 돕는 '오직 SEO 전문 소프트웨어'에서 소셜 미디어, PR, 콘텐츠 마케팅 등 연관 채널을 아우르는 더 넓은 툴 세트로 옮겼다. 'Moz Analytics'는 이 모든 채널을 한꺼번에 공략하려다 비극적인 결과를 낳았다. 다행히 통장에 현금은 넉넉했고, 2014년 초 몇 달을 제외하고는 매출이 계속 성장하긴 했다(속도는 느려졌지만). 하지만 우리는 SEO로 다시 집중하기보다 그 방대한 제품군 전략을 고수했다.

사라가 CEO를 맡았을 때 우리가 실행한 새로운 전략은 아틀라시안, 마이크로소프트, 37signals*(베이스캠프, 캠프파이어 등) 같은 회사의 발자취를 따르는 것이었다. 이들은 핵심 제품에서 시작해, 서로 다르지만 교집합이 있는 고객층을 위한 '다중 제품군'으로 성공적으로 확장했다. 우리도 그럴 수 있다고 생각했다. (아이러니하게도 우리 다중 제품 전략의 모델이었던 37signals는 2014년에 '집중'을 위해 베이스캠프 하나만 남기고 다른 제품은 다 정리했다.)

이사회와 함께, 사라와 나는 오직 SEO에만 투자하는 게 회사의 잠재적 성장을 제한할까 봐 걱정했다. SEO 분야에 무슨 일이 생겨서 우리가 빨리 대응하지 못하면 큰일 날까 봐 불안했다. 마케팅 관행들이 겹치는 부분이 많으니, Moz를 알고 신뢰하는 많은 사람이 실제 직무와 상관없이 우리의 강력한 타깃 고객이라고 느꼈다. 우리는 새로운 분야에서 신제품을 만들고 런칭하는 능력에 대해, 그리고 우리 브랜드와 마케팅 파워에 대해 너무 과신했다. Moz라는 이름에 적당히 괜찮은 제품만 얹어서 매월 수백만 명의 방문자에게 들이밀면 팔릴 거라고 확신했다.

액면가만 보면 다 그럴듯한 가설들이다. 제품 라인의 성장이 한계에 다다랐을지 모른다는 두려움은 드문 게 아니다. 달걀을 한 바구니에 다 담는 걸 걱정하는 것도 그렇다. 과거 성과에 기반해 강점을 자신하는 태도도 합리적으로 들린다. 이것들이 무모하거나 전례가 없다거나, 아마추어 같은 결정 기준이었다고는 생각하지 않는다. 단지, 그 어떤 것도 서로 다른 제품, 시장, 청중에게 자원을 분산 투자할 때 오는 단점을 압도할 수 없었을(혹은 없었어야 했을) 뿐이다.

우리에게 다중 제품 전략은 'Moz Local'로 시작됐다. 소규모 지역 비즈니스나 수천 개의 지점을 가진 대기업이 위치 데이터를 수많은 디렉토리와 네트워크에 쉽고 정확하게 등록하도록 돕는 제품이다. Moz Local은 데이비드 밈의 아이디어로 시작됐는데

(당시 이름은 GetListed), 2012년 펀딩 후 우리가 초기에 인수한 회사 중 하나였다. 전직 구글 엔지니어들로 구성된 팀과 함께 그들은 놀랍도록 유용한 툴을 만들었다.

예를 들어 당신이 젤라또 가게 주인이고 웹에서 눈에 띄고 싶다면, (a) 잠재 고객이 쓸만한 모든 검색 엔진과 앱이 뭔지, (b) 그 데이터 소스들이 어디서 오는지, (c) 정보를 올바르게 넣으려면 누구에게 얼마나 자주 돈을 내야 하는지, (d) 업데이트하려면 어떻게 해야 하는지 알아내야 했다.

데이비드는 10년 동안 지역 비즈니스 오너들을 도우며 이런 문제를 해결해 왔다. 사장님들은 구글 맵에 영업시간이 틀리거나, 옐프에 등록이 안 돼 있거나, 트립어드바이저에 카테고리가 잘못돼 있으면 손님을 잃는다는 걸 알았다. 지역 비즈니스 세계에서 한 달에 손님 몇 명 차이는 생존과 파산을 가른다.

Moz Local을 쓰면 영업시간, 웹사이트, 주소 등을 한 번만 입력해도 포스퀘어, 옐프, 구글 맵 등 온갖 곳에 데이터를 뿌려줬다. 고객은 우리에게 1년에 99달러만 내면 됐고, 우리가 그들을 대신해 제3자 플랫폼들에 비용을 지불했다(우리가 대량으로 선구매해서 원가는 절반 정도였다). 젤라또 가게 사장은 데이터도 정확해지고, 리스팅 일관성을 중시하는 구글이나 빙 지역 검색 순위도 올라가는 효과를 봤다.

2014년, 우리는 두 개의 주요 제품(Moz Pro, Moz Local)과 두 개의 부가 제품(Mozcon, Moz API)을 가지고 있었다. 그다음 추가된 건 'Followerwonk'라는 트위터 분석 도구였다. 역시 2012년에 인수한 회사였다. 트위터 계정 바이오를 검색하고 활동과 팔로워를 분석하는 툴로, SEO 인플루언서들이 관계를 맺고 청중을 이해하는 데 쓴다는 얘기를 들었다. 인수 후 우리는 이걸 Moz Pro 제품군에 묶어버렸다. SEO와 소셜 미디어 기능을 합치면 양쪽 마케터 모두에게 도움이 될 거라 기대했다.

불행히도 유명 SEO들의 추천에도 불구하고, 실제로 SEO 업무를 하는 마케터와 트위터 마케팅을 하는 마케터 사이의 교집합은 매우 작았다. 2만 5천 명의 Moz Pro 구독자 중 한 달에 한 번이라도 Followerwonk를 쓰는 사람은 5% 미만이었다. 반대도 마찬가지였다. 결국 2015년, 통합 3년 만에 우리는 다시 Followerwonk를 별도 구독으로 분리했다.

그다음은 'Moz Content'였다. Moz Analytics에서 완성 못 했던 콘텐츠 마케터용 섹션을 기반으로 만든 제품이었다. 콘텐츠 성과 분석, 주제 제안, 감사(audit) 등을 제공했는데, 1년 넘게 걸려 2016년 1월에야 출시했다. 마지막은 'Keyword Explorer'였다. 12장에서 설명한 키워드 리서치 도구로, Moz Pro의 일부이자 별도 구독으로도 가능한 제품이었다.

2016년 중반 기준, Moz는 4개의 주요 제품(Moz Pro, Moz Local, Followerwonk, Moz Content), 2개의 컨퍼런스, 2개의 부가 제품을 가지고 있었다.

알고 보니, 웹사이트 방문자에게 8가지 다른 물건을 파는 건 2~3개를 파는 것보다 훨씬 더 어려웠다. 단순히 하나를 파는 것보다 악몽같이 더 어려웠다. 그리고 당연하게도, 회사 내부 조직을 8개 제품을 지원하도록 구성하는 건 더욱더 어려웠다. 직원이 훨씬 많아졌음에도 우리의 역량은 얇게 분산되어 있었다. 모든 제품 및 엔지니어링 팀이 인력 부족으로 인한 분노와 좌절을 표출했다. 마케팅 팀은 사이트 홍보 공간, 이메일, 소셜 프로모션에 대한 각 팀의 경쟁적인 요청을 처리하느라 압도당했다. 디자인, 재무, 운영, 법무, HR 같은 인프라 팀들도 각기 다른 제품을 가진 여러 팀의 요구를 맞추느라 허덕였다. 모든 팀이 채용을 원했고, 2014년과 2015년 예산은 인력을 크게 늘리도록 짜였다. 우리는 2014년 초 약 125명에서 2년 만에 220명 이상으로 늘어났다.

2016년 6월, 나는 Moz의 CFO 글렌과 점심을 먹었다. 아름다운 시애틀의 여름날이라 우리는 피자집까지 12블록을 걸어갔다. 가는 길에 글렌이 특유의 뜬금없는 화법으로 물었다. Moz가 과거에 해고(layoffs)한 적이 있냐고. "아니요," 내가 답했다. "고려해 본 적조차 없어요."

벤처 투자를 받은 회사치고는 드물게, Moz는 역사적으로 수익을 내거나 손익분기점에 가깝게 운영해 왔다. 딱 두 번의 예외가 있었다. 2012년 투자 직후(회사 3개 인수, 포틀랜드 지사 개설, 데이터 센터 구축 등으로 돈을 쓸 때)와, 2014년 말부터 2016년 중반까지 다중 제품 전략에 투자했을 때였다.

글렌과 나는 점심 내내 둔화하는 성장률과 불어나는 예산에 대한 그의 우려를 이야기했다. 하지만 글렌은 이미 개종한 신자에게 설교하는 격이었다. 나는 2013년 말부터 수익성 회복에 집착하고 있었다. (그해 11월, 현금 흐름이 흑자가 될 때까지 콧수염을 기르겠다는 내기까지 했었지만, 3달 후 CEO에서 물러나면서 결정권도 잃었고, 사라는 콧수염도 좋아했고─나는 습한 날 왁싱 걱정 안 해도 돼서 그랬다고 주장하지만─적자를 감수하더라도 성장에 투자해야 한다고 믿었다.)

나는 치즈와 피자 소스가 내 우스꽝스러운 콧수염에 묻지 않게 조심하며 내 입장을 설명했다. 글렌은 내게 새로운 아군이 생겼으며, 그 역시 지출을 줄이는 게 현명하다고 느낀다는 걸 전하고 싶었던 것 같다.

8개의 수익원을 가진 새롭고 복잡한 세상에서 매출과 비용을 정확히 파악하는 건 훨씬 더 어려웠다. 제품마다 모델이 달랐고 현금 흐름 이슈도 달랐다(Moz Local은 결제 즉시 비용이 나가고 매출은 1년에 걸쳐 인식하는 반면, Moz Pro는 매달 인식했다). 각 제품의 매출은 늘고 있었지만, 그 어떤 제품도 이사회가 승인한 예산상의 목표치를 달성하지 못하고 있었다.

결산 과정이 끝나고 6월 실적 수치가 예측 모델에 들어갔을 때, 우리는 심판의 날이 다가왔음을 직감했다. 8월 1일과 2일, 임원 워크숍에서 사라와 글렌은 재정 상태가 악화하고 있으며, 다중 제품 전략을 지원하기 위해 인력에 과도하게 투자했기에 현금 보유고를 다 태우지 않으려면 매출 성장을 극적으로 가속해야 한다는 슬라이드를 발표했다.

우리는 무엇이 잘못되어 이 어두운 곳까지 왔는지 짧게 이야기했지만, 대답은 단순하면서도 만족스럽지 않았다. 우리는 몇몇 제품이 목표를 놓칠 가능성은 리스크 모델링에 넣었지만, 모든 제품이 목표를 놓치는 상황에는 완전히 허를 찔렸다. 지난 몇 년간 제품 성장률을 되돌아보니 묘한 상관관계가 있었다. 마치 믹스에 새로운 제품을 하나 추가할 때마다 기존의 다른 모든 제품의 성장을 조금씩 갉아먹는 것 같았다. 분석해 보니, 그건 우연이 아니었다.

대대적인 변화가 필요하다는 건 명백했다. 감당할 수 없을 만큼 현금을 태우는 걸 막으려면 대규모 자금 수혈, 극적인 비용 절감, 혹은 엄청난 성장률 개선이 필요했다. 예측에 따르면 현재 추세로는 운영 자금이 약 12개월 치밖에 남지 않았다. 우리 모두에게 용납할 수 없는 수준의 리스크였다. 인력 감축은 불가피해 보였다.

하루가 끝날 때쯤, 사라는 이젤 패드에 몇 가지 아이디어를 적었다. Moz의 가능한 미래 제품 시나리오들이었다.

- Pro 구독을 '캐시 카우'로 전환 (직원과 마케팅을 대폭 줄이고 수익으로 다른 사업 자금 조달)
- Moz Content와 Followerwonk를 합쳐 인플루언서 마케팅 제품으로 전환
- Pro 사업을 매각하고 그 돈으로 다른 제품에 투자
- Pro 빼고 다 철수
- Pro와 Local 빼고 다 철수
- Moz Content 종료, Followerwonk 매각, Pro와 Local에 집중
- 오직 셀프서비스 Pro와 Local에만 집중; Enterprise, Wonk, Content 제거

어떤 옵션이든 런웨이(자금 소진까지 남은 기간)를 늘리거나 수익성에 도달하려면 상당한 인력 감축이 필요했다. 임원들도 이를 알고 있었다. 나를 포함해 몇몇이 자진해서 해고되겠다고 했지만 거절당했다(결국 CMO와 다른 두 임원은 이후 감원에서 회사를 떠났다).

우리 같은 고마진 소프트웨어 비즈니스의 단점은, 돈을 아껴야 할 때 줄일 수 있는 자원이 종종 '사람'밖에 없다는 것이다. 직원 1인당 연간 약 14만 5천 달러가 든다. 소프트웨어 구독, 사무실

비용, 출장비, 회식비, 컨퍼런스 등을 줄이는 것도 포함되겠지만, 필요한 만큼 바닥을 찍으려면 어림도 없었다. 우리는 회사 역사상 첫 대규모 해고를 단행해야 했다.

해고는 모든 창업자의 악몽이다. 사기를 꺾고 영혼을 파괴하는 경험일 뿐만 아니라(해고된 이들에겐 두 배로 그렇다), 종종 종말의 시작을 재촉한다. 해고를 겪고도 같은 리더십 팀으로 비즈니스를 성공 스토리로 돌려놓는 스타트업은 정말 드물다. 가망이 없는 건 아니지만, 확률은 확실히 당신 편이 아니다.

7시간의 이사회 회의

그다음 주 수요일인 8월 10일, 3시간으로 예정됐던 이사회 회의는 7시간 동안 이어졌다. 한 이사는 비행편을 다시 예약해야 했고, 모두가 저녁 약속을 취소해야 했다. 회의 분위기는 강렬했지만, 직접적이고 정직했으며 (끝나기 전까지는) 협조적이었다. 방 안의 모두가 실수를 저질렀다는 걸 알았다. 우리는 지나치게 낙관적인 전망을 받아들였고, 잠재적 실수를 고려하지 않은 예산을 짰으며, 너무 많은 프로젝트와 제품에 역량이 분산되어 있음에도 비즈니스가 목표를 성취할 수 있을 거라는 오만한 가정을 했다.

Moz의 이사회 구성은 다음과 같다.

- 랜드(Rand) : 이 책의 저자, 창업자, 전 CEO, Moz의 실무자(IC), 이사회 의장

- 사라 버드(Sarah Bird) : Moz CEO

- 미셸 골드버그(Michelle Goldberg) : 이그니션 파트너스 소속, Moz의 첫 투자자

- 세스 레빈(Seth Levine): 파운드리 그룹 파트너. 세스는 2016년 1월 브래드 펠드의 이사회 자리를 이어받았다. 이는 파운드리 파트너들 사이에서 꽤 일반적인 순환이다(비록 나는 항상 특별한 유대감을 가졌던 브래드를 잃는 게 엄청나게 슬펐지만 말이다. 다행히 2017년에 그와 세스는 다시 자리를 맞바꿨다).

- 맷 블럼버그(Matt Blumberg): 독립 이사, 리턴패스(ReturnPath)의 창업자 겸 CEO

- 줄리 샌들러(Julie Sandler): 당시 마드로나 벤처 그룹 수석 심사역, 참관인(Observer). (마드로나는 Moz의 공동 창업자인 내 어머니 질리언으로부터 구주 일부를 매입했고, 우리는 줄리의 의견을 좋아해서 가능할 때마다 참석을 요청한다.)

- 켈리 스미스(Kelly Smith): 큐리어스 오피스 소속, Moz의 2007년 펀딩 투자자, 참관인. (켈리는 이날 불참했으나 이메일로 의견을 보냈다.)

일반적인 이사회 회의에는 Moz 임원진도 참석하지만, 이번에는 주제의 민감성과 집중된 토론을 위해 사라가 이사회 멤버들만 참석하도록 조치했다.

이사회 논의는 5가지 항목을 순서대로 다뤘다.

1   앞으로 Moz에게 맞는 제품 구성(Mix)은 무엇인가?

2   M&A, 사모펀드, 추가 벤처 펀딩 시장 상황은 어떤가?

3   어떤 삭감을 해야 하며, 얼마나 깊이 해야 충분한가?

4   제품을 매각해야 하나, 아니면 그냥 폐기해야 하나?

5   감원(RIF) 프로세스를 어떻게 접근하고 관리할 것인가?

우리는 시장과 엑싯(Exit) 시나리오에 대해 많은 시간을 썼다. 투자자들은 인내심이 강했지만, 그들에게도 맞춰야 할 시간표가 있었다. LP(유한책임사원)들은 약 10년 내 수익 실현을 기대하는데, Moz는 그 범위의 한계선에 다다르고 있었다. 따라서 우리가 던져야 할 큰 질문은 이것이었다. 향후 3~4년 안에 IPO 준비를 마칠 가능성을 가장 높여줄 제품과 전략 믹스는 무엇인가? 인수를 고려하지 않겠다는 게 아니라, IPO를 목표로 하는 게 인수 기회를 극대화하는 최선의 방법이라는 믿음을 공유했기 때문이다. 반면 Moz를 사줄 만한 특정 기업을 타깃팅하는 건 더 위험할 뿐만 아니라 우리 팀에게 동기부여가 훨씬 덜 되는 일이다.

우리가 동의한 답은 'SEO로의 재집중(Refocus)'이었다. 모든 규모의 조직이 검색 엔진의 무료 결과에서 발견되도록 돕는 것 말이다. 나는 이사들에게 구체적으로 도전적인 질문을 던졌다.

- 진짜 SEO가 이메일이나 소셜처럼 하나의 프로토콜로서, 앞으로도 수년간 기업들의 투자를 받을 것이라고 믿는지,
- 시장이 여전히 충분히 서비스받지 못하고 있으며 성장 잠재력이 크다고 믿는지,
- 올바른 제품과 마케팅으로 다시 강력한 성장률을 회복할 수 있다고 믿는지 물었다.

미셸, 세스, 맷은 모두 시장에 대한 믿음을 재확인했다. 줄리는 좀 주저했지만 동의했다. 사라는 셀프서비스만으로 우리가 필요한 규모로 성장할 수 있을지 회의적이었다. 그녀의 입장은 Moz가 언제, 어떻게 엔터프라이즈(대기업) SEO 시장에 접근할 수 있을지

에 대한 논의로 이어졌다. 이때 맷 블럼버그가 회의에서 가장 뼈아픈 지적을 했다.

"고양이에게 뒷다리로 걷는 법을 가르칠 순 있습니다. 짖는 법을 가르칠 수도 있겠죠. 하지만 그렇다고 고양이가 개가 되는 건 아닙니다. 저는 Moz가 스스로 엔터프라이즈 소프트웨어 회사가 될 DNA를 만들 수 있을지 회의적입니다. 엔터프라이즈가 필요하면 파트너십을 맺거나 인수해야 합니다."

그 말에 모두가 격하게 동의했다. 우리는 엔터프라이즈 진입을 위한 잠재적 파트너십과 인수를 논의한 뒤, 펀딩과 M&A 이야기로 넘어갔다. 대화는 짧고 잔인했다. 이사회는 현재 성장률(약 10%)과 현금 소진율을 고려할 때, 어떤 인수 제안이라도 실망스러울 것임을 확인해 주었다. 사모펀드 역시 펀더멘털을 개선하기 전까진 가망이 없었고, 추가 자본 유치도 집안 단속을 끝내기 전까진 불가능했다. 남은 건 비용을 극적이고 빠르게 줄이는 것뿐이었다. 무엇을, 언제, 어떻게, 얼마나 깊게 잘라낼 것인가만이 문제였다.

임원 팀으로서나 이사회로서나 우리가 하지 않은 것은, 해고를 초래한 과거의 결정과 실수들을 파헤치는 것이었다. 주제가 너무 고통스럽고 너무 최근의 일이라, 감정이 토론을 망칠 거라는 걸 모두가 너무 잘 알고 있었기 때문이다.

회의의 후반부는 해고에 수반되는 고통스럽고 민감한 주제들을 다뤘다. 나는 해고를 겪어본 적이 없었고 다시는 겪고 싶지 않지만, 그 마지막 두어 시간은 심장이 터질 듯 긴장되었다고 말할 수 있다. 글렌은 수익성에 도달하기 위해 비용을 줄일 방안을 평가해 왔다. 우리는 1,281만 달러를 아껴야 했고, 그중 75%인

880만 달러는 인건비에서 나와야 했다. 우리에게 그건 59명이 더 이상 여기서 일할 수 없다는 뜻이었다.

**현금 흐름 흑자를 달성하려면 지출을 줄여야 합니다.
우리의 목표는 $1,200만 달러 절감입니다.**

지출 유형	현재 연간 지출액	연간 절감 기회	비율	비고
인건비	$33.24mm	$8.8mm	26%	인건비는 가장 큰 지출 항목입니다. 이 부분을 과감하게 줄이지 않고는 목표를 달성할 수 없습니다.
유료 마케팅	$2.5mm	$1.8mm	70%	관건은 매출 성장에 큰 타격을 주지 않으면서 이 규모를 축소하는 것입니다. 이는 우리가 세밀하게 조정해 나갈 부분입니다.
마케팅 스폰서십	$400k	$300k	75%	기존 계약은 유지하되, 향후 스폰서십 제안은 거절할 예정입니다.
컨퍼런스	$144k	$144k	100%	발표자로 참석하는 경우가 아니라면 컨퍼런스 참가를 중단합니다.
출장 및 접대비	$940k	$760k	81%	영업 및 필수적인 출장에 한해 지출을 줄입니다.
채용	$60k	$48k	80%	대폭 삭감되었습니다.
포틀랜드 사무실	$60k	$60k	100%	9월 폐쇄 예정입니다.
사무실 식대	$500k	$400k	80%	1인당 월 $51. 간식은 유지하고, 조리된 식사는 줄입니다.
소프트웨어 비용	$1.7mm	$500k	30$	이 계정은 철저한 검토가 필요합니다. 실제로 사용하지 않는 소프트웨어가 많을 것으로 추정되며, 사용자수 축소를 통해서도 일부 비용을 절감할 수…
합계		**$12.81mm**		이 모든 것을 100% 달성하는 것이 불가능할 경우를 대비해 약간의 여유를 두었습니다.

물론 과거에도 내보낸 사람들은 있었지만, 그건 항상 성과나 문화적 적합성 문제 때문이었지 비용이나 나쁜 경영 판단 때문은 아니었다. 이건 달랐고, 훨씬 더 고통스러웠다. 나는 마지막 순간에 내 감정이 나를 지배하게 내버려 두고 말았다.

5분. 내가 수년 동안 쌓아온 호의와 강력한 관계, 그리고 이사회가 내게 주었던 '무조건적인 신뢰'를 날려버리는 데 걸린 시간이다. 변명하자면, 나는 빡쳐 있었다. 아니, 그 표현은 부족하다. 격분했다. 충동적인 분노가 아니라, 핵심 가치에 헌신했던 주변 사람들이 정작 그 가치를 지켜야 할 결정적인 순간에 그것을 희생하려 한다고 느꼈기 때문이다.

싸움은 퇴직금(Severance) 때문이었다. 몇몇 이사는 회사가 재정적으로 어려운 상황에서 퇴직금에 그렇게 많은 돈을 쓰는 건 끔찍한 실수라고 믿었다. 나는 더 줘야 한다고 주장했다. 사라도 그랬다. 다른 이사들은 회의적이거나 반대했다. 토론이 점점 격해지면서 나는 목소리를 높였다. "여기서 4년 일한 사람들에게 6주치 퇴직금은 용납할 수 없어." 대답은 차분했다. 누가 말했는지는 잊어버렸다. "6주면 아주 후한 거야. 내가 본 대부분의 해고에서 그게 최대치라고."

여기서 '분별력을 잃은 랜드(Poor-Judgment Rand)'가 등장한다. 그는 자신이 옳다고 너무 확신하고 도덕적 우위가 자기에게 있다고 믿는 나머지, 타인의 감정이나 자신의 말과 행동이 미래에(심지어 자기 자신의 미래에도) 미칠 영향 따윈 고려하지 않는 특별한 종류의 명칭이다. 그가 탈출구 없는 구덩이를 파는 꼴을 지켜보라.

"좋아. 질문 하나 하지. 세스(맷이었나 미셸이었나 기억나지 않는다), 해고당해 본 적 있어?" "아니." 분별력을 잃은 랜드는 계속 무덤을 판다. "미셸, 해고당해 본 적 있어?" 이 시점에 한 이사가 나를 말리려 했다. "이게 정말 필요…" 내가 말을 잘랐다. "아니, 지금 할 거야. 대답해." "아니. 해고된 적 없어." 나는 방을 돌아가며 물었다. 모욕적으로 손가락질까지 해가면서. 그리고 모든 대답이 "아니오"로 끝난 뒤, 나는 성냥을 그어 돌아올 다리를 불태워버렸다.

"좋아. 그럼 빌어먹을 백만장자들끼리 모여 앉아서, 자기들 수입의 10분의 1도 못 버는 사람들이 직장을 잃고 퇴직금 2~3주치를 더 받는 게 진짜 필요한지 아닌지 결정하고 있는 거네."

세스가 휴회를 제안했고, 사라가 CFO와 함께 이메일로 몇 가지 시나리오를 제시하고 거기서 결정하자고 했던 것 같다. 사라는 6주가 최대치가 아니라 최소치가 되도록 창의적으로 싸워냈다. 그건 전적으로 그녀의 공이다.

그 설전 이후, 나와 이사들 사이는 예전 같지 않다. 전에는 없던 냉기가 흐르고, 한때 동료애 넘치던 관계는 눈에 띄게 변했다. 내가 과잉 반응했다. 비난조로 나갔다. 그리고 그건 완전히 불필요했다. 사라는 어차피 올바른 시나리오를 찾았을 것이고, 내 폭발과 상관없이 관대한 결과를 도출했을 것이다. TV 드라마 장면으론 좋았겠지만, 커리어에 중요한 관계를 다지는 방식으론 끔찍했다. 결국 나는 내 폭발에 대해 비싼 관계의 대가를 치렀다.

그후

이사회 회의가 끝난 후, 사라는 임원 및 매니저들과 만나 누가 떠나게 될지를 결정했다. 그 과정에서 내가 격렬하게 반대했던 인사가 일부 포함되긴 했지만, 그들 역시 누구도 승자가 될 수 없는 (win-win이 불가능한) 엄청나게 어려운 일을 수행하고 있었다. 사라가 해고를 발표하던 날, 나는 해외 컨퍼런스에서 연설 중이었다. 작년에 이미 한 번 취소했던 일정이라 또다시 번복할 수 없었기 때문이다. 그래서 나는 에어비앤비 방에서 노트북으로 사라가전 직원에게 발표하는 장면을 지켜봐야 했다.

집에 돌아왔을 때 나를 기다리고 있던 건 더 적어진 친구들(많은 전 동료는 아직도 용서하거나 잊지 않았다), 소셜 미디어 전반에 쏟아진 분노의 메시지들(공개적이든 사적이든), 내가 만든 회사에 대해 글래스도어·옐프·구글에 새로 달린 끔찍한 리뷰들, 그리고 긴장과 두려움에 휩싸인 경영진이었다.

해고의 여파는 적어도 6개월은 지속됐고, 그 후에도 강도만 약해졌지 완전히 사라지진 않았다. 12월이 되어서도 남은 '모저(Mozzer)'들은 회사가 실망시킨 친구들과 전 동료들에 대해 매일 이야기했다. 매주 임원 점심 식사에서 우리는 누가 재취업했는지, 누가 여전히 도움이 필요한지, 누가 너무 화가 나서 우리 이메일에 답장도 안 하는지 이야기를 꺼냈다. 블로그 댓글, 포럼 스레드, 소셜 미디어 포스팅은 몇 달 동안이나 우리의 해고와 떠난 사람들을 언급했다. 그때마다 나는 우리가 이 사람들을 실망시켰다는 사실을 뼈아프게 되새겨야 했다.

당신은 합리적으로 이렇게 주장할지도 모른다. 미국 고용 시장은 해고가 자유로운 '임의 고용(at-will)' 체제이고, 기업들, 특히 투자받은 곳들은 성장을 위해 리스크를 걸어야 한다고 말이다. 그 리스크가 실패하면 사람은 잘리고, 회사는 재정비해서 다시 성장한다. 리스크 감수가 금지되고 해고가 불가능한 모델이나, 누군가 언젠가 직장을 잃을까 봐 두려워 리더십이 투자를 거부하는 시나리오보다는 그편이 낫다고. 어쨌든 기술직은 이직이 쉽고, 특히 우리 분야에서는 '정리 해고(laid off)'가 '해임(fired)'보다 부정적인 뉘앙스가 훨씬 적으니까.

추상적이고 거시적인 레벨에서는 다 맞는 말이다. 하지만 해고당한 개인에게, 혹은 그들의 친구나 동료들에게 그건 공감 능력 없는 비정한 변명일 뿐이다. 신뢰를 다시 쌓으려는 리더십 팀은 "야, 잘리는 것보단 낫잖아"라거나 "비즈니스가 원래 그래"라는 말로 자신들을 방어할 수 없다. Moz의 문화는 항상 투명성과 공감을 강조했기에, 만약 우리가 대규모 해고가 필요할 수도 있다는 걸 알면서도 다중 제품에 투자하려 했다면, 처음부터 그렇게 말했어야 했다. 만약 해고가 잠재적으로 몇 달 남았다는 걸 알았다면, 자기 일자리를 걱정하는 사람들이 다른 옵션을 찾을 수 있도록 명확히 했어야 했다.

나는 우리 해고가 입힌 가장 큰 피해는 우리가 핵심 가치대로 살지 못했기 때문에 발생했다고 믿는다. 우리는 투명하지 못했다. 리더십이 그 투명성의 파장을 두려워했기 때문이기도 하고 (5월에 해고 가능성을 알렸다면 최고의 인재들이 다 떠났을까?), 우리가 숫자를 책임감 있게 파악하지 못했기 때문이기도 하다. 그렇게 신뢰를 잃으면 되찾기는 엄청나게 힘들다.

이사회와 리더십 논의에서 우리가 공감과 관대함이라는 가치에 부응했다고 자랑스럽게 말할 수 있는 중요한 영역이 하나 있다. 바로 떠나는 사람들에 대한 재정적 지원이다.

미국에는 퇴직금 지급 의무가 없다. 우리 같은 상황에서 Moz는 법적으로 8월 17일에 59명 전원을 땡전 한 푼 안 주고 내보낼 수도 있었다. 업계 관행은 최소 2주, 면접 사이클이 길고 평판이 중요한 기술 분야에서는 3주에서 6주 정도다.

Moz는 더 주기로 선택했다. 우리는 퇴직금이 새 직장을 구하는 동안의 어려움을 반영해야 하며, 회사에 기여한 근속 연수를 보상해야 한다고 믿었다. 사라는 재직 기간이 한두 달밖에 안 된 사람에게도 최소 6주를 주고, 근속 연수 1년당 1주씩 상한선 없이 더 주기로 결정했다. 우리는 대차대조표에 큰 타격이 있음에도 이를 일시불로 지급했는데, 그래야 해고된 사람들이 실업 급여도 바로 신청할 수 있기 때문이다(퇴직금을 기간에 걸쳐 나눠 지급하면 완료될 때까지 실업 급여가 나오지 않는다).

이 퇴직금 결정으로 Moz는 140만 달러, 당시 남은 현금의 20%를 썼다. 힘겹게 싸워 얻어낸 숫자였다. 이사들은 위태로운 시기에 떠나는 사람들에게 너무 많은 돈을 쓰는 게 회사를 위험에 빠뜨리지 않을까 우려했다. 나는 남은 직원들이 동료들이 생계 곤란을 겪는 꼴을 보느니, 차라리 현금이 좀 적고 리스크가 있는 회사에서 기꺼이 일할 것이라고 주장했다. 이 문제로 사임하겠다고 협박까지 했다(회의에서 한 번, 이메일로 또 한 번). 결국 이사회는 사라의 제안을 만장일치로 지지했다.

의심할 여지 없이 프로세스의 가장 최악인 부분은 누가 떠나고 누가 남을지 선택하는 것이었다. 사라와 임원 및 제품 책임자들은 각 팀 매니저들과 협력해 결정을 내렸다. 나는 실시간으로 업데이트되는 결정 사항을 스프레드시트로 볼 수 있었는데, 한 명 한 명 정해질 때마다 배를 한 대씩 얻어맞는 기분이었다. 나는 몇몇 팀원을 구하기 위해 매니저들을 설득하려 애썼지만, 결국 단 한 명만 구해낼 수 있었다(그마저도 그 사람이 "구해졌다"는 건 다른 누군가가 대신 나가야 했다는 뜻이었다).

적어도 세 번, 명단이 업데이트될 때 나는 아내 제럴딘과 함께 있었다. 내가 보여주면 우리는 분노와 슬픔, 좌절감에 고개를 저었다. 2008년 시애틀 보드게임 회사 크래니엄(Cranium)에서 해고당한 경험이 있는 제럴딘은, Moz가 절대 크래니엄과 똑같은 실수를 저지르지 말아야 한다고 열정적으로 말해왔다. 투기적인 성장에 과잉 투자하고 그 결과로 사람들을 내보내는 것 말이다. 나는 크래니엄의 첫 해고 사태 직후 술집에서 그녀를 만났을 때, 우리가 아끼던 수많은 사람이 느꼈던 공포와 분노, 불확실성을 생생하게 기억한다. 나는 그걸 반복하지 않겠다고 맹세했지만, 지금 우리는 거의 똑같은 배를 타고 있었다.

해고에는 예상치 못한 긍정적 효과도 일부 있었다. 하나는 그 사건이 만들어낸 결집된 외침(rallying cry)이었다. 이후 수많은 미팅에서 나는 사람들이 "우리는 그 일이 다시 일어나게 두지 않을 거야"라거나 "다시는 겪지 않도록 제대로 해내자"라고 말하는 걸 들었다(나 자신도 그랬다). 또 하나는 그 뒤 몇 달 동안 비즈니스가 달성한 놀라운 효율성이었다. 가장 좋은 예는 마케팅 팀인데, 인원이 거의 절반(25명→14명)으로 줄고 예산이 3분의 2나 깎였음에도 불구하고, 총 트래픽과 Moz Pro 신규 무료 체험, 사이트 내 Moz Local 가입은 오히려 늘었다. 더 적은 돈과 더 작은 팀으로 훨씬 더 나은 결과를 냈다. 이런 일은 엔지니어링, 재무, 기술 운영 등 다른 부서에서도 일어났다.

대외적으로 해고 소식은 시애틀 테크 업계와 SEO 세계에서 몇 주간 뉴스였지만, 관심은 예상보다 빨리 사그라들었다. 고객들에게 미친 영향은(유료 구독자 100명이 대안을 찾아야 했던 Moz Content를 제외하고는) 미미해 보였다. 재무적으로 우리는 예산보다 약간 더 나은 실적을 냈고, 2016년 11월에는 4년 만에 처음으로 월간 현금 흐름 흑자를 기록했다.

해고는 고통스러웠다. 나는 어떻게 피할 수 있었을지 계속 뒤

돌아보지만, 그건 바보 같은 짓이다. 대신 나는 이 한 가지 진실에 집중하려 한다. 만약 해고가 없었다면 Moz는 살아남지 못했을 수도 있고, 훨씬 더 많은 사람이 직장을 잃었을 것이다. 나는 해고 자체는 해야 할 옳은 일이었다고 믿지만, 우리를 그 길로 들어서게 만든 재정적, 전략적 결정들은 절대적으로 틀린 것이었다.

그래서 교훈은...

이 모든 것에서 우리는 무엇을 배웠나? (명백한 "해고는 엿 같다"는 것과 해고에 책임이 있는 사람들은 좀처럼 직장을 잃지 않는다는 것 말고.)

나에게는 이것이다 : 우리는 집중(Focus)을 잃었다.

어떻게? 그 답을 하려면 Moz의 성장, 투자, 지출의 역사를 볼 필요가 있다.

연도	현금 저축/소진	부채 조달/상환	VC 조달	연말 은행 잔고	총매출
2007	$0	$0	$1,100,000	$1,100,000	$800,000
2008	-$800,000	$0	$0	$300,000	$1,400,000
2009	+$200,000	$0	$0	$500,000	$3,100,000
2010	+$500,000	$0	$0	$1,000,000	$5,700,000
2011	+$1,000,000	$0	$0	$2,000,000	$11,400,000
2012	-$5,000,000	$0	$18,000,000	$15,100,000	$21,900,000
2013	-$12,000,000	+$3,000,000	$0	$5,800,000	$29,300,000
2014	-$1,500,000	$0	$0	$4,300,000	$31,300,000
2015	-$4,600,000	+$8,000,000	$0	$7,700,000	$37,900,000
2016	-$8,100,000	-$6,000,000	$10,000,000	$3,500,000	$42,000,000
2017	+$1,500,000	-$2,200,000	$0	$4,000,000	$47,400,000

이 숫자들을 보면 내 눈은 거대한 지출에도 불구하고 성장이 상당히 둔화된 2013년 이후 시기로 쏠린다. 2012년부터 2016년까지 Moz는 우리가 벌어들인 수천만 달러의 매출 외에도 3,500만 달러가 넘는 벤처 캐피털과 부채를 썼지만, 이전 5년보다 훨씬 느린 속도로 성장했다. 2011년과 2012년 사이에 1,000만 달러 이상의 매출을 더했고 2012년부터 2013년까지 800만 달러를 더했지만, 그다음에 우리는 정체되었다.

내 추산으로는 성장 둔화를 이끈 5가지 핵심 원인이 있다. 만약 내가 2012년에 이 원칙들을 이해했더라면, 나는 훨씬 더 나은 CEO이자 이사회 멤버이자 기여자가 되었을 것이다.

1. 구독자 유지 vs 고객 획득

소프트웨어 구독 비즈니스를 키우는 방법은 3가지다.

1   고객 더 모으기
2   더 오래 쓰게 하기 (구독 기간 늘리기)
3   더 비싼 거 팔기 (업셀링)

2011년, 평균적인 Moz Pro 고객은 8.5개월 동안 구독했다. 2016년에는 11개월이었다.

2011년, 신규 무료 체험 가입은 월 1,000명이었다. 2016년에는 월 4,500명이었다.

나는 우리가 제품과 유지(Retention)에 투자해야 했을 때 마케팅과 도달 범위(Reach)에 멍청하게 투자했다고 주장한다. 왜냐? 구독 비즈니스는 기본적으로 '밑 빠진 독에 물 붓기'이기 때문이다. 결국 당신이 충분히 성장하면 잠재 고객 전체를 다 소진하게(churn through) 되고, 그중 아주 일부만 남게 된다.

우리는 수백만 개의 조직이 SEO 소프트웨어에 관심 있다는 걸 알았지만, 우리 제품을 그들의 장기적인 습관이자 필수적인 운영 도구로 만드는 데 충분히 노력하지 않았다. 예를 들어 Moz의 평균 11개월 구독 기간을 SaaS 세계에서 가장 존경받는 세일즈포스(Salesforce)와 비교해 보라. 세일즈포스의 평균 고객 유지 기간은 120개월로, Moz의 10배가 넘는다.

이는 세일즈포스가 현재 매출을 유지하기 위해 매년 고객의 10%만 새로 얻으면 된다는 뜻이다. 그 이상의 신규 고객이나 업셀링은 전부 성장으로 이어진다. 반면 Moz는 현상 유지를 위해서만 매달 수천 명의 신규 고객을 데려와야 한다.

여기서 집중이 작용한다. 줄어드는 매출을 막기 위해 신규 고객 획득에 너무 의존하다 보니, 회사의 우선순위가 '신규 고객용 제품 개발'과 '기존 고객 유지 개선' 사이에서 쪼개질 수밖에 없다. 이제 그걸 4개의 다른 제품에 곱해보라. 조직이 단지 물 위로 머리를 내놓기 위해(생존하기 위해) 얼마나 허덕였는지 알 수 있을 것이다. '고객 유지 vs 고객 획득'은 구독 비즈니스계의 오랜 논쟁이지만, 만약 내가 일을 다시 한다면, 구독 기간을 지속적으로 늘릴 길을 찾을 때까지 마케팅에 대한 어떠한 투자(인력, 비용, 리더십의 주의)도 제한할 것이다.

아이러니하게도 그 길은 우리가 2016년에야 마침내 발견한 것이었다. 우리는 '고객 성공(Customer Success)' 프로그램을 테스트했다. 훈련된 직원이 사용 첫 달에 구독자와 통화하며 기능을 안내하고, 선제적으로 질문에 답하고, 툴을 통해 목표를 달성하는 법을 돕는 것이다. 효과는 극적이었다. 담당자와 30~45분 통화한 구독자는 그렇지 않은 사람보다 30% 더 오래 제품을 유지했다. 심지어 경험이 가장 적은 초보 고객들도 계속 남아서 구독을 더 잘 활용했다.

고객 성공이 유지를 개선하는 유일한 방법은 아니지만, 신규 획득에 목을 매고 리더십 팀이 여러 제품에 얇게 분산되어 있었기에, 우리는 이 결정적인 요소에 실험하고 투자할 의지도 능력도 없었다.

2. 다중 제품은 브랜드를 희석시킨다

당신이 혼다(Honda) 새 차를 샀는데 고장이 잦다고 가정해 보자. 당신은 아마 다시는 혼다를 안 살 것이고 친구들에게도 말릴 것이다. 소셜 미디어에 불평하거나 나쁜 리뷰를 남길 수도 있다. 그리고 당신은 거의 확실하게 다른 제품들—잔디 깎는 기계나 오토바이, 중장비—에서도 혼다 브랜드를 피할 것이다.

하지만 반대는 그만큼 강하지 않다. 혼다 차가 너무 좋았다고 해서 혼다 잔디 깎는 기계를 무턱대고 사진 않는다. 대부분의 소비자처럼 조사를 해볼 것이다.

브랜드에 대한 부정적 경험은 다른 모든 데이터 포인트를 압도한다("잔디 깎는 기계 팀은 차 만드는 팀이랑 다르겠지"라고 생각하는 사람은 없다). 하지만 긍정적 경험의 연상 작용은 그에 미치지 못한다. 인간은 긍정적인 경험보다 부정적인 경험을 훨씬 더 강력하게 기억하고 내재화하도록 설계되어 있기에, 좋은 리뷰보다 나쁜 리뷰를 남길 가능성이 훨씬 크다.

제품 간에 전이되는 건 부정적 경험뿐만이 아니다. 한 브랜드에 여러 제품이 존재한다는 사실만으로도 인지적 부담(cognitive strain)을 주고 기억과 연상을 약화시킨다.

오직 단일 제품만 만드는 회사는 기억하고, 입소문을 내고, 평가하기가 훨씬 쉽다. 10년 동안 검색 엔진 외엔 아무것도 아니었던 구글을 보라. 반면 야후(Yahoo!)는 디렉토리이자 검색 엔진이자 미디어였고, 결국 수많은 사업부와 매출은 있지만 방향성은 없는 회사로 기억된다. 혹은 보스(Bose)를 보라. 온갖 오디오로 시작했지만 결국 노이즈 캔슬링 헤드폰 하나로 세계 최고가 되었다.

수많은 회사가 다중 제품으로 성공하지만, 그건 오직 초기 제품들이 홀로 설 수 있을 만큼 충분한 추진력, 생존력, 견인력을 갖췄을 때의 이야기다. P&G는 수천 개의 브랜드로 시작하지 않았다. 아이보리 비누 하나로 시작해 많이 판 뒤에야 확장했다. 아마존은 온라인 서점으로 시작해 사랑받게 된 후에야 종합 쇼핑몰이 되었다. 혼다도 오토바이로 세계 1위를 찍고 나서야 차를 만들었다.

Moz에서 우리는 핵심인 Moz Pro가 추진력과 생존력을 갖추기도 한참 전에 다중 제품으로 확장하려 했다. 우리의 이탈률(Churn rates)은 제품이 아직 미성숙하다는 명확한 신호였지만, 우리는 멍청하게도 브랜드 확장 효과를 기대하며 핵심 제품에서 집중과 투자를 빼버렸다.

3. 수많은 우선순위의 본질적 복잡성

회사는 사람으로 이루어져 있다. 사람은 한 가지 일을 잘하는 데는 비교적 능숙하다. 하지만 우리는 멀티태스킹에 끔찍하게 서툴며(많은 사람이 자기는 아니라고 믿고 싶어 하지만), 서로 상충하는 별개의 요청들을 복합적으로 처리하는 데는 일반적으로 형편없다.

유타 대학교 교수이자 〈누가 멀티태스킹을 하고 왜 하는가?〉의 공저자인 데이비드 스트레이어(David Strayer)는 이를 잘 표현했다.

"멀티태스킹을 가장 많이 하는 사람들은 충동적이고 자극을 추구하며 자신의 능력을 과신하는 경향이 있는데, 정작 그들은 멀티태스킹 능력이 떨어지는 경향이 있다."

나는 이 말을 조직, 특히 스타트업 단계의 조직에 그대로 적용하고 싶다.

회사를 바닥부터, 처음으로, 새로운 분야에서, 새로운 팀과 함께 짓고 있다면, 당신은 가능한 모든 단순함이 필요하다. 모든 것이 독특하게 도전적일 것이다. 당신과 당신 팀은 그걸 해본 적이 없고, 시장의 힘은 본질적으로 기존 기업(Incumbents)에게 유리하게 짜여 있기 때문이다. 스타트업이 가진 위대한 강점은 모든 에너지를 오직 한 가지에 집중할 수 있다는 점이다. 반면 기존 경쟁자들은 진보를 방해하는 다양한 노력과 책임들을 짊어지고 있다.

집중을 잃고 작은 팀에게 한 가지 일을 더 잘하게 하는 대신 더 많은 일을 맡으라고 요구하는 것은, 이 중요한 이점을 스스로 포기하는 꼴이다. 오직 한 가지만 한다는 것은 다음과 같은 이점을 준다.

- 성공을 위해 더 많은 실험을 시도할 수 있고, 이는 더 빨리 배우고 반복(iterate)할 수 있음을 뜻한다.

- 더 적은 사람을 고용하고 업무 목록을 짧게 유지함으로써 커뮤니케이션 비용(overhead)을 줄일 수 있다.

- 가장 시니어 리더들을 프로젝트에 직접 관여시켜서, 권력 간격(power distance)을 좁히고 중요한 의사결정 시간을 최소화할 수 있다.

- 필요한 업무에 가장 적합한 인재를 채용하고 훈련하며 기술을 연마시킬 수 있다.

- 시간, 자재, 인력, 투자의 낭비를 빠르게 식별하고 줄일 수 있다. 집중해야 할 것이 적을 때 낭비가 더 잘 보이기 때문이다.

- 시간, 비용, 인력을 더 적은 변동성으로 더 정확하게 예산 편성할 수 있다.

많은 회사에 "한 가지만 해라"는 비현실적으로 단순한 조언일 수 있다. 하지만 우선순위를 추가할 때 복잡성이 선형적이 아니라 기하급수적으로 늘어난다는 사실을 아는 건 도움이 된다. Moz에서 나는 회사의 목표에 제품 하나(예 : Moz Local)를 더하는 것이 세 번째나 네 번째 제품을 더하는 것보다 훨씬 덜 복잡하다는 걸 발견했다. 새로운 제품과 우선순위가 추가될 때마다 이전 것보다 훨씬 더 많은 자원이 들었고, 시간은 더 많이 희석되었다.

우리가 이 제품들과 우선순위를 제거하고 단순화했을 때, 결과가 스스로 증명했다. 더 적은 사람들이 오직 소수의 것들에만 집중함으로써, 수많은 방향으로 찢어진 훨씬 더 큰 팀보다 더 많은 것을 해낼 수 있었다.

4. 경쟁

자기가 하는 모든 일에서 세계 최고인 회사의 이름을 대보라. 나는 몇 개밖에 댈 수 없다. '시리어스 이츠(Serious Eats)'는 과학적 방법론으로 요리법을 연구하고 공유하는 데 있어 세계 최고일 것이다. '파이브서티에이트(FiveThirtyEight)'는 아마 스포츠, 대중문화, 정치 분야의 데이터 저널리즘에서 온라인 세계 최고일 것이다. 테슬라는 거의 확실하게 세계에서 가장 좋은 순수 전기차를 만든다. 핏빗(Fitbit)은 시장에서 가장 인기 있고, 많은 지표상 최고의 피트니스 트래커를 만든다.

이 조직들은 하나같이 깊이 있게 집중되어 있다. 하지만 나는 복수의 사업부를 가지고 있으면서도 자기가 점유한 모든 영역에서 부인할 수 없는 최고이거나 명확한 시장 리더인 단일 회사는 하나도 찾을 수 없었다. 애플은 논쟁의 여지는 있지만 최고의 스마트폰을 만들지만, 노트북 부문은 덜 압도적이고 소프트웨어는 '쓸만함'과 '좌절 유발' 사이 어딘가에 있다. 버진 아메리카(Virgin America)는 여행자 경험에서 최고 등급을 받지만, 그룹 산하 400개 브랜드 중 좋은 평가를 받는 건 10개도 안 되며, 심지어 항공사 규모도 시장 선도와는 거리가 멀다. 구글은 단연코 세계 최고이자 가장 인기 있는 검색 엔진을 만들지만, 소셜 네트워크인 구글플러스(Google+)는 카테고리 톱 10에도 못 든다. 3M은 수많은 제품 라인에서 최고 수준에 근접하지만, 고어텍스(방수 원단)나 밴드 에이드(의료용 접착제) 같은 경쟁자들이 그에 맞선다. 3M은 심지어 몇 넌마다 제품 라인의 상당 부분을 매각 등으로 교체한다는 목표도 가지고 있다.

많은 회사가 하나 혹은 소수의 것들에서 세계 최고가 될 수 있고, 어떤 회사는 포트폴리오 내 한 줌의 제품들에서 최고가 될 수 있다. 하지만 넓은 스펙트럼 전반에 걸쳐 일관되게 이 업적을 달성할 수 있는 회사는 거의 없는 듯하다.

우리는 Moz에서 이 교훈을 뼈저리게 배웠다. 2011년 당시, Moz는 SEO 소프트웨어의 6가지 핵심 기능 중 5가지에서 세계 최고(혹은 적어도 근소한 2등)라고 누가 봐도 말할 수 있는 수준이었다. 랭킹 추적, 사이트 크롤링, 온페이지 최적화, 링크 분석, 그리고 리포팅에서 말이다. (우리는 Keyword Explorer가 런칭된 2016년 전까지는 진짜 키워드 리서치 기능은 없었다.) 그 후 4년 동안, 적어도 한 회사가 그중 두 개(온페이지와 리포팅)를 제외한 모든 분야에서 압도적이고도 명백하게 우리를 앞질렀다.

만약 내가 2014년에 어떤 소프트웨어가 최고의 링크 데이터를, 최고의 랭킹 추적을, 최고의 웹사이트 크롤러를, 혹은 최고의 키워드 리서치 툴을 제공하느냐는 질문을 받았다면, 나는 정직하게 그게 우리라고 말할 수 없었을 것이다. 우리는 너무 분산되어 있었고, 너무 많은 프로젝트와 데이터 소스와 툴을 가지고 있었다. SEO에서 그건 특히 위험했는데, 그 분야가 작동하는 방식 때문이다. 이건 내가 CEO 스왑(swap) 동안 SEER의 사무실에서 고통스럽게 배웠던 또 다른 교훈이었다.

당신이 회사 웹사이트를 구글 상위 랭킹에 올리려는 SEO 전문가라고 가정해 보자. 당신은 1위 자리가 클릭의 '가장 큰 몫(Lion's share)'을 가져간다는 걸 안다(검색어에 따라 보통 20~50%). 2위는 그 절반 정도를, 3위는 3분의 1을, 그리고 1페이지의 나머지 자리는 훨씬 더 적게 가져간다. 2페이지를 방문하는 사람은 5%도 안 된다. 따라서 한 단계라도 위로 올라가게 돕는 어떤 사소한 이

점이라도 엄청나게 가치가 있다. 만약 어떤 툴이 다른 툴이 놓친 링크 소스를 보여주거나, 다른 툴이 무시한 사이트 문제를 찾아 낸다면, 그건 랭킹 1위와 2위의 차이(즉, 매달 수백 혹은 수천 명의 추 가 방문자 차이)를 의미할 수 있다.

소프트웨어의 '전환 비용(Switching costs)'은 보통 기존 기업 에 대항하는 스타트업에게 큰 장벽이다. 만약 당신이 어떤 분야 의 '기본(default)' 툴이 된다면, 경쟁사가 기술적으로 더 나은 제품 을 내놓더라도 시장 리더십을 유지할 수 있다. 그게 바로 스타트 업들이 경쟁하기 위해 기존 기업보다 여러 차원(편의성, 기능, 데 이터 품질, 가격 등)에서 훨씬 더 나은 선택지가 되어야만 하는 이 유다.

하지만 키워드 순위 몇 계단 차이가 수익이나 재계약 여부에 거대한 영향을 주는 SEO에서는, 그 어떤 점진적인 우위라도 추 가 비용과 학습 시간, 시스템 전환의 고통을 감수할 가치가 있다. 우리는 이 사실을 뼈아프게 깨달았다. 우리 제품군(suite)이 제공 하는 기능 중 단 한 가지 측면에만 영리하게 집중한 스타트업 경 쟁사들에게 고객을 뺏겨가면서 말이다.

5. 대수의 법칙 (Law of Large Numbers)

덩치가 커질수록 스케일링의 수학 때문에 같은 성장률을 유지하 기 힘들다는 개념에 익숙했음에도, 나는 정체되는 성장률에 부딪 히는 것이 Moz의 비즈니스에—특히 투자자, 잠재적 인수자, 그리 고 스타트업 지표에 밝은 직원들에게—어떤 의미일지 제대로 인 식하지 못했다.

2010년에 우리가 전년 대비 260만 달러의 매출을 더했을 때 우리는 열광했다. 하지만 2016년에 410만 달러를 더했을 때 우리는 엄청나게 실망했다. 왜냐하면 2010년의 추가 매출은 2009년 총액의 거의 두 배였던 반면, 2016년은 전년보다 고작 11% 높았기 때문이다. 벤처 투자를 받은 스타트업을 평가하는 척도는 추가된 절대 액수가 아니라 성장률(%)이다. 우리 단계에서 전년 대비 30% 성장은 벤처 세계에서 "흥미로운" 비즈니스(추가 자본을 조달할 수 있거나 지분 가치가 매력적인 곳)를 위한 최소 수준으로 간주된다.

나는 2012년 라운드에서 다른 투자자들이 참여하고 싶어 했을 때 멍청하게도 추가 자금을 거절했다. 내 개인 지분을 팔라는 제안들도 거절했다. 허브스팟(HubSpot)이 뛰어난 가격에 회사를 매각하라고 했던 그 놀라운 제안도 거절했다. 만약 내가 외부인들이(그리고 일부 직원들이) Moz의 "성공"을 판단할 때 사용하는 멘탈 모델을, 그리고 성장(Growth)이 다른 무엇보다 회사의 전망을 지배한다는 사실을 파악했더라면, 나는 그 결정들을 뒤집었을 것이다.

물론 시장 규모, 고객 획득 비용, 제품 확장성 같은 이슈들도 성장을 저해할 수 있다. Moz는 청중과 구조적 강점 덕분에 이런 이슈를 심각하게 겪진 않았다(SEO 분야는 구글 덕분에 우리보다 훨씬 더 빨리 성장했다). 우리의 고객 획득 비용은 셀프서비스 모델과 높은 유기적 트래픽 덕분에 항상 극도로 낮았고, 제품은 우리가 가진 고객 규모의 몇 배를 처리할 수 있었다.

무엇이 집중을 그렇게 어렵게 만드는가?

내가 CEO였던 시절, 제품과 역량을 확장하는 건 논리적인 길처럼 보였다. 제품 유지율을 높이기 위해 진득하게 버티는(hunkering down) 대신 마케팅과 도달 범위를 키우는 것도 합리적인 결정 같았다. 여러 청중을 위한 툴을 가지고 새로운 마케팅 분야에 진입하는 것도 가야 할 올바른 길처럼 느껴졌다.

왜 나는 이 여러 방향이 야기하는 고통을 무시했을까? 어떻게 그렇게 오랫동안 집중의 혜택을 놓쳤을까?

답은 '내가 해야 한다고 생각했던 것'과 '실제로 했어야 했던 것' 사이의 괴리에 있다. 이건 스타트업 창업자와 리더십 팀을 끊임없이 괴롭히는 문제다. 내 후임자를 괴롭혔고, 37signals(다중 제품을 접고 베이스캠프에 집중했다), 넷플릭스(플릭스터 분리 시도로 파산할 뻔했다), 마이크로소프트(모든 걸 다 하려는 욕망이 각 사업부의 리더십을 잃게 했다), 그리고 크래니엄(게임에서 미디어와 장난감으로 확장하려다 내 아내와 동료들의 커리어를 앗아갔다) 같은 광범위한 회사들에 악영향을 미쳤다.

초기 스타트업 창업자의 일은 명확하다. 제품-시장 적합성(Product-Market Fit, 시장의 상당수 고객이 사랑하고 사용하며 돈을 낼 제품)을 찾고, 그다음에 확장(Scale)하는 것이다. 다만 그 너머에서는 상황이 흐릿해진다. 일단 적합성을 찾고 확장 중이라면, 당신의 일은 가능한 모든 수단을 통해 성장(Growth)을 찾는 것이다.

더 큰 성장은 더 높은 밸류에이션, 더 좋은 인재, 부러움, 언론의 주목, 회사를 팔거나 주식을 팔아 부자가 될 가능성을 의미한다. 이 모든 것이 전년 대비 매출 성장률에 달려 있다.

그 편향은 빠르게 이런 생각으로 이끈다. "우리 핵심 제품은 성장하고 있지만, 만약 우리가… 하면 더 빨리 클 수 있을 텐데." 그 빈칸을 채우는 건 위험하다. 복잡성을 더하고 집중력을 앗아가는 것들이 그 자리를 차지하기 때문이다. 아마도 그건 더 많은 성장을 가져올 거라고 믿는 새로운 기능들이거나, 완전히 새로운 제품 라인이거나, 다른 회사의 인수거나, 혹은 차기 대박을 터뜨릴 R&D 프로젝트일 것이다.

실리콘밸리 문화는 창업자들에게 성장이 가장 중요하므로 거기로 이끄는 모든 전략을 추구해야 한다는 잘못된 믿음을 심어준다. 하지만 훨씬 더 현명한 길은, 훈련과 인내심을 가지고 곁길을 무시하며, 당신이 세계 최고가 될 수 있는 오직 한 가지에 실험, 학습, 반복을 쏟아붓는 것이다. 성장을 위한 다른 전략들은 당신이 진정으로 거대한 규모를 갖출 때까지 기다려야 한다.

집중의 이점은 무시하기엔 너무 크다. 단지 목표를 유지하는 데 필요한 결단력 뒤에 숨겨져 있을 뿐이다.

다음을 위한 치트키
(Cheat Codes for Next Time)

"실리콘밸리는 단순히 장소가 아니라,
하나의 문화이자 마음가짐(state of mind)이 되었다."

— 비노드 코슬라, 2000

좋은 소식과 나쁜 소식이 있다.

　나쁜 소식은, 당신이 이 글을 읽을 때쯤이면 나는 이미 Moz를 떠났으리라는 것이다. 벤처 투자를 받은 회사의 많은 창업자가 그렇듯, 내 퇴장은 아주 좋은 상황에서 이루어지지 않았다(하지만 그 이야기는 아직 쓰이는 중이므로, 완전한 내막은 훗날의 블로그 포스트를 위해 아껴두겠다). 연 매출 5천만 달러를 넘어서고, 수백 명 규모로 확장하여 (행운을 빌며) IPO나 인수로 가는 도전들은 내가 경험할 몫이 아닐 것이다. 적어도 내부에서는 말이다. 나는 여전히 이사회에 남아있고, 아내와 나는 공동으로 여전히 Moz의 최대 주주다. 그러니 적어도 어느 정도는 계속 관여할 것이며(약속하건대, 여정이 진행됨에 따라 공유할 수 있는 배움들은 나눌 것이다), 지켜볼 것이다.

　좋은 소식은, 나는 다시 시도할 거라는 점이다. 나는 또 다른 회사를 시작한다.

　그 모든 고군분투와 고난, 대부분 끔찍하고 아주 가끔만 멋졌던 16년의 경험들 후에도 이러는 걸 보면, 심지어 나조차 내 혈관 속에 마조히즘과 광기의 불안정한 혼합물이 흐르고 있음에 틀림없다고 생각한다. 하지만 핵심은 이거다. 나는 그 여정을 사랑한다. 그리고 만약 당신이 이 책을 여기까지 읽었다면, 아마 당신도 그럴(혹은 그러게 될) 것이다.

　그 모든 걸 사랑한다는 건 아니다. 젠장, 아니다. 다만 월말에 급여를 지급하는 데서 오는 성취감에는—그 달을 시작할 땐 어떻게 지급할지 막막했음에도 불구하고—부인할 수 없는 특별함이 있다. 누군가가 지시한 방식이 아니라 당신이 원하는 방식으로 문제를 해결했을 때 오는 엄청난 기쁨, 성공적인 런칭 전 늦은 밤에 느끼는 동료애 같은 것들 말이다. 창업자들은 위대한 이야깃 거리가 되고, 앞으로 수년 동안 회자될 강력하고 공유된 경험을 얻게 되는, 세상에 다시 없을 상황들을 겪는다.

그 여정이 당신을 부른다면 환영한다. 고된 노동과 "모든 게 여기에 달려 있다"라는 도박이 가득한 이 이상한 클럽에 온 것을 환영한다. 외로움과 달콤쌉쓸함, 높은 리스크와 낮은 확률 속에서 당신이 직접 구축하는 멋진 신세계(brave new world)에 온 것을 환 영한다. 이 길을 선택한 우리 중 많은 이가 당신을 응원하고 지지 하며, 당신이 배운 것들이 뒤따르는 사람들을 위해 투명하게 공 유되기를 바란다.

다음 프로젝트에 착수하면서 나는 그 마지막 조각, 즉 공유하 고 바라건대 도움을 주는 일을 조금 더 하고 싶다.

이 두 번째 도전은 초기 단계부터 매우 다르게 느껴진다. 나 는 더 자신만만하다. 이 길을 더 잘 안다. 앞으로 마주할 수많은 단 계를 위한 치트키(cheat codes)도 준비되어 있다. 투명성의 정신에 입각해 내가 현재 적용하고 있는 몇 가지를 소개한다.

브랜딩: 지난번에 나는 "SEOmoz.org"로 시작했고, 결국 회사에 더 발음하기 쉽고 덜 제한적인 이름을 주기 위해(수십만 달러를 주 고) "Moz.com"을 샀다. 이번에 나는 다음과 같은 브랜드 이름을 고르고 있다.

1 특정 제품이나 영역과 명백한 연관성이 없어서 확장에 열려 있는 이름 (아마존, 구글, 우버, 질로우 등처럼).

2 .com 도메인을 사용할 수 있는 이름. 기술 세계 밖에서는 .com이

아닌 웹 주소를 브랜딩하는 것이 여전히 거대한 장벽이다. 사용 가능한 .com이 있다는 건 트위터, 페이스북, 인스타그램 등에서 브랜드의 소셜 미디어 계정을 확보할 가능성이 높다는 뜻이기도 하다.

3 말하기 쉽고 한번 들으면 헷갈리지 않는 이름. '에스-이-오-모즈'와 그 모든 잘못 발음된 변형들을 겪으며 보낸 수년은, 한번 들으면 기억하고 전달할 수 있는 이름의 중요성을 가르쳐주었다. 심지어 발음하기 쉬운 브랜드와 주식 티커 심볼이 주식 시장에서 더 잘나가는 경향이 있다는 연구 결과도 있다(주식 시장이 "효율적"이라고들 하는데 말이다).

4 구글 검색 결과가 매우 적은 이름. 그래야 웹상에서의 진척 상황을 추적하기 쉽고, 기존의 무언가와 혼동될 가능성이 최소화된다. Moz 때 우리는 DMOZ와 차별화하느라, 나중에는 모질라 재단(Mozilla Foundation)과 차별화하느라 수년 동안 고생했다. 나는 이번 판에서는 더 의도적으로 독특해질 계획이다.

자금 조달(Funding): 오늘날 기술 기반 비즈니스를 새로 만드는 사람들에게는 훨씬 더 많은 자금 조달 옵션이 있다. 벤처 캐피털은 과거보다 더 다양한 형태로 존재하는데, 특히 더 작은 펀드를 조성하고 더 적은 금액을 투자하며 LP들의 기대를 충족시키기 위해 덜 거대한 엑싯(Exit)을 요구하는 "마이크로 VC"들의 부상이 그렇다. 4억 달러 대신 4천만 달러를 모금한 펀드는 포트폴리오 회사가 2천5백만 달러나 5천만 달러 같은 훨씬 더 달성 가능한(여전히 드물고 놀랍지만) 인수에 팔려도 성공할 수 있다.

라이터 캐피털(Lighter Capital)이나 인디.vc(Indie.vc) 같은 곳에서 제공하는 창의적인 형태의 부채(debt)도 있는데, 이들은 (반드시) 회사의 지분을 가져가지는 않지만 만기에 쫓기지 않고 고금리 은행 대출처럼 갚을 수 있다. 백스테이지 캐피털(제럴딘과 내가 투자했다)이나 블랙 & 브라운 파운더스 같은 펀드들은 과소대표된(underrepresented) 창업자들에게만 독점적으로 자금을 제공한다. 지구상 거의 모든 지역에는 스타트업 액셀러레이터(테크스타, 와이콤비네이터 등)가 있어 네트워킹과 멘토십, 소액 자금을 제공하고 프로그램 완료 시 투자자들에게 직접 피칭할 기회를 준다. 엔젤리스트 같은 플랫폼이나 지역 엔젤 클럽을 통해 엔젤 투자자들에게 접근하기도 쉬워졌다. 그리고 마지막으로 중요하게는 크라우드펀딩이 있는데, 지분 및 부채 형태뿐만 아니라 보상 기반 형태(킥스타터 등)도 가능하다.

내 다음 모험을 위해 상황에 따라 옵션들을 비교하면 이렇다.

1 **벤처 캐피털**은 나에게 있어, 심지어 마이크로 VC 레벨이라도 너무 제한적이다. 그건 이분법적 결과 – 화려하게 성공하거나(진짜 드물다) 붕괴하거나(훨씬 더 흔하다) – 를 강요한다. 진짜 거대해지기를 추구하는 사람들에게는 절대적으로 옳은 선택이지만, 나는 느리고 수익성 있는 성장의 길을 선택할 자유, 어쩌면 절대 팔지 않고 단순히 직원들에게 이익을 주고 고객들에게 신뢰할 수 있는 고품질 제품을 주는 비즈니스를 짓는 자유를 원한다.

2 **엔젤 투자**는 까다롭다. 이상적인 결과가 있긴 하다 – 내 투자자들이 비즈니스가 추구하는 길과 완전히 일치하고, 우리가 수익성을 추구하다가 엑싯을 목표로 하거나 심지어 VC를 조달하기로 방향을 바꿔도 편안해하는 경우다. 하지만 엔젤 자금을 받으면 어려워지는 옵션들이 있다. 회사를 직원들에게 넘겨주거나, 이익을 사회

공헌에 쓰거나, 성장 대신 작게 남기로 결정하는 것 등이다. 엔젤 투자자들이 기술적으로 이를 막을 권리가 없을 수도 있지만, 나는 엔젤과 창업자가 충돌할 때 무슨 일이 일어나는지 봐왔다. 원한이 생기고, 평판을 잃고, 엔젤들은 해를 끼치기 위해(혹은 도움을 막기 위해) 영향력을 행사한다.

3	부채는 몇 가지 이점이 있다. 갚으면 외부 의무로부터 완전히 자유로워질 수 있다. 하지만 금전적으로 대가가 크다. 크라우드펀딩 플랫폼의 부채 상품은 몇 년 안에 1.5배에서 3배 상환을 요구하며, 일부 자금처는 3~5배 상환을 요구하기도 한다. 최악은 갚을 수 없을 때다. 그들은 은행처럼 자산이나 회사 전체를 압류할 수 있다. 이런 단점에도 불구하고, 확실히 내 고려 대상 안에 있다. 리스크는 외부 간섭이나 엑싯 요구 없이 내가 원하는 대로 회사를 운영할 기회로 상쇄된다.

4	크라우드펀딩은 진짜 흥미로운 옵션이다. 특히 재창업자로서 내가 가진 이점들(거대한 소셜 미디어 청중, 지지해 줄 인맥과 친구들, 관심을 끄는 경험)을 고려하면 더욱 그렇다. 모금된 돈은, 특히 보상 기반 시나리오에서 본질적으로 초기 매출이며, 회사를 잠재 고객에게 노출하고 관심도를 측정하는 데 도움을 준다. 지분 및 부채 기반 크라우드펀딩도 있는데, 이는 내 네트워크 효과를 활용하지만 3번의 단점을 일부 유지한다(하지만 지분 펀딩 시나리오에서 크라우드펀더들은 엔젤 투자자들보다 더 유연할 수 있다).

5	100% 부트스트래핑(Bootstrapped)은 마지막 옵션이다. 이건 개인적인 재정 리스크로 가득 차 있다. 아내와 내가 수십만 달러의 저축을 가지고 있긴 하지만(여러분이 이 책을 사줬으니 이제 아주 조금 더 있다. 고맙다!), 우리 둘 다 그걸 다 태워버리고 만약의 사태를 위

해 아무것도 남기지 않는 건 별로 내키지 않는다. 하지만 부트스트래핑은 자유와 유연성 면에서 엄청나게 매력적이다. 완전한 소유권과 통제권을 유지한다. 개인 지출을 줄이고 런웨이를 늘리기 위해 컨설팅, 집필, 강연 등을 병행해야 한다는 뜻이다. 그리고 만약 내가 이 새로운 법인을 괜찮은 수익성 레벨로 올려놓을 수만 있다면, 모든 관점에서―추가 자금 조달, 이익 분배, 미래 확장 방식 등―한계는 없다(Sky's the limit).

자금 조달 방식을 선택할 때, 장기적으로 무엇을 원하는지 깊이 생각하라. 거대한 엑싯을 좇는 것에 완전히 편안하고 보상과 통제에 대한 제한, 높은 실패율을 감수할 수 있는가? 그렇다면 벤처 캐피털이 당신이 찾는 모델이다. 완전한 통제권, 수익성, 그리고 더 느린 성장과 함께 100% 소유권을 원하는가? 낮에 직장에 다니면서 밤과 주말에 부트스트래핑하는 것이 올바른 선택일 수 있다.

시장 검증(Market Validation): 내 주요 걱정 중 하나는 '내가 만들고 싶은 것'과 '사람들이 실제로 필요로 하는 것'의 교집합이 흥미로운 스타트업이 되기에 너무 작을까 봐 하는 것이다. 이에 맞서기 위해 나는 다음을 계획한다.

1   내가 만드는 제품을 원할 거라고 강력하게 의심되는 약 100명의 리스트를 만든다.
2   그들 각자와 문제에 대해, 그리고 지금 그걸 어떻게 해결하는지 인터뷰한다.

3 제품이 나오기도 전에 제품을 예고(tease)하는 랜딩 페이지를 만들고, 나중의 접근 권한을 위해 이메일을 입력하는 사람이 얼마나 되는지 본다.

그 랜딩 페이지를 널리 공유하고, 광고를 집행하고, 검색 엔진 순위에 올리고, 내 인맥을 이용해 확산을 돕는다.

이 과정은 크라우드펀딩과 우아하게 겹치며, 나는 기존 플랫폼을 활용하거나 나만의 것을 만들지도 모른다. 초기 스타트업 실패의 가장 큰 원인 중 하나는 솔루션을 갈망하는 진짜 구매자의 부재다. 당신이 풀려는 문제가 진짜이고, 시장이 존재하고, 고객들이 신생 회사의 새로운 솔루션에 기회를 줄 의향이 있다는 걸 검증하는 것은 거대한 짐을 더는 일이다.

핵심 신념과 편향 문서화하기 (Document Core Beliefs and Biases) : 이번에는 회사가 왜 존재하는지, 핵심 가치가 무엇일지, 어떤 사람이 문화에 맞고 안 맞을지 정의하기 위해 몇 년을 기다리고 싶지 않다. 예를 들어, 나는 원격 중심(remote-centric) 업무 환경에 도전해 보고 싶다(Moz의 크고 중앙 집중적인 사무실과는 대조적으로). 나는 투명성이 직장에서의 내 행복에 언제나 결정적일 거라는 걸 안다. 나는 이메일에서 빠르고, 사려 깊고, 공감하지 못하는 사람들과는 잘 일하지 못한다는 걸 안다.

다른 접근법을 시도해 보거나 이런 문화적 요소들에 대해 "두고 보자"는 태도를 취하는 대신, 나는 그것들을 상세하게 문서화하고 있다. 그런 식으로, 회사에 합류하고 싶은 누구나 그들이 정확히 어디로 들어가는지 알 수 있고 조직이 자신에게 맞는지 결정할 수 있다. 만약 내가 공동 창업자, 파트너, 자문, 혹은 투자자를 모집한다면, 이 문서화는 첫날부터 기대를 설정함으로써 많은 어려운 대화와 마음고생을 예방할 수 있다.

이 문화적 요소들은 몇 가지 버킷으로 나뉜다.

1 일(Work)에 대한 핵심 신념 — 사람들이 어떻게 최고의 업무를 수행하는지, 어떤 요소들이 최적화할 가치가 있는지에 대해 내가 믿게 된 이론들이다. 예를 들어, 나는 사무실 자리에 엉덩이를 붙이고 있는 게 필요하거나 이상적이라고 생각하지 않는다. 따라서 전원 원격(all-remote) 팀을 실험하고 싶다. 나는 시장 최고 수준의 급여를 주되 더 적은 사람을 고용하는 걸 강력하게 믿는다. 초기 고용에서의 다양성이 장기적으로 최고의 팀을 짓는 데 필수적이라고 확신한다. 심리적 안전감을 위한 최적화, 실무자(IC)들에게 승진할 수 있는 동등한 경로 제공하기, 집중을 위한 노력 등이 모두 이 우산 아래 들어간다.

2 엑싯 목표 (Exit Goals) — 내 다음 비즈니스를 일찍 팔고 싶은가? 더 장기적인, 거대한 엑싯을 목표로 하는가? 아니면 장기적으로 수익성 있게 운영하며 배당금을 분배할 것인가? 모두 매력적이지만, 무엇보다 나는 시장 기회가 어떻게 펼쳐지는지 보면서 결정을 내릴 자유를 원한다. 따라서 나는 구체적으로 선택권(optionality)을 최적화하기로 하며, 이 가능성 중 어느 것도 제거하지 않기로 한다. 그건 모든 잠재적 투자자, 잠재적 직원, 잠재적 파트너들에게 솔직해지는 것을 의미한다.

3 목적, 가치, 미션, 그리고 비전 — Moz에서 이것들을 확정하는 데 너무 오랜 세월이 걸렸다. 내 다음 벤처를 위해, 나는 내 개인적인 목

적(적어도 직업적 목적)에서 시작한다. 사람들이 마케팅을 더 잘 하도록 돕는 것. 나는 여전히 우리가 Moz에서 확립했던 가치인 TAGFEE를 좋아하지만, 아마 몇 가지 다듬을 것이다. 당분간의 미래를 위한 비전과 장기를 위한 회사 미션을 확립하는 것은, 비록 시간이 지나며 수정되더라도, 집중(일에 대한 내 핵심 신념 중 하나)을 더 잘 가능하게 할 것이다.

4 고객, 시장, 그리고 문제 공간 가설 — 새로운 비즈니스에서 처음에 모든 것은 이론이다. 우리는 제품 A가 문제 B를 해결할 거라고 생각한다. 우리는 문제 B가 문제 C보다 더 크고 중요하다고 생각한다. 과거에 나는 이 이론들을 구체적으로 문서화하는 데 실패했다. 그건 반복하고 싶지 않은 실수다. 대신 나는 이 틀에 맞는 아이디어들을 추적하고, 답을 밝혀내기 위한 작업에 참여하고, 우리가 알게 된 것을 기록하고 있다.

5 향후 10년 동안 우리 분야에서 변하지 않을 것 — 나는 아마존의 제프 베조스로부터 이것을 훔쳐오고 있는데, 그는 이렇게 적용했다. "우리 소매 비즈니스에서, 우리는 고객들이 낮은 가격을 원한다는 걸 알고, 나는 그게 지금부터 10년 후에도 사실일 거라는 걸 안다. 그들은 빠른 배송을 원한다. 그들은 방대한 선택지를 원한다. 10년 후의 고객이 와서 '제프, 난 아마존을 사랑해요. 단지 가격이 좀 더 비쌌으면 좋겠어요'라거나 '배송을 좀 더 천천히 해줬으면 좋겠어요'라고 말하는 건 상상하기 불가능하다. 불가능하다. 그래서 우리는 그 일들에 쏟는 노력, 그 일들을 돌리는 것에 대해, 우리가 오늘 쏟는 에너지가 10년 후에도 우리 고객들을 위해 배당금을 지불할 것임을 안다. 당신이 장기적으로도 사실이라는 걸 아는 무언가를 가지고 있을 때, 당신은 거기에 많은 에너지를 쏟을 여력이 있다."

내가 추구하는 어떤 분야에서든 나의 초기 리서치 노력은 이 질문에 대한 답을 이해하는 데 먼저 초점을 맞출 것이다. 만약 내가 이것들을 정확히 식별할 수 있다면, 이 벤처에 거대한 우위를 줄 거라고 생각한다.

방금 묘사한 작업을 하는 건 본말전도처럼 보일 수 있다. 하지만 나는 이런 질문들을 던지는 것이 당신의 비즈니스 전체에 대해 더 깊은 사려 깊음을 강제하는 장치(forcing function)이며, 초기의 위험한 시절을 생존할 확률을 높여준다고 반박하겠다. 당신 조직이 오늘 어떤 생애 단계에 있든지, 내 조언은 '쓰여진, 투명한 로드맵'을 가지라는 것이다. 계획은 바뀐다. 공유된 계획을 가진 팀의 가치는 변하지 않는다.

자, 이제 나는 간다. 미지의 미래 속으로, 여전히 길을 잃었지만(lost), 지난번보다는 훨씬 더 잘 준비된 채로. 그리고 바라건대 이 책을 다 읽은 후에는, 당신도 그렇기를.

감사의 말

나의 놀라운 편집자 니키 파파도풀로스가 자주 상기시켜 주었듯이, 이 책의 목적은 내가 하고 싶은 이야기를 하거나 내 커리어의 악령을 떨쳐내려는 것이 아니다. 이 책은 독자인 여러분을 섬기기 위해 존재한다. 여러분에게는 성공을 위해 분투하는 프로젝트, 회사, 커리어, 그리고 투자가 있다. 이 책의 임무는 내가 미리 알았더라면 좋았을 지식을 여러분에게 전하고, 내가 이제는 피하는 법을 배운 전략적 함정과 전술적 덫을 스타트업 지도 위에 표시해 주는 것이다.

지난 수백 페이지가 제 역할을 다했다면, 그건 수많은 사람이 시간과 도움, 그리고 기꺼이 나누려는 마음을 보태주었기 때문이다. 겸허한 마음으로 그분들 모두에게 감사를 전하는 영광을 누린다.

포트폴리오(Portfolio)와 펭귄(Penguin) 팀, 무엇보다 니키 당신에게, 당신의 인내와 끈기, 지도에 깊은 감사를 드린다. 나는 지독하게 까다로운 놈이지만, 그런 나조차도 이 책은 자랑스럽다.

Moz 팀에게, 당신들이 없었다면 전할 이야기도 없었을 것이다. 당신들이 치러왔고 계속 치르고 있는 희생에 깊은 감사를 표한다. 이 여정의 다음 구간들을 당신들과 함께할 수 없어 몹시 가슴 아프지만, 부디 큰 성공과 행복을 찾길 바란다.

시애틀 스타트업 커뮤니티에게, 당신들의 한결같은 지지에 감사한다. 특히 내가 친절을 갚을 길이 없고 내 벤처가 당신들의 시간을 쓸 가치가 있다는 증거도 없었던 초창기에 보내준 지지는 잊지 못할 것이다. 기술, 창업, 투자 세계, 그리고 사람에 대한 내 이해를 넓히는 데 기여한 당신들의 시간은 Moz의 성장에 지대한 밑거름이 되었다. 내 고향에 대가를 바라지 않고 기꺼이 도움을

주는, 관대하고 사려 깊은 스타트업 열정가 그룹이 있다는 사실
이 자랑스럽다.

그리고 SEO 세계에게, 그 대열 속에 나는 가장 친한 친구들,
가장 강력한 동맹들, 가장 친절한 확산자(amplifiers)들을 많이 두
고 있다. 당신들의 일원이 된 것을 영광으로 여겨왔다. 지난 15년
동안 나와 Moz에게 보여준 모든 지지와 용서, 그리고 흔들리지
않는 믿음에 감사한다. 이 회사가 나와 질리언의 머릿속 막연한
꿈 이상의 무언가가 된 것은 모두 여러분 덕분이다.

이 그룹들(그리고 니키) 외에도, 특별히 감사를 전하고 싶은 이
들이 있다.

- 제럴딘 드루이더: 당신은 나의 중력(gravity)이자 햇살, 그리고 사랑
  이다. 당신 없이는 Moz도 존재하지 않았을 것이고, 나는 지금보다
  훨씬 못한 사람이 되었을 거다. 지난 몇 년이 힘들었지만, 고난 앞
  에서 당신 외에 다른 누구도 내 곁에 있기를 원하지 않았다. 남은
  인생을 당신과 함께 보낼 수 있어 나는 정말 운이 좋다.

- 질리언 뮤직: 엄마, 고마워요. 당신의 사랑과 지지, 나와 에반, 메리
  에 대한 헌신, 그리고 기업가정신의 길에서 파트너가 되어준 것에
  대해서.

- 폴린과 시모어 피쉬킨: 두 분의 사랑과 흔들리지 않는 지지, 지혜와
  친절, 그리고 진보적인 이상은 내게 등대와 같았다. 언제나 두 분
  을 자랑스럽게 해드리고 싶다.

- 니키 헤론과 제스 스티프: 수년 동안, 어떤 창업자가 어시스턴트(이
  자 친구)에게 기대할 수 있는 것 그 이상을 해준 것에 대해 정말 고
  맙다. 직업적으로나 개인적으로나 내 삶에 두 분을 둔 것이 영광

이다.

- 윌 레이놀즈와 노라 필라드 레이놀즈 : 우리가 나눈 우정과 이 책에 대한 도움, 그리고 당신들이 나와 제럴딘, Moz에게 보여준 친절을 언제나 소중히 여기고 감사할 거다. 조만간 축하하러 가자.

- 돈 셰퍼드 : 당신 덕분에 이 책의 비주얼과 브랜딩이 완성되었다. 책을 손에 쥐고 세상과 공유하는 게 자랑스럽다. 탁월한 작업과 독자에 대한 깊은 공감에 감사한다.

- 대니 설리반 : 당신은 우리가 가장 필요로 했을 때 나와 Moz에게 기회를 주었다. 언제나 당신에게 빚을 지고 있을 거다.

- 다메시 샤와 커스틴 웨어스타드 : 허브스팟과 두 사람은 나와 제럴딘, Moz에게 가장 강력한 지지자였다. 우리가 전생에 무슨 일을 했기에 이렇게 많은 자애로운 도움과 우정, 특별한 식사를 함께할 자격을 얻었는지 모르겠지만, 항상 두 분께 감사한다.

- 켈리 스미스, 미셸 골드버그, 브래드 펠드 : 나에 대한 믿음과 재정적, 정서적, 전략적 지지는 나를 더 나은 기업가이자 더 현명한 남자로 만들었다. 검증되지 않은 시장에서 검증되지 않은 아이에게 기회를 걸어주어 고맙다.

- 데이비드 밈, 맷 브라운, 팀 레즈닉, 제이 리어리 : 모든 고군분투와 기복에도 불구하고, 우리가 함께 일할 수 있었던 것이 영광이다. 당신들이 나와 제럴딘에게 계속해서 보여주는 깊은 애정과 지지에 더욱 영광을 느낀다. 당신들 모두 Moz에서의 작업을 자랑스러워하길 바란다. 나는 그렇다.

- 아담 트랫, 벤 허, 리즈 피어스, 댄 샤피로 : 훌륭한 초기 피드백과, 이 책의 많은 챕터로 이어진 주제들을 식당과 카페에서 논의하며 보낸 많은 시간에 감사한다.

- 에밀리 그로스만: 당신의 우정, 이 책을 검토해 준 친절, 그리고 탁월한 비평들은 이 페이지들을 크게 업그레이드했다. 당신이 나와 제럴딘과 함께 어딘가 먼 곳에서 훌륭한 식사를 즐기며 이 글을 읽길 바란다.

- 벤 헨드릭슨과 채스 윌리엄스: 당신들은 내가 아는 가장 훌륭한 엔지니어이자 사람들이다. 당신들과 함께 일한 건(이제 두 번이나!) 영광이었고, Moz의 툴을 쓸모 있게 만들기 위해 쏟은 긴 시간과 스트레스 많은 작업에 대해 깊은 감사의 빚을 졌다.

- 숀 에드워즈, 에반 바탈리아, 케니 마틴, 키키 쿠친, 크리스틴 류, 제이슨 영커, 토니 바이, 러스 존스: 키워드 익스플로러(Keyword Explorer)를 현실이자 위대한 제품(이제 이 분야의 다른 모두가 모방하는!)으로 만드는 데 도움을 주어 고맙다. 나는 여러분 모두가 그 제품을 내놓기 위해 희생하고 싸웠다는 걸 알고 있으며, 수천 명의 SEO 실무자들과 함께 깊이 감사하고 있다.

- 윌 크리치로우와 던컨 모리스: 이 긴 세월 동안 여정을 함께해 주어 고맙다. 함께하는 시간은 언제나 너무 짧지만, 그 순간들의 메아리는 내게 계속 이어지며 나는 언제나 우리의 다음 만남을 고대한다.

- 사라 버드: COO로서의 기여와 2014년에 우리 배를 바로잡기 위해 Moz를 관리해 준 것에 감사한다.

- 브라이언 할리건, 마이크 캐시디, 제시카 마, 제리 콜로나, 니라브 톨리아: 당신들의 이야기, 이메일, 경험을 나와 이 책의 독자들에게 공유해 준 것에 큰 감사를 보낸다. 여러분 모두를 친구이자 동료로 둔 것이 정말 행운이라 느낀다.

- 에릭 리스, 킴 스콧, 마크 서스터, 세스 고딘: 이 책의 출간 과정에 기여해 주고, 당신들의 저작과 인용구를 싣게 해 주고, 나를 당신들

의 네트워크와 연결해 준 것에 감사한다. Moz와 나는 깊이 감사하고 있다.

- 아담 펠드스타인과 레이첼 번사이드: 우리의 우정과 Moz가 성장하도록 돕기 위한 당신들의 희생은 수년간 내게 정말 큰 의미였다. 내가 할 수 없을 때 횃불을 들어주어 고맙다.

- 모라 허벨과 마크 밈스: 당신들의 이야기를 Moz 팀과, 그리고 이 책을 통해 더 넓은 세상과 나누려는 의지는 큰 공덕(mitzvah)이다. 내 마음을 열어주고, 주변의 그토록 많은 사람을 더 공감하고, 더 사려 깊고, 더 깨어있게 만들어주어 고맙다.

- 제인 프리드먼: 출판 과정에 대해 믿을 수 없을 만큼 도움이 된 조언에 감사한다. 긴 여정이었지만, 당신의 팁은 결코 빗나가는 법이 없었다.

- 마지막으로, 그러나 가장 중요하게, 실비 그린버그(내 에이전트): 당신은 지지의 챔피언이었고, 내 까칠한 비관주의 앞에서도 긍정적이었으며, 힘든 시기의 현명한 조언자였다. 내가 가장 필요할 때 털어놓을 수 있는 친구가 되어주어 깊은 감사를 드린다. 행운을 빌며, 미래에 우리가 이 여정을 다시 함께할 수 있기를.

Lost and Founder:
A Painfully Honest Field Guide to the Startup World

우리는 실리콘밸리에 속았다
나는 500억짜리 회사를 가진 가난뱅이 CEO입니다

초판 1쇄 발행 2026년 2월 27일

지은이　랜드 피쉬킨
옮긴이　김도형

펴낸이　김도형
펴낸곳　㈜도서담 등록 제2021-000053호(2021년 2월 10일)
주소　서울특별시 성동구 동일로 89, 4층 400호
전화　070-8098-8535
이메일　startupbooks@doseodam.com

ISBN 979-11-996121-4-3 (03320)